凌富亚 著

关中祭祀系统兴衰与社会互动研究（1368—1949）

科学出版社

北京

内 容 简 介

本书在梳理明、清、民国时期关中祠庙分布及变迁的基础上，分别从政治局势、神灵职能、人口变迁、信仰转换等方面，对关中地区祭祀系统的兴衰过程及其原因进行分析和探讨，并对关中地区官方祭祀与民间祭祀之间的关系进行了研究。对研究明清以降关中祭祀系统的变迁历史具有一定的促进作用。

本书适合历史地理学、中国古代史等领域的学者及相关专业的研究生、本科生阅读与参考。

图书在版编目(CIP)数据

关中祭祀系统兴衰与社会互动研究：1368—1949 / 凌富亚著. —北京：科学出版社，2018.11
    ISBN 978-7-03-058932-3

Ⅰ. ①关… Ⅱ. ①凌… Ⅲ. ①祭礼－研究－关中－1368-1949

Ⅳ. ①K892.98

中国版本图书馆 CIP 数据核字（2018）第 220939 号

责任编辑：范鹏伟/责任校对：贾娜娜
责任印制：张　伟/封面设计：墨轩教育

编辑部电话：010-64011837
E-mail:yangjing@mail.sciencep.com

科学出版社 出版
北京东黄城根北街 16 号
邮政编码：100717
http://www.sciencep.com
北京九州迅驰传媒文化有限公司 印刷
科学出版社发行　各地新华书店经销
*
2018 年 11 月第　一　版　开本：720×1000　B5
2018 年 11 月第一次印刷　印张：13
字数：240 000
定价：88.00 元
（如有印装质量问题，我社负责调换）

目　　录

绪　　论

第一节　研究缘起与研究对象

为遵循当今历史地理学研究的趋势与方法的要求，本书选择关中地区作为研究区域。在地理学的研究领域中，"区域"的意义非比寻常，正如邓辉教授所言："地理学的综合研究是通过区域分析来实现的，如果没有了区域，也就没有了地理学。"[①] 20 世纪 90 年代以来，区域历史地理学的相关研究逐渐兴起，时至今日，选择某个区域作为历史地理学的研究对象，已经成为学界广泛研究的热点和重点。在历史时期，周、秦、汉、唐等王朝均建都关中。在此期间，关中作为华夏文明的政治、经济和文化中心而备受学者关注。自宋代开始，由于都城东移，关中政治地位下降，故而学界对此后的关中关注较少。本书选择明清以来的关中作为研究区域，或许可以在学术平衡方面作出些微贡献。

本书的研究对象是明清以来的关中祭祀系统，由周及唐，关中地区作为国都所在，其祭祀对象和祭祀礼仪深受王朝礼制影响，无论官方或是民间祭祀都明显地体现出国家意志。明清以降，由于远离国家政治中心，王朝礼制对关中的影响有所衰退，故而为关中本土祭祀的发展带来了契机。再者，诸如明代军事移民、晚清回民起义等历史事件带来的人口变动，也使得关中地区的祭祀对象发生变化。然而不可否认，关中地区作为西出甘陇、南抵巴蜀的战略要地，自始至终都是王朝重点控制的区域，故而该区域的祭祀系统始终保持着王朝意志与民间诉求相互博弈的状态。因此本书选择关中地区的祭祀系统变迁作为研究对象，首先是缘于明清以来关中特殊的区域特征。其次，从目前学界的研究现状看，有关祭祀系统变迁的研究多集中在江浙、华南地区，关中地区的相

[①] 邓辉：《试论区域历史地理研究的理论和方法——兼论北方农牧交错带地区的历史地理综合研究》，《北京大学学报（哲学社会科学版）》2001 年第 1 期。

关研究则少之又少，故而本书选择这样的题目也是意在丰富已有的研究成果。再者，目前从历史地理学的视角对祭祀方面的研究尚不多见，因此，本书试图从历史地理学的角度分析明清以来关中祭祀系统的变迁，以期为这一领域的研究提供新的视角。

第二节　相关概念与区域界定

这里要对与本书紧密相关的几个名词以及本书研究的地理范围进行界定。

第一个是"官方祭祀"与"民间祭祀"。由于官民祭祀之间的关系错综复杂，仅从祭祀主体、祠庙修建等方面很难将二者严格区分，因此，本书将是否列入王朝祀典作为区别官民祭祀的唯一标准。本书所谓官方祭祀仅指对列入王朝祀典之神的祭祀活动，而民间祭祀则是指被排斥在官方祀典之外的祭祀活动。

第二个是"祠庙"与"寺观"的关系。"祠"是"供奉鬼神、祖先或先贤的房屋"[①]，如姜嫄祠、唐太宗祠、左公祠等皆是此类。"庙"原是"供奉祖先神位的房屋"，在其后的发展过程中逐渐成为"供奉神佛或历史名人的房屋"[②]，如东岳庙、城隍庙、文昌庙、龙王庙等。"祠"与"庙"从本质上来说并无多少区别，二者皆属于儒家礼教体系中的祭祀场所。在志书记载之中，一般将"祠庙"归于"秩祀"或"祠祀"一类，而将诸如"寺""观""庵"等宗教性质明显的场所归于"寺观"一类，因此，本书仅研究祠庙一类的祭祀场所，寺、观等宗教性质明显的场所则不在本书探讨范围之内。

第三个是本书研究的时段与地理范围界定，本书研究的时段分为明代（1368—1644 年）、清前中期（1644—1840 年）、晚清（1840—1911 年）、民国（1911—1949 年）四个时间段[③]。本书所研究的关中地区位于陕北高原与陕南山地之间，平均海拔约 500 米，东西长约 300 千米。明代在该区域设置西安、

---

① 冷玉龙、韦一心等编：《中华字海》，北京：中华书局、中国友谊出版公司，1994 年，第 984 页。
② 冷玉龙、韦一心等编：《中华字海》，北京：中华书局、中国友谊出版公司，1994 年，第 524 页。
③ 有关清代分期尚存争议，本文暂以张岂之主编：《中国历史》（元明清卷），北京：高等教育出版社，2001 年，所划分时段为标准。

凤翔两府，清代析为西安、同州、凤翔三府以及乾州、邠州二直隶州，民国时期设关中道，驻地长安县，如表绪-1[①]。

表绪-1　明代、清代、民国关中政区表

时期	府、道、直隶州	州、县、卫
明	西安府	长安、三原、同州（今大荔）、白水、长武、咸宁、盩厔（今周至）、朝邑、潼关卫、咸阳、渭南、郃阳（今合阳）、乾州（今乾县）、兴平、富平、澄城、武功、高陵、醴泉（今礼泉）、韩城、永寿、鄠（今西安市鄠邑区）、同官（今铜川市印台区）、华州（今华县）、邠州（今彬县）、蓝田、临潼、华阴、三水（今旬邑）、泾阳、耀州、蒲城、淳化
	凤翔府	凤翔、岐山、宝鸡、扶风、郿（今眉县）、麟游、汧阳（今千阳）、陇州（今陇县）
清	西安府	长安、咸宁、咸阳、兴平、高陵、鄠县、蓝田、泾阳、三原、盩厔、渭南、富平、醴泉、同官、临潼、耀州
	同州府	大荔、朝邑、郃阳、澄城、韩城、华州、华阴、蒲城、白水、潼关厅
	凤翔府	凤翔、岐山、宝鸡、扶风、郿县、麟游、汧阳、陇州
	乾州直隶州	乾州、武功、永寿
	邠州直隶州	邠州、三水、淳化、长武
民国	关中道	长安、咸阳、兴平、临潼、高陵、鄠县、蓝田、泾阳、三原、盩厔、渭南、富平、醴泉、同官、耀县、大荔、朝邑、郃阳、澄城、白水、韩城、华阴、潼关、华县、蒲城、凤翔、岐山、宝鸡、扶风、郿县、麟游、汧阳、陇县、邠县、栒邑、淳化、长武、乾县、武功、永寿

资料参考：《中国行政区划通史》（明代卷）、《中国行政区划通史》（清代卷）、《中国行政区划通史》（中华民国卷）。

第三节　学术史回顾

本书主要通过复原明清以来关中祠庙的分布变迁，来梳理该地区祭祀系统的兴衰过程，并通过城隍祭祀、关帝祭祀、太白祭祀、蝗神祭祀等个案研究，来揭示祭祀系统兴衰与社会之间的互动关系。因此，这一研究涉及国家

[①] 明代西安府所辖商州、镇安、雒南、山阳、商南五县，民国关中道所辖商县、雒南、柞水三县因在地理单元上属于陕南地区，不在本文讨论范围之内，故而本表不作统计。

祭祀、民间信仰、族群变动以及宗教文化变迁等方面，目前以上诸领域的研究状况如下。

一、国家祭祀方面

国家祭祀是中国古代五礼之首，在古代国家政治生活中占据重要地位。由于国家祭祀与王朝礼制密切相关，祭祀制度往往影响到国家祭祀的对象、等级、仪式等各个方面，因此学界对于国家祭祀的研究主要集中在对历代王朝国家祭祀制度的梳理方面。在明清国家祭祀制度方面，较早进行研究的是孔令谷先生，他在 1941 年发表的《明代郊祀仪制杂阐》一文中，对明代国家祭祀活动中的郊祀仪制进行了初步研究[①]。然而，此后相关研究即陷于停顿，因而在很长的一段时期没有出现较有影响的成果。

20 世纪 80 年代以来，对明清祭祀制度的研究逐渐受到学者的重视，取得了丰硕的成果。与本书相关的研究议题主要包括以下两个方面。

第一，对明清祭祀制度变迁的专题研究。主要代表有陈戍国《中国礼制史》，该书在元明清卷中对明清时期的祭祀制度有所介绍，可以作为研究明清祭祀制度的入门书籍[②]。此外，赵克生对嘉靖时期祭祀制度的研究[③]，李媛对明代国家祭祀制度的研究[④]，王秀玲对清代国家祭祀制度的研究[⑤]，诸如此类研究对明清以来国家祭祀制度变迁的梳理为本书提供了可以参考的资料。

第二，将国家祭祀制度与民间信仰相结合进行研究，并尝试从社会史、文化史、宗教学等多个视角探讨祭祀制度与祭祀活动以及地方社会之间的关系。这一议题的研究主要以朱海滨为代表，他在《祭祀政策与民间信仰变迁——近世浙江民间信仰研究》一书中，梳理了近世国家祭祀政策变迁的四个阶段，选取了浙江这一特定区域，通过对该区域内关公信仰、周雄信仰以及胡则信仰三个个案的考察，论述了中央王朝的祭祀政策对民间信仰活动进行干预、指导以

① 孔令谷：《明代郊祀仪制杂阐》，《说文月刊》1941 年第 2 卷第 11 期。
② 陈戍国：《中国礼制史》（多卷本），长沙：湖南教育出版社，1998—2002 年。
③ 赵克生：《明朝嘉靖时期国家祭礼改制》，北京：社会科学文献出版社，2006 年。
④ 李媛：《明代国家祭祀制度研究》，北京：中国社会科学出版社，2011 年。
⑤ 王秀玲：《清代国家祭祀研究》，南开大学博士学位论文，2009 年。

及渗透的手段，并揭示了民间信仰在国家祭祀政策变迁的四个阶段中的"适应"过程①。科大卫《国家与礼仪：宋至清中叶珠江三角洲地方社会的国家认同》一文梳理了北宋、南宋、明初、明代嘉靖年间以后四个时期珠江三角洲祭礼的演变过程，揭示了民间祭祀逐步正统化的过程②。

从现有的研究成果来看，尚未有人就国家祭祀制度变迁与关中祭祀系统变动进行研究。但不可否认，国家祭祀制度对地方祭祀系统的构建和演变都具有深刻的影响，因而在分析关中祭祀系统兴衰的影响因素时，对明清以来国家祭祀制度的考察是本书不可或缺的环节。

二、民间信仰方面

目前学界关于民间祭祀的研究绝大多数集中在民间信仰方面，这也是本书将民间祭祀视为民间信仰的原因之一。与本书相关的研究主要包括以下两点。

（一）20 世纪以来国内外民间信仰研究

20 世纪 20 年代，随着民俗学在中国的兴起，一些学者开始把民间信仰活动作为学术对象进行研究。这一时期，北京大学《歌谣》周刊、中山大学《民俗》周刊、《京报副刊》等刊物发表了大量关于歌谣、谚语和民间风俗的文章，其中就有很多关于民间信仰研究方面的文章。如顾颉刚对北京妙峰山进香活动的调查报告，容肇祖对妙峰山香客心理的研究等③。但是由于当时对民间信仰的研究尚处于萌芽阶段，学界对于此类民俗活动还没有一个标准的称谓，因而常常以"迷信"一词指代。如叶竹君在研究厦门民众的祭祀活动时，将其定义为"对于神的迷信"④。1930 年以后，有些学者开始采用"民间信仰"一词代替"迷信"，然而，早期的"民间信仰"一词似乎仅特指民间俗语禁忌，如王

---

① 朱海滨：《祭祀政策与民间信仰变迁——近世浙江民间信仰研究》，上海：复旦大学出版社，2008 年。
② 科大卫：《国家与礼仪：宋至清中叶珠江三角洲地方社会的国家认同》，《中山大学学报（社会科学版）》1999 年第 5 期。
③ 顾颉刚：《妙峰山的香会》，《京报副刊》1925 年第 157、163、171、210 期；容肇祖：《妙峰山进香者的心理》，《京报副刊》1925 年第 147 期。
④ 叶竹君：《厦门人对于神的迷信》，《民俗》1929 年第 61—62 期。

福义、陈冠华、朱学祖、世瑞等人所发表的冠之以"民间信仰"的文章，仅仅是对诸如"左眼跳、将失财；右眼跳，则有祸"，"狗上屋顶，将有火事发生"等俗语禁忌的收集介绍①。直到 1937 年，杨成志在《民俗》杂志上发表《安南人的信仰》一文，介绍了安南（今越南）城乡存在的庙宇、祠堂以及信仰诸神等情况，并将其求神拜佛的活动定义为"民间信仰"②，近现代"民间信仰"的概念才得以提出。

中华人民共和国成立初期，民间信仰的研究一度低迷，在"文化大革命"时期，一切民间信仰活动都被视为"封建迷信"，大陆地区的民间信仰研究也一度陷于停顿。与此同时，我国台湾地区的民间信仰研究则蓬勃发展，如 20世纪五六十年代，刘枝万利用残存的日据时期"寺庙台账"资料，并结合个人的田野调查记录，对战后台湾的寺庙、教堂进行了一次调查，并撰写成《台湾省寺庙教堂名称、主神地址调查表》③，为台湾地区的民间信仰研究提供了宝贵的资料。但是笔者也注意到，这一时期台湾地区民间信仰研究主要是以田野调查和资料整理为中心，对民间信仰的研究还缺乏学术层面的深入探讨。进入20 世纪 70 年代，受西方社会学、人类学以及施坚雅市场体系理论的影响④，部分学者开始将日本学者冈田谦的"祭祀圈"理论引入台湾地区的民间信仰研究中，其主要代表人物有施振民、林美容等人。施振民认为祭祀圈与聚落发展模式之间有着密切联系，即"祭祀圈是以主神为经而以宗教活动为纬建立在地域组织上的模式"⑤。所谓主神为经是指聚落阶层的高低与从属关系可以在其

① 王福义：《涉县民间信仰》，《艺风》1935 年第 3 卷第 6 期；陈冠华：《柳州底民间信仰：［诗歌］》，《艺风》1935 年第 3 卷第 2 期；朱学祖、世瑞：《民间信仰杂录：海门的俗占、杭州的手迷信》，《艺风》1935 年第 3 卷第 8 期。
② 杨成志：《安南人的信仰》，《民俗》1937 年第 1 卷第 2 期。
③ 刘枝万：《台湾省寺庙教堂名称、主神地址调查表》，《台湾文献》1960 年第 11 卷第 2 期，第 51—55 页。
④ 施坚雅的市场理论认为在自然资源同质分布的情况下，中国农民会选择以最近的距离或最便利的线路去参加市场。1968 年，施坚雅的学生克里斯曼到台湾彰化平原进行调查，试图检验施坚雅的市场理论。结果却发现理论和现实相差甚远，彰化平原民众并不是依距离远近或便利等条件来选择市场，而是依据不同祖籍地来选择市场。因而，克里斯曼认为文化的差异性才是市场空间分布的决定因素。这一理论的提出，对台湾地区人类学研究影响深远，也由此促使了祭祀圈理论的引入。
⑤ 施振民：《祭祀圈与社会组织——彰化平原聚落发展模式的探讨》，叶涛、周少明主编：《民间信仰与区域社会》，桂林：广西师范大学出版社，2010 年，第 93 页。

信仰的主神神格的高低上得到体现，而宗教活动为纬则是指具有从属关系、不同阶层的聚落进行联结的纽带便是对其最高神格主神的祭祀活动。然而，施振民的祭祀圈与聚落发展理论仅限于村一级的地域，对更高层次的地域则缺乏思考。到了 1987 年，林美容提出"信仰圈"的概念，很好地弥补了"祭祀圈"理论的不足，林美容认为："祭祀圈只是群体性（地域性）之民间信仰的宗教组织的一种，基本上它指涉地方社区内居民因共居一地的关系，有义务举行共同祭祀，祭拜天地鬼神等，因而，祭祀圈为地方居民之义务性的宗教组织。另一种群体性的民间信仰，其组织形态与祭祀圈大异其趣，为某一区域范围内，以某一神明和其分身为信仰中心的信徒之志愿性的宗教组织，笔者名之曰信仰圈。"① 在此笔者将林美容的观点理解为，"祭祀圈"理论对应的只是村级地域组织的义务性的祭祀活动，其祭祀范围相对稳定有序，而"信仰圈"理论则是在村级地域范围之外，由不同地域群体自愿组成的一个更大范围的祭祀活动。"祭祀圈"与"信仰圈"的理论相继提出后，被历史学界、民俗学界广泛运用，形成了很大影响。

　　改革开放以来，有关民间信仰的研究重新在中国大陆兴起。大概是为了避免再度遭到"破除迷信"等思潮的打击，学者们统一使用了"民间信仰"一词作为相关研究的学术用语。

　　随着民间信仰研究的复兴，对其与宗教之间关系的讨论也成为 20 世纪 80 年代该领域研究的热点问题，最具代表性的有乌丙安、金泽等人。民俗学家乌丙安认为民间信仰是"从远古传袭下来的在民间广泛而普遍存在的日常信仰事象"②，为了区分民间信仰与宗教信仰之间的关系，乌丙安还总结出二者之间的十大区别③，明确表达了民间信仰不同于宗教的观点。对此，宗教学家金泽提出了不同观点，他认为民间信仰在本质上是宗教，是"原始宗教的'继承者'"，"是深植于中国老百姓当中的宗教信仰，及其宗教的行为表现"④。实际上，

---

① 林美容：《彰化妈祖的信仰圈》，叶涛、周少明主编：《民间信仰与区域社会》，桂林：广西师范大学出版社，2010 年，第 107 页。
② 乌丙安：《中国民俗学》，沈阳：辽宁大学出版社，1985 年，第 242 页。
③ 乌丙安：《中国民俗学》，沈阳：辽宁大学出版社，1985 年，第 242—245 页。
④ 金泽：《中国民间信仰》，杭州：浙江教育出版社，1990 年，第 1 页。

关于民间信仰是否是宗教的争论一直持续至今，20 世纪 90 年代，人类学家王铭铭提出"民间宗教"的概念，认为民间信仰是"民间宗教"，而民间宗教"指的是流行在中国一般民众尤其是农民中间的（1）神、祖先、鬼的信仰；（2）庙祭、年度祭祀和生命周期仪式；（3）血缘性的家族和地域性庙宇的仪式组织；（4）世界观（worldview）和宇宙观（cosmology）的象征体系。"①这种观点其实是支持了金泽将民间信仰视为宗教的观点。进入 21 世纪，贾二强指出："所谓民间信仰，是相对于正式的宗教或得到官方认定的某些信仰，在一定时期广泛流传于民间或者说为多数社会下层民众崇信的某些观念。"②这一观点提出了民间信仰不同于宗教和官方认定的某些信仰的论断。相比宗教而言，民间信仰更加多样化、庞杂化，甚至信众在进行求神活动时也带有很强的随意性与功利性，这些特点与宗教信仰的系统化、唯一性是完全不同的，这也是本书将"寺""观""庵"等宗教场所排除在民间祭祀范围之外的主要原因。

在学界为民间信仰的界定争执不休的同时，部分学者不囿于其概念的界定，转而开始对民间信仰的具体内容进行研究。20 世纪 80 年代中期开始，一些学者利用历史文献对中国民间诸神进行了细致的梳理，其内容包括诸神的出身来历、位阶以及社会功能等。由宗力、刘群主编的《中国民间诸神》是这一时期的代表作，作者从明清的历史文献中系统整理出两百多位神灵，细数其出身来历及其社会功能，时至今日依然是研究民间信仰的入门书籍③。

从 20 世纪 80—90 年代这十年间的民间信仰研究可以看出，对民间信仰的研究依然处于初步阶段，虽然统一采用了"民间信仰"这一学术用语，但对其概念的界定始终未达成一致意见。在具体研究方面，依然采用文献整理、分类、归纳等传统研究方法，注重对各种民间信仰活动的介绍，或者是对民间神祇的考述，而缺乏深层次的研究。

20 世纪 90 年代以后，各地的民间信仰活动日益增多。与此同时，由于历史学、宗教学、人类学、社会学等研究方法的介入，学界对民间信仰的研究也

① 王铭铭：《社会人类学与中国研究》，北京：生活·读书·新知三联书店，1997 年，第 37 页。
② 贾二强：《唐宋民间信仰》，福州：福建人民出版社，2002 年，第 1 页。
③ 宗力、刘群：《中国民间诸神》，石家庄：河北人民出版社，1986 年。

趋于多元化。总体来看，主要集中于区域性的民间信仰研究、民间信仰与国家控制、民间信仰与地方社会等方面。

区域性的民间信仰研究探讨特定区域内民间信仰的产生、流变过程或是区域民间信仰的内部差异。1992年，姜彬的《吴越民间信仰民俗——吴越地区民间信仰与民间文艺关系的考察和研究》一书是较早进行区域性民间信仰研究的专著之一，全书从神歌、仪式歌、宣卷、民间戏曲、舞蹈、美术、迷信语、灯会、传说故事等诸多方面，对吴越地区民间信仰的产生、发展、变迁乃至衰亡的全过程进行了历史的考察，揭示了吴越地区民间信仰与民间生活、民间文艺之间的内在联系①。1993年，徐晓望《福建民间信仰源流》一书，对闽台民间信仰进行了比较研究，内容包括闽台民间信仰的类型、崇拜方式以及祭祀仪式等，揭示了闽台两地民间信仰在传承演变中的关系②。此后，这类研究区域性民间信仰的源流、演变的著作层出不穷，几乎涵盖了全国各地。从20世纪90年代中后期开始，部分学者开始从历史文化地理的角度，研究区域民间信仰的特点及内部差异，如张伟然《湖南古代的民间信仰及其区域差异》一文考述了古代湖南南岳朝香、杀人祭鬼等风俗，进而分析了湖南民间信仰的区域差异③。张晓虹《明清时期陕西民间信仰的区域差异》一文则论述了陕西民间信仰区域差异的发生、发展与变迁过程，揭示其与当地自然、人文环境以及明清商品经济发展地域差异之间的联系④。其他如张俊峰、李智君等人分别对山西、甘肃等地的研究也是较有代表性的论作⑤。

从20世纪80年代后期开始，部分西方汉学家开始试图从民间信仰的角度，解释中国传统国家权力深入乡村社会的过程，其主要代表有詹姆斯·沃森、杜赞奇、韩森等人。例如，1985年，詹姆斯·沃森发表《神的标准化：在中国南方沿海地区对崇拜天后的鼓励（960—1960年）》一文，梳理了天后从一个

---

① 姜彬主编：《吴越民间信仰民俗——吴越地区民间信仰与民间文艺关系的考察和研究》，上海：上海文艺出版社，1992年。
② 徐晓望：《福建民间信仰源流》，福州：福建教育出版社，1993年。
③ 张伟然：《湖南古代的民间信仰及其区域差异》，《中国历史地理论丛》1995年第4辑。
④ 张晓虹：《明清时期陕西民间信仰的区域差异》，《中国历史地理论丛》2000年第1辑。
⑤ 张俊峰、董春燕：《明清时期山西民间信仰的地域分布与差异性分析》，《中国地方志》2006年第7期；李智君：《清代河陇民间信仰的地域格局与边塞特征》，《复旦学报（社会科学版）》2006年第4期。

福建沿海小神逐渐成为中国南方重要女神的过程，认为帝王提倡在这一过程中占据重要地位，"天后的高升和对她的崇拜的增加与国家对中国南方沿海地区权威的逐渐加强是同步的"①。1988 年，杜赞奇在《刻划标志：中国战神关帝的神话》一文中将中国历代（包括官方和民间）对关帝的信仰称为"刻划标志"，指出关羽权威形象的确立是国家与民众这两个不同群体相互交流和协调的结果②，这篇文章实际上是以民间信仰为切入点，探讨国家和社会民众之间的微妙关系。20 世纪 90 年代中后期以后，这股研究思潮逐渐被中国学者吸纳，从而诞生了一大批相关论著。如赵世瑜关于明清京师东岳庙的研究③，冯贤亮对于明清江南正统寺庙、民间信仰与政府控制的研究④，李晓方等对明清赣南客家民间信仰与政府控制的研究⑤，诸如此类的研究皆是从民间信仰的角度探讨"国家与社会"的问题。值得一提的是，在研究民间信仰与政府控制的过程中，"淫祠"现象成为诸多学者关注的热点问题。如赵献海在《明代毁"淫祠"现象浅析》一文中阐述了明代各个时期毁"淫祠"的过程，并对毁"淫祠"的实际效果展开讨论，认为明代毁"淫祠"行动大都遇到了强大的阻力，并没有被很好地执行⑥。王健则通过对明清以来苏州地区民间信仰的考察，发现当地除了正祀与淫祀之外还存在着一种私祀。私祀虽被排除在国家祀典之外，但其并不似淫祀一般与正祀直接对立，对国家政权的挑战也不明显，因而能得到政府的容忍⑦。王健的研究表明，传统时期的国家与地方之间并不是单纯的对立，二者之间始终存在着一种相互协调的机制，这一机制也是本书重点探讨的内容之一。

除了以上研究角度之外，一些学者在民间信仰与地方社会及社区关系方

---

① 〔美〕詹姆斯·沃森：《神的标准化：在中国南方沿海地区对崇拜天后的鼓励（960—1960 年）》，〔美〕韦思谛编：《中国大众宗教》，陈仲丹译，南京：江苏人民出版社，2006 年，第 59 页。

② 〔美〕杜赞奇：《刻划标志：中国战神关帝的神话》，〔美〕韦思谛编：《中国大众宗教》，陈仲丹译，南京：江苏人民出版社，2006 年，第 94—110 页。

③ 赵世瑜：《国家正祀与民间信仰的互动——以明清京师的"顶"与东岳庙为个案》，《北京师范大学学报（社会科学版）》1998 年第 6 期。

④ 冯贤亮：《明清江南的正统寺庙、民间信仰与政府控制》，《江苏社会科学》2002 年第 3 期。

⑤ 李晓方、温小兴：《明清时期赣南客家地区的风水信仰与政府控制》，《社会科学》2007 年第 1 期。

⑥ 赵献海：《明代毁"淫祠"现象浅析》，《东北师大学报（哲学社会科学版）》2002 年第 1 期。

⑦ 王健：《祀典、私祀与淫祀：明清以来苏州地区民间信仰考察》，《史林》2003 年第 1 期。

面、民间信仰的仪式方面均有研究①，但这些视角与本书的研究关系不大，故而不再赘述。

近 10 年以来，以信息技术为基础的交叉学科的快速发展，为人文学科的研究提供了新的方法和思路，哈佛大学教授包弼德就提出了运用 GIS 技术进行历史学研究的观点②。因而一些学者也开始将地理信息技术运用到民间信仰的相关研究中。在国内，陈述彭是较早提倡此类研究方法的学者之一。2005 年，他在《文化遗产保护与开发的思考》一文中提出将 GIS 技术运用到祠堂文化景观研究方面的设想③。此后，李凡等在《民间信仰文化景观的时空演变及对社会文化空间的整合——以明至民国初期佛山神庙为视角》一文中对明代以来的佛山神庙景观进行了数字化处理，建立了历史 GIS 数据库，采用景观复原、地图再现和空间分析等方法，展现了历史时期佛山神庙景观的分布趋势，并就影响神庙景观的相关因素进行了探讨④。他们在另一篇文章中采用了同样的研究思路，论述了清至民国佛山的基督教文化景观与传统民间信仰文化景观的分布，诠释了清至民国时期佛山的中西文化冲突与融合、传统宗教和宗教势力变化等社会文化特征⑤。欧阳楠、张伟然则对清末民国时期江南地区庙产兴学运动中的以佛教寺院改建的学校数量和空间分布进行了数字化复原，并从历史进程、空间差异、兴学经办人、兴学类型四个方面对江南地区的庙产兴学运动进行了讨论⑥。虽然该文的研究区域仅限于江南地区，研究的对象也仅限于佛教

---

① 相关研究参见迈伦·科恩：《共有的信仰：清代台湾南部客家人的会所、社区与宗教》，〔美〕韦思谛编：《中国大众宗教》，陈仲丹译，南京：江苏人民出版社，2006 年，第 197—223 页。陈春生：《信仰空间与社区历史的演变——以樟林的神庙系统为例》，《清史研究》1999 年第 2 期。刘晓春：《仪式与象征的秩序——一个客家村落的历史、权力与记忆》，北京：商务印书馆，2003 年。

② Bol, Peter K. On the Cyberinfrastructure for GIS-Enabled Historiography. *Annals of the Association of American Geographers*, 2013, (103) 5: 1087–1092.

③ 陈述彭、黄翀：《文化遗产保护与开发的思考》，《地理研究》2005 年第 4 期。

④ 李凡、司徒尚纪：《民间信仰文化景观的时空演变及对社会文化空间的整合——以明至民国初期佛山神庙为视角》，《地理研究》2009 年第 6 期。

⑤ 李凡、司徒尚纪：《清至民国时期基督教在佛山传播的空间透析——以教堂景观为视角》，《热带地理》2009 年第 5 期。

⑥ 欧阳楠、张伟然：《清末至民国时期江南地区庙产兴学的时空分析》，中国地理学会历史地理专业委员会、《历史地理》编辑委员会编：《历史地理》第 24 辑，上海：上海人民出版社，2010 年。

庙宇，但是在研究方法和研究思路上都为其他区域的相关研究提供了有益的借鉴。

（二）关中地区的民间信仰研究

与其他地区相比，直接对关中地区民间信仰进行研究的论著相对较少，且主要集中于个案研究，对关中民间信仰的系统研究则寥寥无几，目前来看仅有张晓虹《明清时期陕西民间信仰的区域差异》一文对明清时期关中民间信仰的区域差异有所涉及[1]，僧海霞在《晚清陕甘回民起义与关中地区汉人信仰的变迁——以寺庙宫观的新建、重建和废弃为中心》一文中以陕甘回民起义后关中寺庙的废弃与重修为视角，揭示了该时段关中汉人信仰的嬗变，同时分析了国家意志在民间信仰构建过程中的作用[2]。以上两篇论文虽然对关中民间信仰作了整体性的研究，但限于篇幅其研究尚不够细化。

在关中民间信仰个案研究方面，张晓虹与张伟然合作《太白山信仰与关中气候——感应与行为地理学的考察》一文，从行为地理学的角度论述了关中太白山信仰的产生与分布，认为在长期的社会生活中，饱受旱灾之苦的关中民众逐渐形成了太白山可兴云致雨的认知，最终奠定了太白山信仰的分布基础[3]。僧海霞的博士论文《区域视野下的信仰与景观——以清代陕西太白山神信仰为中心》在前人的基础上对太白山信仰进行了较为全面的研究，通过对清代陕西太白庙的选址、布局、时空分布以及庙宇建造者等多方面的考察，揭示了特定区域内民间信仰与景观之间的关系[4]。张传勇则对陕西的城隍信仰进行了研究，他在《明清陕西城隍考——堡寨与村镇城隍庙的建置》一文中对明清陕西地区的村镇城隍庙进行了详细的统计，其中涉及关中地区的达 83 座，作者指出明清陕西城隍庙大量出现在县以下聚落中的特征与江南地区并无二致，但与江南

① 张晓虹：《明清时期陕西民间信仰的区域差异》，《中国历史地理论丛》2000 年第 1 辑。
② 僧海霞：《晚清陕甘回民起义与关中地区汉人信仰的变迁——以寺庙宫观的新建、重建和废弃为中心》，《北方民族大学学报（哲学社会科学版）》2009 年第 4 期。
③ 张晓虹、张伟然：《太白山信仰与关中气候——感应与行为地理学的考察》，《自然科学史研究》2000 年第 3 期。
④ 僧海霞：《区域视野下的信仰与景观——以清代陕西太白山神信仰为中心》，陕西师范大学博士学位论文，2010 年。

地区由于经济发展促使聚落城隍庙兴起所不同的是，陕西村镇城隍庙的建置与堡寨的建造密切相关，而这主要是因唐宋以来陕西作为重要军事区域的历史背景所致①。此外，刘景纯对关中祠庙景观的初步研究②，王芳妮对关中地区姜嫄信仰的研究③，王永莉、何炳武对西岳山神信仰的研究④，史红帅对明清西安城乡寺宇社会功能的研究⑤，这些已有的研究成果虽然在研究对象、研究视角上有所不同，但都为研究关中地区的民间信仰提供了直接的参考依据。

三、与本书相关的其他研究

第一，人口、族群方面的研究。由于祭祀活动尤其是民间祭祀与人口、族群的关系密切，因此明清以来的关中人口变迁是本书必须关注的内容之一。20世纪 90 年代以来，有关中国人口史的论著纷纷出版，其中由葛剑雄主编的《中国人口史》（六卷本）是目前国内最为详实的中国人口史专著，该书分别论述了自先秦至 1953 年间，中国人口调查制度、人口数量变化、人口分布、人口和社会的关系等方面的内容，同时对历史时期的人口结构、婚姻、生育以及影响人口变化、分布、迁移的因素也有所思考⑥。在移民史方面，葛剑雄、吴松弟、曹树基的《中国移民史》复原了先秦至 20 世纪 40 年代发生在中国境内的移民情况，并对其迁移对象、迁移时间、迁徙方向、迁出地以及定居过程和产生的影响进行了深入分析，为笔者了解中国的移民历史提供了翔实的资料⑦。

关中人口变迁方面，薛平拴所著《陕西历史人口地理》运用历史学、统计学、人口回测以及人口预测等多种方法，对历史时期陕西人口规模、人口迁移

---

① 张传勇：《明清陕西城隍考——堡寨与村镇城隍庙的建置》，常建华主编：《中国社会历史评论》第 11 卷，天津：天津古籍出版社，2010 年，第 62—83 页。

② 刘景纯：《城镇景观与文化——清代黄土高原地区城镇文化的地理学考察》，北京：中国社会科学出版社，2008 年。

③ 王芳妮：《陕西关中地区姜嫄信仰研究》，《宗教学研究》2013 年第 2 期。

④ 王永莉、何炳武：《以〈华岳志〉为中心的西岳山神信仰研究》，《人文杂志》2012 年第 6 期。

⑤ 史红帅：《人神共在：明清西安城乡寺宇的社会功能——基于碑刻资料的考察》，中国古都学会、郑州古都学会编：《中国古都研究（第二十一辑）》，西安：三秦出版社，2007 年，第 315—326 页。

⑥ 葛剑雄主编：《中国人口史》，上海：复旦大学出版社，2005 年。

⑦ 葛剑雄、吴松弟、曹树基：《中国移民史》（6 卷），福州：福建人民出版社，1997 年。

及人口分布等要素进行了探讨，其中涉及历史时期关中地区人口变迁的研究对本书具有参考意义①。路伟东《清代陕甘人口专题研究》是一部区域断代人口史方面的学术专著，内容涉及清代陕甘地区的人口管理制度、人口迁移、人口聚落分布以及人口数量等方面，尤其是对清代陕西回族人口和寺坊的研究最为详尽，为本书了解清代关中地区的伊斯兰教信仰提供了参考②。张洁《关中山东庄移民百年史迹与生聚现状研究》选取清末"鲁人入陕"事件作为研究对象，分析了"鲁人入陕"的驱动因素、人口迁移路线、生存状况及事件影响等方面，文中述及山东移民与关中基督教的传播对本书具有参考价值③。目前来看，学术界尚未有将关中地区的人口变迁与祭祀系统变迁相结合的相关研究，因而该方面的研究还有待开展。

第二，宗教文化方面的研究。虽然本书的研究对象是祭祀活动，但鉴于祭祀行为与宗教活动的复杂关系，因此宗教文化的相关研究对本书也具有借鉴作用。目前国内关于宗教文化变迁的研究主要集中于少数民族的宗教文化变迁研究和近代以来中国宗教文化变迁两个方面。前者主要以少数民族的宗教文化为研究对象，探讨其宗教文化的形成过程及影响因素，主要代表有夏敏、陈文祥等人④；后者主要研究19世纪以来西方宗教文化大规模传入中国的历程，及其对中国传统社会的影响，这方面的研究成果相对丰富。如陈友平、李少平的《基督教与福建民间社会》较为全面地介绍了基督教在福建的传教历程，分析了福建教民的入教动机，尤其值得一提的是作者注意到基督教徒的信仰意识与福建当地民风乡俗之间的密切联系，为本书的写作提供了可供借鉴的思路⑤。

关中地区宗教文化变迁方面，马长寿主编的《同治年间陕西回民起义历史调查记录》、韩敏《清代同治年间陕西回民起义史》等著作对晚清关中回民起义的历史背景、起义过程、回民聚落的变迁等方面进行了深入的研究，为本书

---

① 薛平拴：《陕西历史人口地理》，北京：人民出版社，2001年。

② 路伟东：《清代陕甘人口专题研究》，上海：上海书店出版社，2011年。

③ 张洁：《关中山东庄移民百年史迹与生聚现状研究》，西北农林科技大学博士学位论文，2012年。

④ 夏敏：《传承与互动：少数民族原始宗教文化的变迁》，《中央民族大学学报（哲学社会科学版）》2000年第5期；陈文祥：《多民族杂居区少数民族移民宗教文化变迁研究——以新疆伊犁地区霍城县老城村东乡族为例》，《青海师范大学学报（哲学社会科学版）》2011年第5期。

⑤ 陈支平、李少明：《基督教与福建民间社会》，厦门：厦门大学出版社，1992年。

研究晚清关中伊斯兰教信仰的兴衰提供了可借鉴的资料①。此外，李健彪《西安回族与清真寺》一书则全面地介绍了西安回族的历史渊源，清真寺的沿革、职能和特点，回坊风俗及民间传承文化等②。王雪《基督教与陕西》一书，详细地论述了唐、明、清以及近代陕西基督教发展的背景及对陕西社会的影响③，该书重在梳理基督教在陕西的传播历程，因而对基督教与关中祭祀活动之间的关系未有论述。张晓虹《晚清至民国时期陕西基督教宣教区研究》从文化地理学的角度，探讨了晚清至民国时期陕西基督教宣教区的形成与发展过程，以及功能文化区的空间结构及其影响因素④。

以上研究不论是官方祭祀、民间信仰还是与之相关的其他方面都成果丰硕，其中许多论著在关中民间信仰的个案研究方面角度新颖、见解独到，为本书的写作提供了宝贵的文献资料。但运用历史地理学的相关方法，复原明清以来关中祭祀系统的兴衰状况，并对影响其兴衰的因素进行探究的成果还未出现。因此，本书选取这一角度作为切入点，以期对明清以来关中地区的祭祀系统兴衰得出更加深入的认识。

第四节　研究思路与篇章结构

中国的祭祀文化源远流长，从其性质来看主要分为官方祭祀与民间祭祀。目前，学界对前者的研究主要集中于对历代祭祀制度、祭祀对象等要素的考察与梳理，而后者的研究则侧重于从人类学的角度，通过田野调查等方法对小地方或者社区特定民间祭祀行为的研究，来揭示国家与地方、精英与民间的互动。随着研究的深入，学界也有必要将新的研究方法引入祭祀文化研究的领域中来，基于此，本书试图以历史地理学的方法和视角，通过对明清至民国关中祠

---

① 马长寿主编：《同治年间陕西回民起义历史调查记录》，《陕西文史资料》第26辑，西安：陕西人民出版社，1993年；韩敏：《清代同治年间陕西回民起义史》，西安：陕西人民出版社，2006年。
② 李健彪：《三秦史话——西安回族与清真寺》，西安：三秦出版社，2004年。
③ 王雪：《基督教与陕西》，北京：中国社会科学出版社，2007年。
④ 张晓虹：《晚清至民国时期陕西基督教宣教区研究》，《中国历史地理论丛》2006年第4辑。

庙的分布及其变迁的梳理，对该区域祭祀系统（包括官方祭祀和民间祭祀）的兴衰过程及其原因进行分析，具体思路如下：①充分利用历史地理学的时空剖面分析法，尽可能地复原明清以来关中祭祀祠庙的时空分布、兴衰情况。②利用个案研究的方法，梳理官方祭祀与民间祭祀的互动过程，并在此基础上探讨二者相互转化的机制。③以长时段研究的视角，探讨明清以来社会变迁的背景下，祭祀系统与政局、族群以及信仰之间的互动关系。

基于以上研究思路，除绪论以外，本书共分为五章进行论述，现对各章主要内容分述如下：

第一章为明清以来关中官方祭祀系统兴衰。本章以时间为轴，分别对明代、清前中期和晚清三个时期的官方祭祀对象进行了梳理，并依据不同性质和功能将其划分为坛壝祭祀、孔子祭祀、帝王名臣祭祀以及护国佑民神灵祭祀四种类型。利用列表统计的方法，对各类祭祀对象的祠庙分布、兴衰时间进行了统计，在此基础上，对影响官方祭祀祠庙分布的因素也作了充分探讨。

第二章主要考察明清以来关中民间祭祀系统兴衰。本章分别对明代、清前中期、晚清以及民国四个时间段内关中民间祭祀祠庙的时空分布、兴建时间、祭祀功能等内容进行整理，并以此为基础，对民间祭祀的时段特征、区域差异以及影响因素等方面进行了充分研究。

第三章主要探讨官民祭祀之间相互转化的问题。本章首先以城隍祭祀为例，探讨了明清以来城隍祭祀由官方向民间渗透的过程，对学界以往的城隍信仰研究中存在的官民二元对立观点进行了修正。其次，以太白祭祀为例，探讨了太白祭祀由民间进入官方的历程，并对这一历程中的地方政府和普通民众的造神运动进行了深入分析。最后，在前两个个案的基础上，总结出官方祭祀与民间祭祀相互转化的机制，分析了祀典制度、神灵功能、地方官员等因素在二者转化过程中的作用。

第四章为明清以来关中祭祀系统兴衰的典型个案研究。本章首先以官方祭祀的代表——关帝祭祀为例，论述了明清关中关帝祭祀的兴起、鼎盛和官民分途的详细过程，着重突出了国家政治需求与祭祀制度在关帝祭祀演变过程中的重要作用。其次，以蝗神祭祀为例，论述了清代关中蝗神祭祀的类型及其祠庙分布，并从祀典变动、民间记忆、蝗灾的时空分布、驱蝗方式的转变等方面分析了关中蝗神祭祀兴衰的深层原因。

　　第五章为明清以来关中祭祀系统兴衰与社会互动研究。本章分别从政局变革、族群变迁、信仰变换三个角度论述了祭祀系统兴衰与关中社会之间的互动关系。其中，政局变换是影响关中祭祀系统兴衰的主要因素，回民起义后的族群变动则引发了晚清关中祭祀对象和祠庙格局的变革，而清末民国以基督教为代表的一神信仰的传入则造成了传统祭祀群体的流失，最终使得关中传统祭祀陷入低谷。

第一章　君权神授：明清以来
关中官方祭祀系统兴衰

明清以来的中国社会，正处于传统农业社会向近代社会过渡的重要时期，这一时期关中地区的官方祭祀既有传承也有变革，总体上呈现出新旧交错、纷繁复杂的趋势。

第一节　明代官方祭祀对象与关中祠庙分布

在中国传统社会中，祭祀一直占据着重要地位。《礼记·祭统》称："凡治人之道，莫急于礼。礼有五经，莫重于祭。"①官方祭祀代表着王朝在思想意识层面的统治理念，因而尤为历代王朝所重视。每逢王朝更替，新的统治者都会根据自身的统治需求，将祭祀的对象、仪式、时间等内容载录成册，作为国家规定的典章制度，是为祀典。祀典并非一成不变，在王朝的发展历程中，统治者出于某种政治诉求，也会对本朝祀典进行适当的调整，从而造成官方祭祀对象数量和级别的变化。

一、明代官方祭祀制度与官方祭祀对象

明朝建国之初，朱元璋就下令制定本朝的官方祭祀制度。洪武元年（1368年）二月，他敕礼官及翰林、太常诸儒臣曰："自昔圣帝明王之有天下，莫严于祭祀。故当有事，内必致其诚敬，外必备其仪文，所以交神明也。朕诞膺天命，统一海宇，首建郊社宗庙以崇祀事，顾草创之初，典礼未备，其将何以交

---

① 《礼记》卷14《祭统第二十五》，《四部丛刊》景宋本，上海：商务印书馆，1936年。

神明、致灵贶？卿等其酌古今之宜，务在适中定议以闻。"①随即诏令李善长、陶安、胡惟庸等人拟定祀典。

按照明王朝的祀典制度，官方祭祀被划分为大祀、中祀和小祀三个等级，"国初以郊庙、社稷、先农俱为大祀，后改先农及山川、帝王、孔子、旗纛为中祀，诸神为小祀。嘉靖中，以朝日夕月，天神地祇为中祀"②。除此之外，在进行祭祀活动之时，不同等级的祭祀对象在祭祀人员上也有严格规定。凡天地、宗庙、社稷、山川等均需天子亲临祭祀，而像城隍、旗纛、先贤、功臣、妈祖、太厉等皆遣官祭祀，对于帝王陵寝及孔子庙，则传制特遣③。经过一系列的规制，到了洪武中后期，明代的国家祭祀制度基本上建立起来，尽管在王朝的延续过程中，不断有统治者对其进行调整，如嘉靖时期对社稷、孔子、诸神以及帝王庙等祭祀活动进行了大规模的改动，但这场变革是在明世宗尊生父为帝、加强自身皇权的背景下推行的，其变革主要集中在祭礼和祭祀等级方面，而对于祭祀对象则少有更张，基本上延续了明初的祭祀制度。

明代官方祭祀对象数量众多，早在洪武初年，朱元璋便下令各府州县及卫所"各立坛庙祭社稷、风云雷雨山川、城隍、孔子、旗纛及厉"④。洪武元年（1368 年）九月，"令郡县访求应祀神祇、名山大川、圣帝明王、忠臣烈士，凡有功于国家及惠爱在民者，具实以闻，著于祀典"⑤。除此之外，在明王朝的存续时间里，历代统治者出于不同的政治需要，不断地将一些神灵纳入官方祭祀系统，笔者参照学者李媛的研究，将明代官方祭祀对象统计如表 1-1。

表 1-1　明代官方祭祀对象统计表⑥

祭祀等级	祭祀对象
大祀	圜丘、方泽、宗庙、社稷

① 《明太祖实录》卷 30，洪武元年二月壬寅。
② （明）申时行等修：《明会典》卷 81《祭祀通例》，北京：中华书局，1989 年，第 460 页。
③ 《明史》卷 47《礼一》，北京：中华书局，1974 年，第 5 册，第 1225—1226 页。
④ （明）申时行等修：《明会典》卷 81《祭祀通例》，第 460 页。
⑤ （明）申时行等修：《明会典》卷 93《群祀三》，第 532 页。
⑥ 《明会典》中无八蜡神，但万历《续朝邑县志》载："嘉靖庚寅，令郡国祀八蜡"。因此本文将八蜡神也认作明代的官方祭祀对象。

续表

祭祀等级		祭祀对象
中祀	坛壝	朝日、夕月、先农、太岁、星辰、风云雷雨山川、旗纛
	孔子	先师孔子
	帝王	历代帝王
	神灵	东岳泰山、西岳华山、中岳嵩山、南岳衡山、北岳恒山、东镇沂山、西镇吴山、中镇霍山、南镇会稽山、北镇医巫闾山、东海、西海、南海、北海、江渎、河渎、淮渎、济渎、司中、司命、司民、司禄、寿星
小祀	坛壝	厉
	祖先、名臣	姜嫄、公刘、伯夷、叔齐、微子、比干、箕子、周公、吴季子、伍子胥、言偃、范蠡、子产、颜渊、曾子、孟子、屈原、黄石公、张渤、黄霸、卓茂、纪信、卫青、文翁、郭嘉、王方、刘宠、马援、蒋子文、陆逊、焦光、甘宁、诸葛亮、张飞、许谦、卞壸、许珪、潘俊、王坚、张斌、刘琼、穆素、陈舒、甘卓、萧统、冼夫人、褚遂良、陆龟蒙、汪华、刘晏、赵昂发、崔元靖、陆赟、狄仁杰、谢夷甫、张九龄、张巡、韩愈、颜真卿、刘仁瞻、夏鲁奇、李龙迁、曹彬、杨业、范仲淹、李光、耿遇德、程颐、孙明复、狄青、杨时、刘士英、吕大忠、吕大钧、吕大临、张载、寇准、欧阳修、杨万里、张叔夜、周濂溪、余靖、包拯、孙沔、文天祥、韩世忠、魏了翁、岳飞、乐令、余望、樊令、何基、王柏、金履祥、朱潜、胡铨、周必大、田居贲、许酿、关敏、朱海龙、杨万里、张珏、朱熹、陈果仁、顾野生、张翰、金胜、祝威、唐奇、朱毕、周凯、徐震、张理、陆秀夫、张世杰、魏全、福寿、吴稹、刘囚、熊禾、康茂才、茅成、胡大海、徐达、常遇春、李文忠、邓愈、沐英、冯国用、耿再成、丁德兴、张德胜、赵德胜、俞通海、汤和、姚广孝、吴良、曹良臣、吴复、孙兴祖、陈忠、徐安生、邹济、徐善述、于谦、魏琪、刘基、毛忠、余子俊、李继先、刘齐、赵国昭、张子明、张德山、徐明、夏茂、叶思成、叶深、赵天麟、刘球、李时勉、丁普郎、杨邦、谢芳德、李甫、谢晖、张志雄、贺兴隆、李元则、王得仁、伍骥、丁泉、杨信民、叶祯、吴云、王祎
	护国佑民神灵	城隍、北极真武、仓神、马神、先牧神、弘济神、关公、天妃妈祖、五通神、昆耶山神、灵山之神、大江水神、马湖显应祠、洞庭湖龙神、萧公、严州乌龙神、沁州焦龙神、黑龙神、宜山二龙神、泰伯、河平神庙、子潭庙、平阳平水祠、凤阳显济庙、八蜡庙

资料来源及说明：参照李媛：《明代国家祭祀制度研究》第66页《明代有司岁时祭祀神祇表》改制，其中"祖先、名臣"一栏仅以朝代归类录入，对于各自生卒顺序则不细分。

　　从上表可以看出，明代官方祭祀神祇数量众多，笔者根据其不同属性和功能将其划分为坛壝祭祀、孔子祭祀、帝王名臣祭祀以及护国佑民神灵祭祀四种类型。

　　坛壝是"坛"和"壝"的合称，"坛"指为举行祭祀活动而堆砌的高台，

"壝"则是祭台四周的围墙。坛壝祭祀是明代官方祭祀活动重要的组成部分，明代关中地区的坛壝祭祀主要包括社稷坛、风云雷雨山川坛和厉坛祭祀。社稷坛是祭祀土地和谷神之所，社为土神，稷为谷神，在社稷祭祀中以社为主，以稷为副。在古代人们的观念中，土地是各类植物赖以生长的根本，因而社稷坛祭祀反映的是中华民族最原始的土地崇拜，其祭祀目的则是为了祈求五谷丰收、国事太平。风云雷雨山川坛是祭祀风云雷雨和山川等自然神的场所，古人认为"山林川谷丘陵能兴云雨、见怪物皆曰神"[1]，因而为之立坛祭祀。厉坛，是专门祭祀孤魂野鬼的场所，在明人看来，"厉者，鬼无所主而其气未散，故好为人祸，故有司祀之以为之主。《佳》曰：鬼有所归乃不为厉是也"[2]。可见厉坛祭祀主要是为了安抚无主之鬼，以达到消灾免祸的目的。

孔子祭祀是指对孔子及其儒学正统继承者的祭祀。自汉武帝"罢黜百家，独尊儒术"以后，儒家所倡导的治国理念被历代统治者接受利用，成为中国传统政治文化中的主流思想。与此同时，统治者对孔子的推崇也在不断加深，其祭祀制度不断完善，到了明代孔子祭祀的内容已经十分庞大，除了文庙祭祀之外，还包括启圣、名宦和乡贤等祠的祭祀。其中文庙祭祀主要是指对孔子本人、孔门弟子以及历代儒家圣贤的祭祀。启圣祠主要是对孔子父亲叔梁纥的祭祀场所，史载："嘉靖九年，议以齐国公无祭为阙典，又颜曾二子坐堂上，而颜之父路、曾之父点在庑下，孔鲤与孟孙氏亦无祭，俱于义未当。乃请于启圣公祠中祀启圣公叔梁纥，配以颜路、曾点、孔鲤、孟孙氏，而以程灏父珦、朱熹父松、蔡沈父元定从祀焉。"[3]名宦、乡贤祠则是对地方上勤政爱民的官员和有德业的士绅的祭祀，其目的在于崇德报功、教化民众。

帝王功臣祭祀，即对历代帝王、忠臣烈士的祭祀。他们或是开国明君、中兴之主，如汉高祖、汉武帝、唐太宗等人，又或是历朝历代文能安邦、武能定国的社稷功臣，如周公、刘基、余子俊等人，皆是明代官方祭祀的对象。

护国佑民神灵祭祀，是指除坛祀、文庙之祀、帝王名臣之外的神灵祭祀，

---

① 康熙《陇州志》卷2《建置志》，康熙五十二年刻本，《中国地方志集成·陕西府县志辑》南京：凤凰出版社，2007年影印本，第37册，第33页。

② 嘉靖《渭南县志》卷10《祠祀考上》，明抄本，《中国地方志集成·陕西府县志辑》，第13册，第68页。

③ 乾隆《临潼县志》卷3《祠祀》，乾隆四十一年刊本，《中国地方志集成·陕西府县志辑》，第15册，第52页。

这些神灵来源广泛，既有源自自然界的原始崇拜，如灵山之神、大江水神等；也有源自被神化的历史人物，如关公；还有源自民间传说的神灵，如妈祖、城隍等。这一类祭祀神祇具有十分明显的功能特征，往往具备护国佑民的神通，例如妈祖具备"庇佑商船、救疫祛病、襄助水师"等诸多功能，而城隍除了具备"护城佑民、御灾捍患"的功能之外，还肩负着"鉴察民之善恶"的责任。官方对此类神灵进行祭祀也体现出统治者国泰民安、千秋万代的精神诉求。

二、明代关中地区官方祭祀祠庙分布

祠庙是中国传统社会祭祀神祇的场所，也是神灵信仰在现实社会的物质载体。官方祭祀祠庙由于画上了强烈的君权神授符号，是皇权威严以及王朝正统在信仰领域的彰显，因而在中国传统社会的建筑群中占据重要地位。明代关中地区共有西安、凤翔两个府级行政区，包含 6 州 34 县和 1 卫所，为了确保官方权威在民间社会能够得到充分彰显，每一个州县都会依照朝廷规制修建官方祭祀祠庙，从而构建出关中地区官方祭祀祠庙的整体格局。

（一）坛祀祠庙分布

明朝甫建，朱元璋便诏令各级官府设立社稷坛、风云雷雨山川坛和厉坛，自此之后，坛壝之祭便在全国各地的府、州、县及卫所普及开来。笔者依据志书资料，对明代关中坛祀祠庙的分布情况统计如表 1-2。

表 1-2　明代关中地区坛祀统计表

所属	坛庙名称	方位	出处
西安府	社稷坛	城西北	万历《陕西通志》卷八《祠祀》
	风云雷雨山川坛	城南	
	厉坛	北关	
三原县	社稷坛	县西北	嘉靖《重修三原志》卷三《坛壝》
	风云雷雨山川坛	南郭外	
	厉坛	县北	

续表

所属	坛庙名称	方位	出处
同州	社稷坛	城西二里许	天启《同州志》卷四《秩祀》
	风云雷雨山川坛	城南一里	
	厉坛	城北二里许	
白水县	社稷坛	城西北	顺治《白水县志》卷上《典祀》
	风云雷雨山川坛	城南	
	厉坛	城北	
长武县	社稷坛	城西	乾隆《长武县志》卷四《桥亭镇堡寺庙表》
	风云雷雨山川坛	城南郭	
	厉坛	城北	
盩厔县	社稷坛	西门外北偏	康熙《盩厔县志》卷二《建置·庙祀》
	风云雷雨山川坛	南门外	
	厉坛	北门外	
朝邑县	社稷坛	城西北	万历《续朝邑县志》卷三《秩祀》
	风云雷雨山川坛	城东南	
	厉坛	城北郊	
潼关卫	社稷坛	西门外	康熙《潼关卫志》卷上《秩祀》
	风云雷雨山川坛	南门外	
	厉坛	北门外	
咸阳县	社稷坛	县西北郊	万历《咸阳县新志》卷上《秩祀》
	风云雷雨山川坛	城东门外	
	厉坛	县北郊	
渭南县	社稷坛	县北带渭门外西偏	嘉靖《渭南县志》卷十《祠祀考》
	风云雷雨山川坛	县南引华门外	
	厉坛	县北带渭门外	

续表

所属	坛庙名称	方位	出处
邰阳县	社稷坛	县治西	嘉靖《邰阳县志》卷上《祠庙》
	风云雷雨山川坛	县治南	
	厉坛	县北郊	
乾州	社稷坛	小西门外北二里	崇祯《乾州志》卷上《建置·祠祀》
	风云雷雨山川坛	州城外正南三里	
	厉坛	城外正北	
兴平县	社稷坛	县西北	顺治《兴平县志》卷三《坛庙》
	风云雷雨山川坛	县南	
	厉坛	城北	
富平县	社稷坛	县西北	万历《富平县志》卷四《祠祀》
	风云雷雨山川坛	县南	
	厉坛	县北	
澄城县	社稷坛	城外西北	乾隆《澄城县志》卷六《庙属》
	风云雷雨山川坛	城南郊	
	厉坛	城北郊	
武功县	社稷坛	北郭门外西偏	正德《武功县志》卷一《祠祀》
	风云雷雨山川坛	南郭门外	
	厉坛	小北门外	
高陵县	社稷坛	县西接蜀门北	嘉靖《高陵县志》卷二《祠庙》
	风云雷雨山川坛	县南迎翠门外	
	厉坛	县北通远门外	
醴泉县	社稷坛	城北门外西偏	崇祯《醴泉县志》卷二《祠祀》
	风云雷雨山川坛	城南门外	
	厉坛	城北	

续表

所属	坛庙名称	方位	出处
韩城县	社稷坛	县西北一里	万历《韩城县志》卷六《坛庙》
	风云雷雨山川坛	县南二里	
	厉坛	县北门外	
永寿县	社稷坛	县西	康熙《永寿县志》卷二《祠庙》
	风云雷雨山川坛	县东南	
	厉坛	县北	
鄠县	社稷坛	北郊外	崇祯《增补鄠县志》卷一《建置·庙祀》
	风云雷雨山川坛	南郊外	
	厉坛	北郭外	
同官县	社稷坛	县西北北向	崇祯《同官县志》卷二《建置·祠祀》
	风云雷雨山川坛	城东南隅南向	
	厉坛	城北	
华州	社稷坛	州城西北	隆庆《华州志》卷六《祠祀》
	风云雷雨山川坛	州城南	
	厉坛	州城北	
邠州	社稷坛	州城西门外	嘉靖《邠州志》卷一《坛壝》
	风云雷雨山川坛	州城东门外	
	厉坛	州北门外	
蓝田县	社稷坛	西门外	隆庆《蓝田县志》卷上《祠祀》
	风云雷雨山川坛	县东南	
	厉坛	北关外	
临潼县	社稷坛	西门外北偏	康熙《临潼县志》卷三《祠祀》
	风云雷雨山川坛	南门之外之东原上	
	厉坛	北门外	

续表

所属	坛庙名称	方位	出处
华阴县	社稷坛	县城西北	万历《华阴县志》卷三《建置·秩祀》
	风云雷雨山川坛	县城南关外	
	厉坛	县城北	
三水县	社稷坛	县西门外	康熙《三水县志》卷一《坛壝》
	风云雷雨山川坛	县西门外北向	
	厉坛	县东门外南向	
泾阳县	社稷坛	西郭门外	嘉靖《泾阳县志》卷二《祠庙》
	风云雷雨山川坛	城南门外东	
	厉坛	城北	
耀州	社稷坛	城西北	嘉靖《耀州志》卷三《祠祀》
	风云雷雨山川坛	城南	
	厉坛	北门外	
蒲城县	社稷坛	城西北二里	康熙《蒲城县志》卷一《祠祀·坛壝》
	风云雷雨山川坛	城南偏西五里	
	厉坛	城北偏西百步	
淳化县	社稷坛	县西北一里	隆庆《淳化志》卷五《祠祀》
	风云雷雨山川坛	北门外	
	厉坛	南门外	
凤翔县	社稷坛	城西北	万历《重修凤翔府志》卷二《祠祀》
	风云雷雨山川坛	南郭东隅	
	厉坛	城北	
岐山县	社稷坛	城北门外西北隅	万历《重修岐山县志》卷三《祠祀》
	风云雷雨山川坛	南城外	
	厉坛	城北社稷坛东百步	

续表

所属	坛庙名称	方位	出处
宝鸡县	社稷坛	治西郭外	乾隆《宝鸡县志》卷二《建置·坛壝》
	风云雷雨山川坛	治东郭外	
	厉坛	治北门外	
扶风县	社稷坛	县小西门外	顺治《扶风县志》卷一《建置·坛壝》
	风云雷雨山川坛	县小南门外	
	厉坛	县北偏东	
郿县	社稷坛	县西门外	万历《郿志》卷一《地形·坛壝》
	风云雷雨山川坛	县治南	
	厉坛	县北	
麟游县	社稷坛	城北门外偏西	康熙《麟游县志》卷三《祠祀》
	风云雷雨山川坛	城东门外二里许	
	厉坛	东郭垣外近北	
汧阳县	社稷坛	县西北一里	顺治《汧阳志》卷一《祀典》
	风云雷雨山川坛	县南城外	
	厉坛	县北城外	
陇州	社稷坛	州西北一里	康熙《陇州志》卷二《建置·祀典》
	风云雷雨山川坛	州南一里	
	厉坛	州北半里	

　　由表1-2可知，明代关中地区的坛祀祠庙共计120处，分别分布于各府、州、县及卫所。除此之外，坛庙在城市中的空间布局具有明显的规律性。由表1-2统计显示，明代关中地区的社稷坛一般位于城西北或城北，而风云雷雨山川坛和厉坛则分别置于城南郊和北郊。如万历《续朝邑县志》载："城西北隅为社稷坛，东南为风云山川坛，直北为邑厉坛，三坛缭以周垣，宰牲有所勒，

有高皇厉鬼碑。"①正德《武功县志》载："社稷坛在北郭门外，风云雷雨坛在南郭门外，厉坛在小北门外。"②隆庆《华州志》载："华阴县，社稷坛城西北，风云雷雨山川坛城南。"③如此分布格局的形成并非偶然，而是受明王朝坛祀制度影响的结果。明洪武元年十二月，明太祖朱元璋诏令："颁社稷坛制于天下郡邑，坛俱设于城西北，右社左稷，坛各方二丈五尺，高三尺，四出陛，三级。社以石为主，其形如钟，长二尺五寸，方一尺一寸，剡其上、培其下之半，在坛之南。方坛周围筑墙，四面各二十五步。祭用春秋二仲月上戊日。各坛正配位，各用笾四、豆四，簠簋各二，登铏各一俎二牲，正配位共用羊豕各一。"④可见在明朝初期，关于社稷坛的选址方位、坛墙规格、祭祀日期以及祭品等就已成定制。而对于风云雷雨山川坛和厉坛的选址，明廷也有相关规定："府州县亦祀风云雷雨师，仍筑坛城西南"⑤，"王国祭国厉，府州祭郡厉，县祭邑厉，皆设坛城北，一年二祭，如京师。里社则祭乡厉。泰厉、国厉、郡邑厉一年二祭：春以清明日，冬以十月朔日。乡厉一年三祭：春以清明日，秋以七月十五日，冬以十月朔日。"⑥从关中地区的坛墙分布来看，明代地方政府基本上执行了朝廷制定的选址原则，即将社稷坛一般置于城西北或城北，而风云雷雨山川坛和厉坛则分别置于城南郊和北郊，这样的布局体现出中央—府州—县—里社四级层次的祭祀体系，同时也反映出封建礼制在中国古代城市建设中的深刻影响。

　　事与愿违，并不是所有的坛墙都恪守朝廷的规制进行选址。由表1-2可见，尚有极少部分州县的个别坛墙选址明显违背了朝廷的规制，如咸阳县、华州、邠州、宝鸡县和麟游县的风云雷雨山川坛均置于城东门之外，完全违背了明代

---

① 万历《续朝邑县志》卷3《秩祀志》，康熙五十一年刻本，《中国地方志集成·陕西府县志辑》，第21册，第35页。
② 正德《武功县志》卷1《祠祀志第三》，文渊阁四库全书本，《景印文渊阁四库全书》，台北：商务印书馆，1986年，第494册，第11页。
③ 隆庆《华州志》卷6《祠祀志》，光绪八年合刻华州本，《中国地方志集成·陕西府县志辑》，第23册，第37页。
④ 《明太祖实录》卷37，洪武元年十二月己丑。
⑤ 《明史》卷49《礼三》，北京：中华书局，1974年，第1283页。
⑥ （清）龙文彬：《明会要》卷11《五祀》，北京：中华书局，1956年，第182页。

"风云雷雨师，仍筑坛城西南"的规定；再有三水县的厉坛在"县东门外南向"，也与明代"县祭邑厉，皆设坛城北"的制度不符，原因何在？

笔者认为，上述州县出现的坛墠分布与朝廷定制不符的情况主要与城市所处的地形环境以及城市选址有关。以麟游县为例，麟游古城南倚杜水（今漆水河）而建，杜水"由是绕城而南受马家沟，则澄水北来与杜合流，南折而东至慈禅寺，山势开朗，水面空阔，所谓广川河者是也"①，河流环绕自然有利于县城南面的防御，但也带来了一些不便，"南郭环抱杜水杂以农郊菜畦，惟东南间穴外垣为门状，乃康熙间知县范光曦所开南门也"②。从史料记载可知，由于南临杜水，明代麟游县并无南门，直到清代康熙以后才开设南门，既无南门，又临杜水，本该建于城南门外的风云雷雨山川坛唯有另择其址。这种"倚河而建"的县城还有很多，如宝鸡、咸阳皆是南倚渭河而建，其中宝鸡县"清渭东流数百里至此始入平川，于治南循城附郭，不凿而深。冬春长桥卧波，济人不须乘舆。秋夏扁舟横渡，利涉无忧，大川俨然方城之汉水、金城之汤池也"③。可见宝鸡县在建成之初便是充分地考虑到利用渭水提高自身的防御功能，因而倚河而建。同样，咸阳县亦是南临渭水，每年秋季，因渭水暴涨，泛入城池，使咸阳县城屡屡遭受水灾。景泰三年（1452 年）知县王瑾"以渭水冲啮城根，筑土堤以翼之"④。由于南临河流，受城市选址的影响，这些县城的风云雷雨山川坛无一例外地违背了朝廷"城南筑坛"的定制。除此之外，山脉地形的限制也会对县城坛墠的方位造成影响，如三水县城始建于成化十四年（1478 年），清代三水县城完全继承了明代建城时的城市布局，如图 1-1 所示，康熙《三水县志》所附《县城图》显示三水县被群山环绕，北郭城沿凤凰山而建，南门外紧邻汃水（今马栏河）与翠屏山，由于地形所限，县城的建设只能沿山谷向东西方向发展，因而只能将风云雷雨山川坛和厉坛分别置于西门和东门之外，可

① 康熙《麟游县志》卷 1《舆地》，康熙四十七年增刻本。
② 光绪《麟游县新志草》卷 2《建置志》，光绪九年刻本，《中国地方志集成·陕西府县志辑》，第 34 册，第 224 页。
③ 乾隆《宝鸡县志》卷 5《景胜》，乾隆三十五年石印本，《中国地方志集成·陕西府县志辑》，第 32 册，第 107 页。
④ 民国《重修咸阳县志》卷 2《建置志》，民国二十一年铅印本，《中国地方志集成·陕西府县志辑》，第 5 册，第 161 页。

见山川地形是造成坛壝违规而设的重要因素。

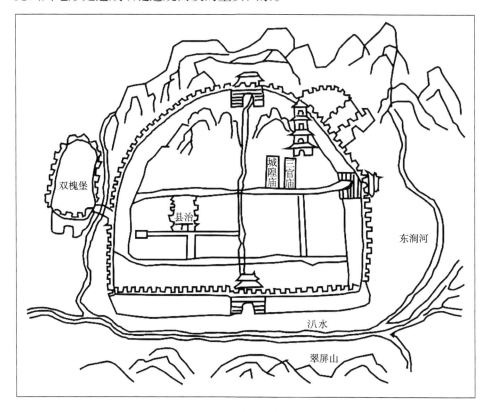

图 1-1　康熙三水县城图

注：本图据"三水县邑图"改绘。原图出自康熙《三水县志》卷 1《邑图》，康熙十六年刻本。

（二）孔子祭祀祠庙的分布——以文庙为例

孔子祭祀是中国古代官方祭祀活动中的重要内容。洪武十五年（1382 年）"诏天下儒学通祀孔子"以后，此项制度一直延续至明末。虽然在弘治和嘉靖时期有所变动，但也只是对孔子从祀人员以及祭祀等级的调整，有明一代，祭孔始终是中央和地方最为重视的祭祀活动之一。由于启圣、名宦以及乡贤等祠庙依附于文庙，是孔子祭祀祠庙的一部分，启圣祠一般位于大成殿之后，名宦祠、乡贤祠则分列戟门东西两侧，其数量和分布并不受其他因素的影响，因此本书仅对孔子祭祀祠庙的主体——文庙的数量与分布进行分析。明代关中各府、州、县均有文庙分布，其具体建造时间与空间布局如表1-3所示。

表1-3 明代关中地区文庙统计表

所属	修建时间	方位	出处
西安府	宋	府治东南	万历《陕西通志》卷八《祠祀》
三原县	元大德十年	县治东	嘉靖《重修三原志》卷三《坛壝》
同州	五代	府治东南	天启《同州志》卷四《秩祀》
白水县	洪武六年	县署东五十步许	顺治《白水县志》卷上《典祀》
长武县	万历十一年	县治东	乾隆《长武县志》卷四《桥亭镇堡寺庙表》
鳌屋县	元大德十一年	城东南隅	康熙《鳌屋县志》卷二《建置·庙祀》
朝邑县	元	县治南	万历《续朝邑县志》卷三《秩祀》
潼关卫	正统四年	卫治西	康熙《潼关卫志》卷上《秩祀》
咸阳县	洪武四年	县中街	万历《咸阳县新志》卷上《秩祀》
渭南县	唐	县治东仁和街	嘉靖《渭南县志》卷十《祠祀考》
郃阳县	宋元祐间	县署东南	嘉靖《郃阳县志》卷上《祠庙》
乾州	唐武德初建	城东南街	崇祯《乾州志》卷上《建置·祠祀》
兴平县	永乐六年	县治东南	顺治《兴平县志》卷三《坛庙》
富平县	洪武三年	县署东	万历《富平县志》卷四《祠祀》
澄城县	唐	城东北北门内街左侧	乾隆《澄城县志》卷六《庙属》
武功县	元至元十五年	县署东	正德《武功县志》卷一《祠祀》
高陵县	元中统二年	县治东北	嘉靖《高陵县志》卷二《祠庙》
醴泉县	明初	县南	崇祯《醴泉县志》卷二《祠祀》
韩城县	宋	县治东	万历《韩城县志》卷六《坛庙》
永寿县	元延祐七年	县署西北	康熙《永寿县志》卷二《祠庙》
鄠县	洪武初	县东街	崇祯《增补鄠县志》卷一《建置·庙祀》
同官县	洪武八年	县署东南大成街	崇祯《同官县志》卷二《建置·祠祀》
华州	洪武初	县城之东南隅	隆庆《华州志》卷六《祠祀》
邠州	洪武中建	州东门内	嘉靖《邠州志》卷一《坛壝》

续表

所属	修建时间	方位	出处
蓝田县	宋嘉祐八年	县东南隅	隆庆《蓝田县志》卷上《祠祀》
临潼县	洪武二年	县署北	康熙《临潼县志》卷三《祠祀》
华阴县	明初	县治东	万历《华阴县志》卷三《建置·秩祀》
三水县	嘉靖六年	县治东龙凤窝	康熙《三水县志》卷一《坛壝》
泾阳县	宋	南门东	嘉靖《泾阳县志》卷二《祠庙》
耀州	宋	州城西北	嘉靖《耀州志》卷三《祠祀》
蒲城县	唐贞观时建	县治东	康熙《蒲城县志》卷一《祠祀·坛壝》
淳化县	洪武二十年	县东南面	隆庆《淳化志》卷五《祠祀》
凤翔县	景泰重修	城东南隅	万历《重修凤翔府志》卷二《祠祀》
岐山县	元至元二十八年	城南门内学署东	万历《重修岐山县志》卷三《祠祀》
宝鸡县	元泰定四年	县治西北	乾隆《宝鸡县志》卷二《建置·坛壝》
扶风县	唐大历二年	县东街北偏	顺治《扶风县志》卷一《建置·坛壝》
郿县	元至正九年	县治西百余步	万历《郿志》卷一《地形·坛壝》
麟游县	洪武八年	县东	康熙《麟游县志》卷三《祠祀》
汧阳县	嘉靖二十六年	县东北隅	顺治《汧阳志》卷一《祀典》
陇州	宣德六年	州治西南	康熙《陇州志》卷二《建置·祀典》

从表 1-3 可以看出，明代关中文庙共计 40 处，有文庙、先师庙、先师孔子庙、夫子庙等多种称谓，以文庙居多。从建筑时间来看，上起唐宋下至元明皆有修建，宋元时期是关中文庙建筑的发展时期，先后建造了 15 处文庙。明代是关中文庙建设的鼎盛时期，其建造的文庙数量达到 18 处之多，这与明代重视孔子祭祀不无关系。

在文庙的选址方面，以东、南、东南和东北四个方位最多，而坐落于城市西面、北面、西南和西北面的则比较少见，仅有 8 处。如宝鸡县文庙"在县治西北"；

郿县文庙"在县治西百余步"；陇州文庙"在州治西南"。文庙选址于城池的东、南、东南或东北的现象并非偶然，而是与古人传统的风水观念密切相关。

《周易》云："万物出乎震，震，东方也。齐乎巽，巽，东南也，齐也者，言万物之絜齐也。离也者，明也，万物皆相见，南方之卦也。圣人南面而听天下，向明而治，盖取诸此也。坤也者，地也，万物皆致养焉，故曰致役乎坤。兑，正秋也，万物之所说也，故曰说言乎兑。战乎乾，乾，西北之卦也，言阴阳相薄也。坎者，水也，正北方之卦也，劳卦也，万物之所归也，故曰劳乎坎。艮，东北之卦也，万物之所成终而所成始也。"① 意思是说太阳自东方升起，震动而万物运行，见日升而巽起东南微风，万物整齐地排列而行。艮位在东北，乃终结黑夜，迎接黎明之位。因此古代风水观念认为："文庙建甲、艮、巽三方，为得地。庙后宜高耸，如笔如枪，左宜空缺明亮，一眼看见奎文楼，大利科甲。"② 其中"甲"即"震"，指东方，而"艮""巽"则分别指东北和东南。在古人看来，这三个方位寓意旭日初升，朝气蓬勃，文庙建在这三个方位必能保佑邑人文运兴旺，人才辈出。正是由于风水观念对建筑选址的深刻影响，关中的文庙建筑才多分布于城市的东、东北和东南方位。风水观念不仅关系文庙的选址，同时对其基址变更也颇有影响，如蓝田县文庙本位于县西北，康熙五十三年（1714 年）"张公澂以地势卑下、庙貌倾圮，详明各宪，移修县治东南巽地，自是科第联起"③。可见风水观念对城市文庙的影响是极其深远的。

然而如表 1-3 所示，依然有个别州县的文庙位于城市的西、西北或西南方位，原因何在？笔者认为这主要是缘于文庙建设过程中不可抗力的影响，如潼关卫文庙"旧在卫治东，明正统四年都指挥金事姚深奏建，后因水患成化十一年迁卫治西南"④ 又如陇州文庙，"旧在东故城内，宣德六年水冲基圮，知州郭

---

① 《周易》卷 9《说卦第九》，《四部丛刊》景宋本，上海：商务印书馆，1936 年。
② （清）高见南：《相宅经纂》卷 1《阳宅总论》，台北：育林出版社，1999 年，第 127 页。
③ 雍正《蓝田县志》卷 1《建革·祠祀》，清抄本，《中国地方志集成·陕西府县志辑》，第 16 册，第 25 页。
④ 康熙《潼关卫志》卷之上《学校》，康熙二十四年刻本，《中国地方志集成·陕西府县志辑》，第 29 册，第 29 页。

宗仪徙建于州学"①。潼关卫与陇州的文庙皆因水患而迁建，可见除了风水观念之外，自然灾害等不可抗力也会对文庙的分布产生影响。

（三）帝王功臣类祭祀祠庙分布

帝王功臣类祭祀是对前朝帝王以及忠诚烈士功绩的追崇，是官方祭祀活动中不可或缺的一部分。需要指出的是，明代关中帝王功臣祠庙多为历史遗迹，建于明代的祠庙寥寥无几，其祭祀情况也不得而知，但鉴于其祭祀人物被列入明王朝的官方祀典，因此将之归入明代官方祭祀系统。关中地区帝王功臣类祭祀祠庙统计如表1-4所示。

表1-4　方志所见明代关中帝王功臣祭祀祠庙统计表

所属	庙名	修建时间	方位	出处
咸宁	张公祠	嘉靖九年重修	县后街	万历《陕西通志》卷八《祠祀》
蓝田	颜鲁公祠	天启六年	蓝桥	雍正《蓝田县志》卷之一《建革·祠祀》
	韩昌黎公祠	万历三十七年	北郭	
朝邑	汉武帝庙	—	上官村	万历《续朝邑县志》卷三《秩祀》
	汉高帝庙	成化中建	县南五里柳村	乾隆《同州府志》卷二《祠祀》
兴平	汉高帝庙	—	县西南三十里	顺治《兴平县志》卷三《坛庙》
华州	汾阳王庙	—	东关	隆庆《华州志》卷六《祠祀》
临潼	横渠祠	万历三十五年	文庙东北	康熙《临潼县志》卷三《祠祀》
澄城	汉文帝庙	—	县东南西观屯	乾隆《澄城县志》卷六《庙属》
	汉武帝庙	—	武帝山	
蒲城	横渠祠	万历壬子	城隍庙西	康熙《蒲城县志》卷一《祠祀·祠庙》
长武	公刘庙	隆庆四年重修	县东门外	乾隆《长武县志》卷四《桥亭镇堡寺庙表》
武功	唐高祖庙	洪武丙辰	凤岗之巅	正德《武功县志》卷一《祠祀》

① 康熙《陇州志》卷2《建置志》，康熙五十二年刻本，《中国地方志集成·陕西府县志辑》，第37册，第30页。

续表

所属	庙名	修建时间	方位	出处
高陵	汉景帝庙	—	县西南三十里鹿苑原	嘉靖《高陵县志》卷二《祠庙》
	寇莱公祠	—	县西小王村	
醴泉	唐太宗庙	崇祯五年	学署南	崇祯《醴泉县志》卷二《祠祀》
同官	周文王庙	—	县西六十里文王山	崇祯《同官县志》卷二《建置·祠祀》
	周武王庙	—	文庙西武王山	
同州	张睢阳庙	—	厓下村	天启《同州志》卷四《秩祀》
邠州	公刘庙	洪武中建	州东陵村	嘉靖《邠州志》卷一《坛壝》
	范文正公祠	—	兵备道西	
泾阳	唐德宗庙	—	义山	嘉靖《泾阳县志》卷二《祠庙》
	汾阳王庙	—	东门内	
淳化	汉武帝庙	—	县西北二十里	隆庆《淳化志》卷五《祠祀》
	公刘庙	—	县西四十五里	
	郭子仪庙	—	县南齐池村	
岐山	周公庙	至元二十七年重修	县西北十五里凤凰山	万历《重修岐山县志》卷三《祠祀》
	武侯祠	—	县南五丈原上	
宝鸡	隋高祖庙	至元九年重修	治北五里	乾隆《宝鸡县志》卷二《建置·祠庙》
凤翔	横渠祠	—	县西门内	万历《重修凤翔府志》卷二《祠祀》
郿县	横渠祠	万历九年重修	县治东	万历《郿志》卷一《地形·祠庙》
扶风	姜嫄庙	唐大历间	县东南四十里	顺治《扶风县志》卷一《建置·祠祀》
	张横渠祠	—	县南	

由表 1-4 可知，明代关中帝王功臣祭祀祠庙共计 33 处，其中帝王祠庙 13 处，功臣祠庙 16 处，周人先祖祠庙 4 处。

从祭祀神祇和祠庙分布来看，明代关中崇德报功类祭祀具有很强的地域性特征。如帝王祠庙所祀君主有周文王、周武王、汉文帝、汉景帝、汉武帝、隋高祖、唐太宗、唐德宗等；功臣祠庙所祀之人则有颜真卿、郭子仪、张载等，其中祭祀张载的祠庙较多，其数量达到 6 处。张载（1020—1077 年），凤翔府郿县横渠镇人，北宋大儒，理学支脉"关学"的创始人之一。其学术思想在中国思想文化发展史上占有重要地位，对以后的思想界产生了较大的影响，他的著作一直被明清两代政府视为哲学的典范，并将其列为科举考试的必读之书。明代将其列入官方祀典，为其建庙祭祀。例如，蒲城县横渠祠"旧在县治东南……万历壬子，令李烨然移建城隍庙西，祀张横渠，以弟戬及邑贤张建配"①；临潼县横渠祠"在文庙东北，明万历三十五年建。后圮，前县赵子京因故察院地改建"②。

由表 1-4 可知，关中帝王功臣祠庙所祀之人上启商周下至隋唐，这与历史时期关中的政治地位密切相关。周、秦、汉、隋、唐等王朝均建都于关中，许多君主、功臣在此建功立业，因而帝王功臣类祭祀祠庙多集中于这几个朝代。又如祖先祠庙所祀公刘、姜嫄，二人皆为周人始祖，而关中作为周人活动的中心区域，自然有其祖先祠庙的分布。此外，帝王功臣类祭祀祠庙的分布还与所祀对象的生平事迹密切相关，如澄城县有汉武帝庙，"古有汉武帝祠，由来久矣，相传武帝北征驻跸于此，马渴搉枪泉涌，土人神其事，故祠之……余考西汉遗史，宣帝己酉二年夏，诏曰：孝武皇帝躬仁义，厉威武，功德茂盛，而庙乐未称，朕甚悼焉，尊武帝为世宗，所幸郡国皆立庙，此或祠庙之所由来也"③。再者，帝王的陵墓所在也是影响其祠庙分布的因素之一，如醴泉县有唐太宗庙，泾阳县有唐德宗庙，而醴泉县和泾阳县则分别为太宗昭陵和德宗崇陵所在地。

（四）护国佑民祭祀祠庙分布

按照明代祀典，属于关中地区护国佑民祭祀神祇的有城隍、关王、马神、

---

① 光绪《蒲城县新志》卷 5《祠祀志》，光绪三十一年刻本，《中国地方志集成·陕西府县志辑》，第 26 册，第 315 页。

② 乾隆《临潼县志》卷 3《祠祀》，乾隆四十一年刊本，《中国地方志集成·陕西府县志辑》，第 15 册，第 55 页。

③ 《重修汉武帝祠碑记》，张进忠编著：《澄城碑石》，西安：三秦出版社，2000 年，第 178 页。

东岳泰山、西岳华山、西镇吴山、北极真武和八蜡神等。笔者根据志书记载，将它们的祠庙分布统计为表1-5。

表1-5　方志所见明代护国佑民祭祀祠庙统计表

所属	祠庙	修建时间	方位	出处
长安	城隍庙	洪武初	（西安）府治	万历《陕西通志》卷八《祠祀》
	西岳庙	元大定中	长安县西	
	武安王庙	嘉靖三年重修	长安县治西南	
	八蜡庙	嘉靖九年	长安县东关	
咸宁	关王庙	明时建	咸宁驻防城	康熙《咸宁县志》卷二《庙祠》
三原	城隍庙	洪武八年	县城白渠北	嘉靖《三原县志》卷三《祠庙》
	马神庙	成化二年	县城内管驿巷	
	关王庙	—	龙桥北永清坊	
	关王庙	正统五年	县治东阳里	
	关王庙	景泰年间	城东门内	
	真武庙	正统五年	县治北永清坊	
	西岳庙	—	县西北留坊里	
	东岳庙	—	城东门内	
同州	城隍庙	洪武十一年	城东南隅	天启《同州志》卷四《秩祀》
	真武庙	嘉靖十一年	城隍庙西	
	西岳庙	崇祯元年	州治左直街	乾隆《同州府志》卷二《祠祀》
白水	城隍庙	明初建	南门东偏	顺治《白水县志》卷上《典祀》
	北极真武庙	嘉靖重修	县治东龙门洞外	
	东岳庙	宋时建	县北郭门外	
	关王庙	洪武初建	县署东	
长武	城隍庙	未详	东街	乾隆《长武县志》卷四《桥亭镇堡寺庙表》
	东岳庙	至正二十三年	县东一里	
	八蜡庙	嘉靖十六年	城西	

续表

所属	祠庙	修建时间	方位	出处
鄠屋	城隍庙	明初	县署西街	康熙《鄠屋县志》卷二《建置·庙祀》
	关王庙	成化年间	东门内北向	
	关王庙	崇祯十三年	中高村	
朝邑	城隍庙	洪武十六年	西门内	万历《续朝邑县志》卷三《秩祀》
	东岳行祠	始建于宋	西郭	
	八蜡庙	嘉靖九年	南门内	
	马王庙	—	东门内	
	关王庙	—	城内并巷	
	关王庙	成化中重修	赵渡镇	
潼关	城隍庙	—	东街	康熙《潼关卫志》卷上《秩祀》
	关王庙	万历丁酉重修	西门内	
咸阳	城隍庙	洪武四年	县东街	万历《咸阳县新志》卷上《秩祀》
	东岳庙	正德间	县西街	
	关王庙	万历二十三年	中街偏北	乾隆《咸阳县志》卷二《建置·祠庙》
	关王庙	崇祯中	北街	
渭南	城隍庙	洪武九年	县治东仁和街北	嘉靖《渭南县志》卷十《祠祀考》
	八蜡庙	成化十年	县城东	
	义勇武安王庙	—	县治东	
	马神祠	—	县治东厩内	
郃阳	城隍庙	洪武二十一年	县治东	嘉靖《郃阳县志》卷上《祠庙》
	关王庙	—	县治东	
	真武庙	隆庆间	县西	
	东岳庙	—	县北	
	八蜡庙	嘉靖十二年	县治南	乾隆《郃阳县志》卷一《建置》
乾州	城隍庙	正统三年	县西街	崇祯《乾州志》卷上《建置·祠祀》

续表

所属	祠庙	修建时间	方位	出处
兴平	城隍庙	元至正二年	县治北东西街中	顺治《兴平县志》卷三《坛庙》
	东岳庙	宋真宗祈嗣	县西门外	
	西关帝庙	金大安二年	县西门	
	南关帝庙	崇祯九年	县南门	
富平	城隍庙	洪武间	县署东	万历《富平县志》卷四《祠祀》
	关王庙	成化二年	县署西	
	八蜡庙	万历八年	县北	
	东岳庙	—	县东门外	
	西岳庙		县西连城内	
澄城	城隍庙	唐贞元十三年	县西门外	乾隆《澄城县志》卷六《庙属》
	关王庙	天启五年	县署东	
	岱岳庙	宋政和中建	寺头镇	
	八蜡庙	嘉靖中	雷庄村	
	真武神祠	万历十二年	城西	
武功	城隍庙	成化元年重修	东门内	正德《武功县志》卷一《祠祀》
	关王庙	—	南郭西外坎下	
	东岳庙	—	东郭外漆水东	
高陵	城隍庙	弘治末重修	中街北偏	嘉靖《高陵县志》卷二《祠庙》
	义勇武安王庙	弘治初重修	接署门外南面	
	东岳庙	—	通远门内偏东	
	八蜡庙		通远门内	
醴泉	城隍庙	洪武二年	县治西	崇祯《醴泉县志》卷二《祠祀》
	东岳庙	万历十年重修	县东郭外	
	真武庙	成化中	镇门寺前	
	八蜡庙	嘉靖十三年	县治西门外	
	关王庙	洪武初	新城东街	

续表

所属	祠庙	修建时间	方位	出处
韩城	城隍庙	隆庆五年	城东北隅	万历《韩城县志》卷六《坛庙》
	八蜡祠	嘉靖间	西门外	
永寿	城隍庙	唐大历间	城西北	康熙《永寿县志》卷二《祠庙》
	关王庙	万历重修	南关	
	东岳庙	隆庆二年重修	县东五十里长宁镇	
鄠县	城隍庙	洪武四年	县城东北隅	崇祯《增补鄠县志》卷一《建置·庙祀》
	关王庙	嘉靖四年	县西街南向	
	八蜡庙	嘉靖十六年	北郊外	
同官	城隍庙	洪武四年	县署东	乾隆《同官县志》卷二《建置·祠祀》
	关王庙	嘉靖十八年	县北镇平门外	
	八蜡庙	万历三十年	县北皇华街	
华州	城隍庙	洪武二年	州治东	隆庆《华州志》卷六《祠祀》
	八蜡庙	—	城东	
	东岳庙	—	东关	
	关公庙	—	城西街	
	西岳庙	—	东关	
邠州	城隍庙	洪武间	州治西	嘉靖《邠州志》卷一《祠祀》
	东岳庙	洪武初	州西北三十里	
	关王庙	—	校场南	
蓝田	城隍庙	洪武六年	城东南隅	隆庆《蓝田县志》卷上《祠祀》
	关王庙	正统三年	北关	
	西岳庙	—	县西北二十里	
	真武庙	—	县西北三十里	
	关王庙	万历十七年	南门外	雍正《蓝田县志》卷一《建革·祠祀》
	关王庙	崇祯年间	北关外	
	八蜡庙	万历十三年	县东南	

续表

所属	祠庙	修建时间	方位	出处
临潼	城隍庙	正统间	县东南隅	康熙《临潼县志》卷三《祠祀》
	关王庙	嘉靖甲辰	县西门内	
	马神庙	万历十年重修	驿馆	
	北极真武庙	明时建	县西南隅	
华阴	城隍庙	洪武初	县治东	万历《华阴县志》卷三《建置·秩祀》
	八蜡祠	嘉靖间	城南	
	西岳庙	祀自汉武帝	县东官道北	
三水	城隍庙	洪武三年	县治东	康熙《三水县志》卷一《祠祀》
	关王庙	万历丙午	东门外校场上	嘉庆《三水县志》卷二《庙宇》
泾阳	城隍庙	洪武六年	安德门北街	嘉靖《泾阳县志》卷二《祠庙》
	八蜡庙	—	东郭门外	
	关王庙	隆庆五年建	惠果寺西北	宣统《重修泾阳县志》卷五《秩祀》
耀州	城隍庙	嘉靖四年重修	州治东南	乾隆《续耀州志》卷三《祠祀》
	八蜡庙	万历辛巳	州西三里	
	东岳庙	万历重修	北门外东北	
	关王庙	崇祯六年	西街	
蒲城	城隍庙	与邑同建	县治西	康熙《蒲城县志》卷一《庙祀》
	东岳庙	明前	县治东南门内	
	关王庙	天启间建	察院前偏东	
淳化	城隍庙	洪武六年	县东北	隆庆《淳化志》卷五《祠祀》
	关王庙	天启四年重修	县治西街	乾隆《淳化县志》卷九《祠庙》
	马神庙	崇祯中	射圃内	
凤翔	城隍庙	洪武二年	城东郭	万历《重修凤翔府志》卷二《祠祀》
	关圣庙	宋时建	府后巷	
	八蜡祠	—	南关东隅山川坛左	
	真武庙	—	城南郭	

续表

所属	祠庙	修建时间	方位	出处
岐山	城隍庙	唐时建	县署西北	万历《重修岐山县志》卷三《祠祀》
	八蜡祠	嘉靖九年	南城外山川坛左	
	关王庙	嘉靖间重修	县署北正街	
	马神庙	正统五年	县署北正街	
	东岳庙	元泰定中建	东郭	
宝鸡	城隍庙	隆庆二年重修	治西	乾隆《宝鸡县志》卷二《建置·祠祀》
	关王庙	天启四年	治东	
	八蜡庙	万历十三年	治西郭	
	马神庙	洪武中	治东陈仓驿	
扶风	城隍庙	洪武三年	东街近东城	顺治《扶风县志》卷一《建置·祠祀》
	关王庙	崇祯六年	东街文庙东	
	马神庙	洪武中	县东街	
	八蜡祠	嘉靖十三年	大南门外	
郿县	城隍庙	洪武四年	县治东街	乾隆《郿县志》卷四《坛庙》
	八蜡庙	万历二十二年	县西门外	
	关王庙	明时建	东郭外	
	马神庙	正统间	县治西	
麟游	城隍庙	洪武六年	十字街西	康熙《麟游县志》卷三《祠祀》
	八蜡庙	万历十四年	邑治东门外	
	关庙	天启间重修	十字街西	
	马神庙	建于明	县署东	
汧阳	城隍庙	洪武初	城内北街东偏	顺治《汧阳志》卷一《祀典》
	八蜡庙	万历中	县西门外半里	
	马神庙	弘治六年	县署东	
	关王庙	洪武初建	城中街	
	吴岳行宫	景泰元年重修	留坊里	

续表

所属	祠庙	修建时间	方位	出处
陇州	城隍庙	洪武初	州治东	康熙《陇州志》卷二《建置·祀典》
	八蜡庙	万历二十一年	州西郭内	
	关圣庙	—	州治西	
	马神庙	建于明	州治南街	
	东岳庙	洪武十四年	州西二里	
	吴岳庙	万历四十三年	州治西街	乾隆《陇州续志》卷四《祠祀》

　　由表 1-5 可知，明代关中护国佑民祭祀祠庙共计 158 处，其中城隍庙 40 处，关王庙 44 处，东岳庙 19 处，西岳庙 7 处，八蜡庙 25 处，马神庙 12 处，真武庙 9 处，西镇吴岳庙 2 处。

　　城隍庙是明代关中数量最多，分布最广的护国佑民类祭祀祠庙，每个州县均有分布。在中国传统社会，城隍被奉为城池的保护神，其职责是管理城池在冥界的一切事务。唐宋时期，城隍神被列入国家祀典："其祀遍天下，或赐庙额，或颁封爵。至或迁就附会，各指一人以为神之姓名。如镇江、庆元、宁国、太平、华亭、芜湖等郡邑，皆以为纪信、龙且。赣、兖、瑞、吉、建昌、临江、南康，皆以为灌婴，是也。"[1]明初洪武改制，削去各处城隍封爵、名号，毁其塑像以木主代替，同时以行政区划将各处城隍划分为府城隍、州城隍和县城隍三个等级，凡各级新官上任，"必先宿斋城隍庙，谒神，与誓在阴阳表里，以安下民"[2]。经过明初的整改，致使"城隍神之重于天下，蔑以加矣"[3]，成为明代地方政府最为重视的神祇之一。从上表城隍庙的分布来看，其祠庙多位于城池东北、正东或东南方向，明代关中 40 处城隍庙中有 28 处都位于城池东北、正东或东南方向。究其原因，笔者认为依然与古人的风水观念有关。如上文所述，在古代风水观念中，艮、震、巽三方分别代表了城池的东北、正东和东南

---

① （清）孙承泽著，王剑英点校：《春明梦余录》卷15《太岁坛》，北京：北京古籍出版社，1992 年，第 220 页。
② （清）孙承泽著，王剑英点校：《春明梦余录》卷15《太岁坛》，北京：北京古籍出版社，1992 年，第 222 页。
③ （明）叶盛撰，魏中平校点：《水东日记》卷 30《城隍神》，北京：中华书局，1980 年，第 297 页。

三个方位，而这三个方位通常被古人认为是"吉位"，城隍作为城池的保护神，是冥界的守土之神，其庙宇自然应坐落于"吉位"。但依然有 12 座城隍庙坐落于城池的西面、西北或西南方位，如岐山县城隍庙"在县署西北"，蒲城县城隍庙"在县治西"等。笔者认为这种情况的出现可能与其城隍庙的创建时间有关，光绪《岐山县志》载："城隍庙在县署西北正街，唐时建，明嘉靖四十三年知县马会同邑人知县刘瀚重修。万历元年，知县马彦卿增建献殿东西司及戏楼钟鼓楼。十五年，郡守通判任合增建庙内外牌坊两座。崇祯十一年知县张名篆、国朝顺治十四年知县王毂俱重修。乾隆四十三年知县平世增重修。光绪七年知县胡升猷修葺。"①康熙《蒲城县志》载："城隍庙在县治西，与邑同建，明洪武庚戌始剔诸封爵，正神号，遇厉祀城隍主之，奉敕修者曹秉彝也。"②从这两则文献可以看出，岐山县城隍庙建于唐代，蒲城县城隍庙则是"与邑同建"，而蒲城置县始于北宋开宝四年（971 年），两县的城隍庙皆建设于明代之前，其时仅作为民间祠庙祭祀，因而其庙址并无太多规制，明朝厘正城隍祀典之后，只是在原庙的基础上进行了修缮，并未选址重建，因而出现了庙宇与规制不符的情况。

除城隍庙在关中各州县均有分布之外，关王庙、东岳庙、西岳庙、西镇庙、真武庙、八蜡庙和马神庙的分布则呈现出明显的区域差异性。有关关公、八蜡祭祀及其祠庙的分布在下文会有专题论述，在此不再赘述。

从各类祠庙的分布来看，真武庙所祀真武大帝虽然是明朝祀典正神，然而由于朝廷并未明令全国通祀，因而其祠庙主要集中在关中地区的中部和东部，位于关中西部的凤翔府则不多见，仅有凤翔县有其庙宇。

马神庙主要分布于关中西部的凤翔府，其下辖州县皆有马神庙分布。官方祭祀马神始于明初。洪武二年（1369 年），朱元璋"命祭马祖、先牧、马社、马步之神，筑坛后湖"。洪武四年（1371 年），命"太常以少牢祀马祖"。永乐十三年（1415 年），"立北京马神祠于莲花池。其南京马神，则南太仆主之"③，

① 光绪《岐山县志》卷 3《祠祀》，光绪十年刻本，《中国地方志集成·陕西府县志辑》，第 33 册，第 34 页。
② 康熙《蒲城县志》卷 1《祠祀》，清抄本，《中国地方志集成·陕西府县志辑》，第 26 册，第 26 页。
③《明史》卷 50《礼四》，北京：中华书局，1974 年，第 1303 页。

并由主管马政的太仆寺主持祭祀活动。从马神祭祀的创设及其主祀机构可以看出，明代祭祀马神的目的与马政密切相关。为了管理马政，明朝统治者专门设置太仆寺负责马匹的采购、牧养、训练和使用。马政的繁荣也促使马神信仰骤然兴起，官方祭祀马神以祈求神力护佑马匹蓄养。由于战争需要，明廷对西北地区的马政尤为重视，在甘州、平凉两地分别设有行太仆寺，负责繁育战马，以备军需。受圈马影响，甘凉等地的马神信仰极为兴盛。[1]凤翔府与平凉府毗邻，不可避免地受到其地缘区位的影响，官府祭祀马神以"祈马之壮长"[2]，因而出现马神庙大量分布的情况。值得注意的是，明初祭祀马神意在祈佑军马蓄养，其祭祀以官方为主导。明中期以后，马神祭祀逐渐民间化，其神灵功能也开始多元化，如康熙《龙门县志》记载：景泰三年（1452年）建马神庙"以祀天驷房星之神，凡有事于刍牧者祷焉。厥后牧事不修，驽骥弗辨，间有识者不过殴之颠齿量其高壮，称力而忘德，鉴形而遗神，马之良者益少。即外有所至，又皆龁踶鸷曼屠弱迟钝，不足以供驰突壮军威"[3]。可见此时马神祭祀已由单一的"护佑战马"向"庇佑牲畜"转变。另外，乾隆《沁州志》记载嘉靖戊申重修马神庙时称："古之称贵者曰万乘，曰千乘，曰百乘，曰畜马乘，而猗顿、陶朱之富贵亦以马大番息而已，夫富贵皆原于马，则马之有益于民生，犹社之兴稷，山之兴川也。其有神以主而民尸而祝之也固宜。沁有马神祠在州治东北隅，碑志无存，创建厥始罔克考，惟县钟铸云，宏（弘）治二年春千户刘侯玺重修其右。"[4]可见此时马神已被视为财富的象征，祭祀马神已经脱离了护佑战马的初衷，转化成获取财富、增益民生的诉求。由于资料所限，关中地区的马神祭祀未见上述转变，因此本书对此不再详述。

西岳庙是供奉西岳华山之神的庙宇，从图1-2可以看出，明代关中西岳信仰已经形成了一个以华阴、华州为中心，西起长安东抵潼关，北至同州、富平，南达蓝田的祭祀圈，这些州县由于毗邻华山，从而形成了统一的山神崇拜。也正是由于西岳山神祭祀圈的形成，使得同样列为国家正祀的东岳信仰在这一范

---

[1] 付永正：《明清时期甘肃马神庙兴衰原因考》，《青海民族大学学报（社会科学版）》2012年第2期。
[2] 万历《重修岐山县志》卷3《祠祀》，万历十九年刻本。
[3] 康熙《龙门县志》卷14《艺文志·马神庙记》，康熙五十一年刻本。
[4] 乾隆《沁州志》卷10《艺文·重修马神庙记》，乾隆三十六年刻本。

围内势力衰微，难以与西岳信仰抗衡。

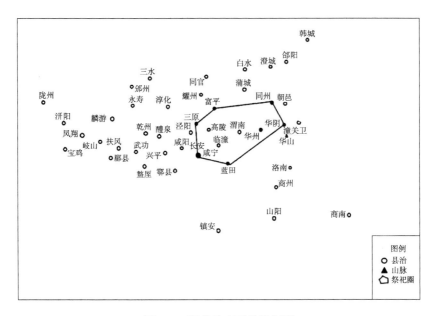

图 1-2 明代关中西岳祭祀圈

综上所述，明代关中地区的官方祭祀系统深受王朝祭祀制度的影响，无论是祭祀对象还是祠庙布局，均被打上了王朝礼制的烙印。尤其是坛祀、孔子祭祀以及城隍祭祀等祠庙方位受到严格限制，其背后反映出古人在营建庙宇时强烈的风水和礼制观念。关中作为华夏文明重要的起源地之一，周、秦、汉、唐等王朝长期建都于此，因而其官方祭祀中又体现出明显的祖先以及帝王崇拜特色。此外，关公、马神、东岳、西岳、西镇以及真武等祀典之神在关中地区皆有所祀，可见明代的国家祭祀政策在地方上得到了很好的执行，而这些神祇祠庙的分布也受到王朝政令、地缘区位以及祭祀圈等因素的影响，从而构成了明代关中官方祭祀祠庙的整体布局。

第二节　清代关中官方祭祀对象与祠庙分布

一、清代官方祭祀对象的调整与增祀

清承明制，其祭祀制度基本上沿袭明代规制，只是在祭祀对象和祭祀等级上略作调整。如将明代的"小祀"改称"群祀"，将关帝由群祀提升为中祀，文庙由中祀提升为大祀，同时增加了火神、炮神以及本朝功臣等祭祀对象，笔者根据相关文献记载，将清代新增以及升格的官方祭祀对象统计为表1-6。

表1-6　清代新增、升格官方祭祀对象统计表

祭祀等级		祭祀对象
大祀		先师孔子（光绪三十二年由中祀升格大祀）
中祀		关帝（咸丰三年由群祀升格中祀）、文昌帝君
群祀	名臣	昭忠祠、彰忠祠、双忠祠、忠义孝悌祠、节孝祠、三忠祠、葛成、豪格、孔有德、额亦都、遏必隆、图海、佟国纲、佟国维、阿桂、哈什屯、许世亨、张朝龙、尚维升、福康安、额勒登、韩自昌、韩加业、鄂容安、李长庚、王庆澜、德勒泰、陈玉成、杨延亮、关天培、裕谦、葛云飞、祥福、沈占鳌、郑国鸿、王锡明、陈连升父子、海龄、周遇吉、陈化成、冯元吉、长瑞、长寿、林则徐、曹爕培、周和祥、常大淳、冯培元、梁星源、王东槐、林恩熙、明善、董振铎、周祖卫、章光熊、沈如潮、蒋文庆、孔庆、谢子澄、马济美、张廷槐、张迹公、江忠源、钟继昌、何秉纶、马元瑞、吴廷香、曹彪、孙惠霖、蔡中、高鹏飞、刘开泰、罗泽南、汪人廉、吉尔杭阿、刘存厚、张礼度、罗玉斌、向荣、徐本立、金万清、何镇之、王训、介玉国、刘胜鸿、施作霖、虎坤元、沈炳桓、李绫宾、瞿胜龙、张国栋、周天受、田兴奇、萧启江、毛克宽、陈大富、胡林翼、王之敬、黄纯熙、周学桂、李孟群、王有龄、廖宗元、王寿同、瑞春、何安泰、徐有仁、程学启、多隆阿、李臣典、张蒂、陶恩培、张运兰、僧格林沁、潘铎、张树珊、林汝霖、杨鼎勋、高连升、王友端、刘松山、曾国藩、曾国荃、张国维、沈兆霖、文祥、阮元、曾壁光、刘蓉、刘典、金顺、左宗棠、萧得扬、黄鼎、黄望颜、倭仁、吴长庆、张树声、周盛传、丁宝桢、鲍超、杨玉科、彭玉麟、杨岳斌、张耀、刘锦堂、左宝贵、黄翼升、冯南斌、刘铭传、宋庆、刘坤一、蒋宗汉、冯子材、周万顺、聂士成、梅东益、牛师韩、马玉昆、立山、雷正倌、张之洞、王文韶、鹿传霖

续表

祭祀等级		祭祀对象
群祀	神灵	火神、炮神、玉泉山龙神、昆明湖龙神、黑龙潭、白龙潭、惠济祠河神、刘猛将军、正定河神、黄河神、淮河神、太白山神、终南山神庙、厂神、丹达山神、广东雷神、西兴江塘神、宣威助顺靖远侯、镇远侯、绥远侯、灵泽夫人、山阳水府都君、丹徒安澜神、许真君、吕洞宾（纯阳帝君）、蒋相公祠、孝女曹娥、天井潭神、总管神、元将军、章水神、太湖神、张瑜、敦仁镇远山神庙、金华将军、八分山龙神、福建莆田钱氏女、九龙将军、金龙四大王、苗疆三侯神庙、黎世序（孚惠河神）、藏山庙、仓颉、黄大王、栗大王、朱大王、西宁海神、长白山神

资料来源：据《清朝续文献通考》卷 157《群祀考一》、卷 158《群祀考二》分类制作。

　　从上表可知，清代新增官方祭祀对象主要分为两类，一类是将各地影响较大的民间神祇纳入官方祭祀体系，如嘉庆八年（1803 年）敕封许真君为"灵感普济之神"[1]，许真君原名许逊，西晋时期任旌阳令，因得道术斩蛟除害而被江西百姓广为祭祀，清代将其纳入官方祭祀系统，具有明显的笼络民心的用意。另一类是为本朝死难官民、功勋之臣建立的专祠，如昭忠祠、忠义祠、节孝祠等皆属此类。人物专祠的建设，一方面体现出统治者褒扬功臣、抚恤死难官民的恻隐之心，另一方面也体现出统治者利用人物专祠宣扬忠贞孝义思想的政治意图。

二、清前中期关中新增官方祭祀祠庙

（一）以农为本：先农坛的增祀

　　关于"先农"的原型，史籍中的记载还存在一定差异。有先农即神农炎帝说，如《续汉书》载："春始东耕于藉田，官祠先农。先农即神农炎帝也。祠以一太牢，百官皆从，大赐三辅二百里孝悌、力田、三老帛。"[2]有先农为田祖、田畯说，如南宋陈旉所撰《农书》记载："《籥章》：'凡国祈年于田祖，则吹豳

---

[1]（清）刘锦藻：《清朝续文献通考》卷 158《群祀考二》，民国景十通本，上海：商务印书馆，1936 年，第9126 页。

[2]《续汉书》卷 4《礼仪志第四》，北京：中华书局，1965 年，第 3107 页。

雅，击土鼓，以乐田畯.'《尔雅》谓：'田畯乃先农也.'"①尽管古人对先农所指未有定论，但从文献描述来看，先农与农业、农田和耕种密切相关，是一位备受尊崇的农神。古代中国以农为本，因而历代帝王对祭祀先农都极为重视，汉文帝刘恒亲自耕种，祭祀先农②。南北朝时期宋文帝亲耕，"度宫之辰地八里之外，整制千亩，开阡陌。立先农坛于中阡西陌南，御耕坛于中阡东陌北。将耕，宿设青幕于耕坛之上。皇后帅六宫之人出穜稑之种，付籍田令。耕日，太祝以一太牢告祠先农"③。隋初，"令郡国县祠社稷、先农……及腊，又各祠社稷于坛。百姓则二十五家为一社，其旧社及人稀者，不限其家。春秋祠水旱，祷祈祠具，随其丰约……旧太社，廪牺吏牵牲。司农省牲，大祝吏赞牲"④。贞观三年（629 年）正月，唐太宗"亲祭先农，躬御耒耜，藉于千亩之甸。初，晋时南迁，后魏来自云、朔，中原分裂，又杂以獯戎，代历周、隋，此礼久废，而今始行之，观者莫不骇跃。于是秘书郎岑文本献《藉田颂》以美之"⑤。此后，宋、元两代皆举办过皇帝亲祭先农的仪式。明朝建立之初，以"圜丘、方泽、宗庙、社稷、朝日、夕月、先农为大祀，太岁、星辰、风云雷雨、岳镇、海渎、山川、历代帝王、先师、旗纛、司中、司命、司民、司禄、寿星为中祀，诸神为小祀。后改先农、朝日、夕月为中祀"⑥，将先农列入官方祭祀系统。然而明代官方对先农的祭祀区域仅限于京师，每岁由皇帝亲自或派遣专员拜祭，其坛庙也仅在京师建立，因而虽然身为祀典之神，但在地方州府却并未有先农坛建造。清朝建立以后，基本上承袭了明朝的先农祭祀制度，但对其重视程度更胜从前。据朱祖希研究，"有清一代先后经历了 10 个皇帝，计 267 年，帝王亲祭先农的次数则多达 248 次，是中国历代帝王中亲祭先农最多的一代"⑦。非但如此，雍正时期更是令全国各府、州、县设立先农坛。雍正四年（1726年），诏"各省、郡、县立坛以祀先农，守土官行耕籍礼，每县制籍田四亩九

---

① （宋）陈旉：《农书》卷上《祈报篇》，《知不足斋丛书》本。

② 《史记》卷 10《孝文本纪第十》，北京：中华书局，1959 年，第 423 页。

③ 《宋书》卷 14《礼志一》，北京：中华书局，1974 年，第 354 页。

④ 《隋书》卷 7《礼仪二》，北京：中华书局，1973 年。

⑤ 《旧唐书》卷 24《礼仪志第四》，北京：中华书局，1975 年，第 912 页。

⑥ 《明史》卷 43《礼一》，北京：中华书局，1974 年，第 1225 页。

⑦ 朱祖希：《先农坛——中国农耕文化的重要载体》，《北京联合大学学报》2000 年第 1 期，第 43 页。

分，籍田后建坛高二尺一寸，宽二丈五尺，坛后正房三间，配房各一间，外缭垣墙，南向。祭品：羊一、豕一、帛一、铏笾四、豆四、簠二、簋二。前期致斋三日，主祭各官俱穿朝服齐集坛行礼，祭毕，易蟒袍补服，县官秉耒，佐贰执青箱播种，耆老一人牵牛，农夫二人扶犁，九推九返，农夫终亩，耕毕望阙叩礼，每年所收米石及用过粢盛数目报部"①。可见清代依照京师之例，对地方上的先农祭祀进行了严格的规制，此举也将先农之祭推崇到了一个新的高度。

　　清政权何以对先农祭祀如此重视？笔者认为这主要与清代统治者的重农思想有关。明末清初的战乱给传统农业造成了极大破坏，全国多地出现了人口流散，土地荒芜的惨象。清军入关后，为了安置八旗官兵，颁布"圈地令"，将京畿一带的田地"尽行分给东来诸王、勋臣、兵丁人等。盖非利其地土，良以东来诸王、勋臣、兵丁人等，无处安置，故不得已而取之"②。由于八旗官兵不事耕种，造成多处土地荒芜，有些土地甚至被当作"畋猎放鹰，往来下营之用"③。"圈地令"下达之后，"州县百姓自闻奉旨圈地所在惊慌奔诉"④，走投无路者则奋起反抗，从而进一步激化了民族矛盾和社会危机。在严峻的形势下，清廷统治者逐渐认识到农业生产的主要性，康熙八年（1669年）谕令："比年以来，复将民间房地圈给旗下，所以致民生失业，衣食无资，流离困苦，深为可悯。嗣后永行停止。其今年所圈房地，悉令给还民间。尔部速行晓谕，昭朕嘉惠生民至意。至于旗人无地，亦难资生，应否以古北等口边外空地，拨给耕种。"⑤康熙三十九年（1700年）谕令："国家要务，莫如贵粟重农。"⑥雍正即位后，对农耕更加重视。雍正元年（1723年）谕令："各省凡有可垦

① 乾隆《华阴县志》卷3《崇祀》，民国十七年铅印本，《中国地方志集成·陕西府县志辑》，第24册，第83页。
② （清）鄂尔泰等修，李洵、赵德贵主点：《八旗通志》卷18《土田志一》，长春：东北师范大学出版社，1985年，第310页。
③ （清）王先谦：《十朝东华录》卷10《顺治十六年》，光绪十年刻本。
④ （清）钱仪吉纂，靳斯标点：《碑传集》卷63《康熙朝督抚上之上》，北京：中华书局，1993年，第1771页。
⑤ （清）鄂尔泰等修，李洵、赵德贵主点：《八旗通志》卷18《土田志一》，长春：东北师范大学出版社，1985年，第318页。
⑥ （清）鄂尔泰：《授时通考》卷47《劝课》，长春：吉林出版社，2005年影印版。

之处，听民相度地宜，自垦自报，地方官不得勒索。"雍正二年（1724 年）
谕旨各省督抚："朕自临御以来，无刻不厪念民依重农务本业……"①由上述
资料可以看出，康熙、雍正两位皇帝已经清晰地认识到农业生产对国家稳定、
民生休养的重要作用，因此连番下诏鼓励农耕。在这样的背景下，由皇帝亲祭
先农是为了充分彰显皇权对农耕的重视，而诏令各省、府、州、县建立先农坛，
并规定由地方官员亲祭则是统治者希望从意识形态上建立起一套由中央到地
方、由皇帝到官员高度统一的重农思想，因此，州、县先农坛的设立也就不足
为奇了。

　　雍正命各省、府、州、县设立先农坛的谕旨在关中地区得到了较好执行。
笔者根据现存志书记载，将清代关中先农坛的分布情况统计为表 1-7。

表 1-7　清代关中先农坛分布表

所属	名称	修建时间	方位	出处
长安县	先农坛	雍正间	城东郊	嘉庆《长安县志》卷十六《祠祀》
咸宁县	先农坛	雍正四年	东郭门外	嘉庆《咸宁县志》卷十二《祠祀》
三原县	先农坛	雍正五年	县城东门外	光绪《三原县新志》卷四《祠祀》
咸阳县	先农坛	雍正四年	县东门外	乾隆《咸阳县志》卷二《祠庙》
兴平县	先农坛	雍正四年	城东郊	乾隆《兴平县志》卷三《坛庙》
高陵县	先农坛	雍正四年	县治东	光绪《高陵县续志》卷二《祠庙》
鄠县	先农坛	雍正四年	县南郊	乾隆《鄠县新志》卷二《建置·祠祀》
蓝田县	先农坛	雍正六年	县东门外	雍正《蓝田县志》卷一《建革·祠祀》
泾阳县	先农坛	雍正五年	东郭外	乾隆《泾阳县志》卷二《建置·祠祀》
盩厔县	先农坛	雍正五年	东门外	乾隆《盩厔县志》卷五《祠祀》
渭南县	先农坛	雍正五年	东关官路北	道光《重辑渭南县志》卷九《祠祀》
富平县	先农坛	雍正四年	县东四里原上	乾隆《富平县志》卷二《建置·坛壝》
醴泉县	先农坛	雍正五年	城东门外	乾隆《醴泉县志》卷七《庙属》
同官县	先农坛	雍正四年	县治东北	乾隆《同官县志》卷二《建置·祠祀》

---

① （清）鄂尔泰：《授时通考》卷48《劝课》，长春：吉林出版社，2005 年影印版。

续表

所属	名称	修建时间	方位	出处
临潼县	先农坛	雍正四年	西门外	乾隆《临潼县志》卷三《祠祀》
耀州	先农坛	雍正间	漆水东	乾隆《续耀州志》卷三《祠祀》
大荔县	先农坛	雍正间	城东二里许	道光《大荔县志》卷八《祠祀》
朝邑县	先农坛	雍正五年	县治东	乾隆《朝邑县志》卷六《坛庙》
郃阳县	先农坛	雍正六年	城东门外	乾隆《郃阳县志》卷一《建置》
澄城县	先农坛	雍正间	城外东偏	乾隆《澄城县志》卷六《庙属》
韩城县	先农坛	雍正五年	城外震域	嘉庆《韩城县续志》卷五《祠祀》
华州	先农坛	雍正五年	城东郊	乾隆《再续华州志》卷一《建置》
华阴县	先农坛	雍正四年	县城东郊	乾隆《华阴县志》卷三《崇祀》
蒲城县	先农坛	雍正间	县城东门外	乾隆《蒲城县志》卷四《建置·祠祀》
白水县	先农坛	雍正四年	县南门外	乾隆《白水县志》卷二《建置·祠祀》
潼关厅	先农坛	雍正七年	城东南隅	嘉庆《续修潼关厅志》卷上《禋祀》
凤翔县	先农坛	雍正四年	县东郭外	乾隆《凤翔府志》卷三《祠祀》
岐山县	先农坛	雍正五年	东郭外官道北	光绪《岐山县志》卷三《祠祀》
宝鸡县	先农坛	雍正间	县城东关	乾隆《宝鸡县志》卷二《建置·祠庙》
扶风县	先农坛	雍正四年	县东关外	嘉庆《扶风县志》卷六《祠祀》
郿县	先农坛	雍正四年	县东郭外	宣统《郿县志》卷四《坛庙》
麟游县	先农坛	雍正间	城东门外春场	光绪《麟游新志草》卷二《建置》
汧阳县	先农坛	雍正间	县东关半里	道光《重修汧阳县志》卷三《坛祀》
陇州	先农坛	雍正五年	州东门外	乾隆《陇州续志》卷四《祠祀》
乾州	先农坛	—	东门外里许	光绪《乾州志稿》卷七《祠祀》
武功县	先农坛	雍正五年	东关外官道北偏	嘉庆《续武功县志》卷二《建置》
永寿县	先农坛	雍正间	东关外	光绪《永寿县新志》卷五《祀典》
邠州	先农坛	雍正间	县治东郊	乾隆《直隶邠州志》卷九《庙属》
三水县	先农坛	雍正四年	城东校场	嘉庆《三水县志》卷二《建置·坛祠》
淳化县	先农坛	雍正五年	县城东门外	乾隆《淳化县志》卷九《祠庙》
长武县	先农坛	雍正五年	县城东郊	宣统《长武县志》卷四《寺庙》

由表 1-7 统计可知，清代关中地区各府、州、县均有先农坛分布，从其建立时间来看，绝大多数建于雍正四年或五年，个别地区建于雍正六年或七年，如潼关厅"先农坛在城东南隅，雍正七年知县黄宪鲲奉文建修，并祭器农具"①，可见，关中地区的先农坛建造基本上遵循了雍正皇帝的诏令。从各地先农坛的选址来看，大多建立于城池东门郊外，然而也有极个别地区例外，如临潼县"先农坛在社稷坛西"而该县社稷坛则在西门外②。白水县"先农坛在县南门外，正室一、配房二，岁仲春亥日祀，自雍正五年始。籍田四亩九分，岁租息所入以供牲品之用"③。临潼、白水两县的先农坛选址与关中其他州县的有所区别，原因何在？

笔者认为，临潼、白水二县先农坛选址异常情况的出现与其城池构造以及城池空间格局相关。首先，清代临潼县城袭自明代，明洪武初年修筑临潼城池，"城围四里许，高二丈七尺，阔一丈七尺，趾阔二丈五尺……门四，东北曰集凤、北曰临渭、西曰永丰、南曰华清"。顺治十年（1653 年），因"城坎宫属水，骊山属土，土克水，故南门有瓮城，门西向以受金气，则土生金，金生水，而又恐水之直泄也，乃塞北门焉。倘于中街四达之衢再起一楼而悬钟于上，以应金星，亦培植风教之一助云"④。从以上两段文字可以看出，明代修筑临潼城池之时便未开设东门，而是以东北门凑齐四门之数。到了清代，由于考虑到风水的因素，更是将北门闭塞，仅留东北门"集凤"、西门"永丰"以及南门"华清"三座城门。如图 1-3 所示，雍正诏令建立先农坛之时，因临潼城东面无门，城北向来为祭祀无主鬼神的厉坛所在，而城西有社稷坛，是祭祀土神和五谷神的场所，祭祀性质上与先农祭祀具有一定相关性，因而临潼县先农坛建于城西门外最为合适。

其次，白水县先农坛摒弃东门而选址于南门，大概与其城池的内部空间格局有关。如上文所述，县一级的先农坛必须配备籍田四亩九分、房屋三间，同

---

① 嘉庆《续修潼关厅志》卷之上《禋祀》，嘉庆二十二年刻本，《中国地方志集成·陕西府县志辑》，第 29 册，第 111 页。

② 乾隆《临潼县志》卷 3《祠祀志》，乾隆四十一年刊本，《中国地方志集成·陕西府县志辑》，第 15 册，第 56 页。

③ 乾隆《白水县志》卷 2《建置志》，民国十四年重印本，《中国地方志集成·陕西府县志辑》，第 26 册，第 455 页。

④ 乾隆《临潼县志》卷 1《建置志》，乾隆四十一年刊本，《中国地方志集成·陕西府县志辑》，第 15 册，第 21 页。

时外围还必须以墙垣环绕，如此整个先农坛占地大约六亩即四千平方米左右，面积并不算小，因而先农坛多选址于城池城门郊外，如此既存有空间修建相关建筑，同时也便于官方举办大型祭祀活动。据乾隆《白水县志》记载："城东门外直抵东郭门为东关，有民庐，北门外西折直抵西郭门为西街，有民庐，北折直抵北郭门为北关，有民庐。"且东、北二关"平定百年，屋宇比栉"，唯有"城南门及小西门外皆无民庐"①。可见清代白水县城的东、西、北三门之外皆属于其百姓的居住空间，且人口密集，并无足够的空间建设先农坛，而南门无民庐，地方宽广，也有利于先农坛建设以及籍田仪式的举行，因此将其选址于南门外。

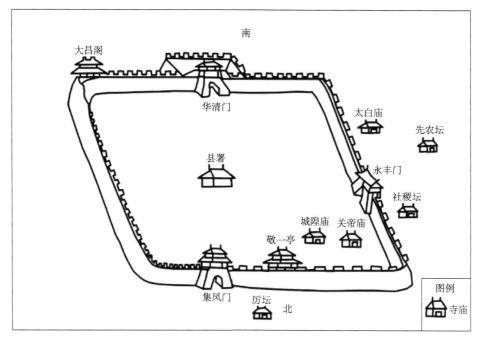

图 1-3　清代临潼县城示意图

注：本图据"临潼邑城图"改绘。原图出自乾隆《临潼县志》卷 1《建置》，乾隆四十一年刊本。

先农坛作为官方祭祀农神的场所，其兴起与传统中国以农为本的思想密切

---

① 乾隆《白水县志》卷 2《建置志》，民国十四年重印本，《中国地方志集成·陕西府县志辑》，第 26 册，第 451 页。

相关，因而无论王朝如何更替，其祭祀功能都能得以延续。清代将先农坛的设立由京师推广至地方，使其与社稷坛、风云雷雨山川坛以及厉坛同享地方祭祀，表达了王朝统治者希望从意识形态方面强化农本思想的诉求。

（二）教化之所：忠义、节孝祠的增祀

忠义祠、节孝祠是为忠孝节义之人设立的专祠，其源流始于明代地方所建的忠孝祠，如万历《嘉定县志》载："忠孝祠在县治东，嘉靖十五年知县李资坤即奉真道院改建，祀宋忠臣孙察、姚舜，元孝子龚明之，国朝忠臣高廌，孝子沈辅、沈珵、归可正。"①明代忠孝祠的建立属于地方官吏的私自行为，并非官方通例，因而只是在个别地区有所分布，关中地区并未设立。清初将其纳入官方祭祀系统，明令地方设立忠义、节孝二祠，雍正二年（1724年），礼部下令：

> 遵旨议准设立祠宇，应行顺天府、奉天府、直省府州县卫分别男女每处各建二祠，一为忠义孝弟祠（忠义祠），建于学宫之内，祠门内立石碑一通，将前后忠义孝弟之人，刊刻姓氏于其上，已故者设位祠中。一为节孝祠，别择地营建，祠门外建大坊一座，将前后节孝妇女，标题姓氏于其上，已故者设位祠中。八旗分左右翼择地，各建二祠，一应碑坊刊题，姓氏皆照此例，每年春秋二次致祭。②

礼部下令之后，忠义祠、节孝祠便开始在关中各地设立。笔者将其建设情况统计为表1-8。

表1-8　清代关中忠义祠、节孝祠统计表

所属	祠庙	修建时间	方位	出处
长安县	忠义祠	雍正二年	学宫内	嘉庆《长安县志》卷十六《祠祀》
	节孝祠	雍正二年	西关	

---

① 万历《嘉定县志》卷4《营建考下》，万历刻本。
② 《钦定大清会典则例》卷71《风教》，《景印文渊阁四库全书》，台北：商务印书馆，1986年影印本，第622册，第349—350页。

续表

所属	祠庙	修建时间	方位	出处
咸宁县	忠义祠	雍正二年	儒学门内	嘉庆《咸宁县志》卷十二《祠祀》
	节孝祠	雍正二年	驻防城	
咸阳县	无	—	—	—
兴平县	忠义孝悌祠	雍正四年	儒学门内	乾隆《兴平县志》卷三《坛庙》
	节孝祠	雍正四年	儒学门内	
高陵县	忠义祠	雍正二年	明伦堂西南面	光绪《高陵县续志》卷二《祠庙》
	节孝祠	雍正二年	儒学之南东面	
鄠县	忠义祠	雍正六年	文庙戟门前	乾隆《鄠县新志》卷二《建置·祠祀》
	节孝祠	雍正六年	西街南向	
蓝田县	孝子祠	雍正六年	学宫内	雍正《蓝田县志》卷一《建革·祠祀》
	节妇祠	雍正六年	西门内	
泾阳县	忠义祠	雍正六年	学宫前	乾隆《泾阳县志》卷二《建置·祠祀》
	节孝祠	雍正六年	城隍庙东	
三原县	忠义孝悌祠	雍正二年	文庙南	光绪《三原县新志》卷四《祠祀》
	节妇祠	雍正二年	县西街	
盩厔县	孝子祠	雍正二年	学署西	乾隆《盩厔县志》卷五《祠祀》
	节烈祠	雍正二年	学署东	
渭南县	忠义孝悌祠	雍正五年	儒学戟门外	道光《重辑渭南县志》卷九《祠祀》
	节孝祠	雍正五年	引华门内	
富平县	忠义祠	雍正二年	文庙内	乾隆《富平县志》卷二《建置·坛壝》
	节孝祠	雍正二年	县署北	
醴泉县	忠义祠	雍正六年	儒学大门内东	乾隆《醴泉县志》卷七《庙属》
	节孝祠	雍正六年	儒学大门内西	
同官县	忠义孝悌祠	雍正二年	学宫内	乾隆《同官县志》卷二《建置·祠祀》
	节孝祠	雍正七年	忠义孝悌祠后	

续表

所属	祠庙	修建时间	方位	出处
临潼县	孝子祠	雍正二年	文庙东	乾隆《临潼县志》卷三《祠祀》
	节烈祠	雍正二年	文庙西北	
耀州	忠义祠	雍正间	学门左	乾隆《续耀州志》卷三《祠祀》
	节孝祠	雍正间	学门右	
大荔县	忠义祠	雍正间	学宫西	道光《大荔县志》卷八《祠祀》
	节孝祠	雍正间	县东街	
朝邑县	忠义祠	雍正二年	文庙西	乾隆《朝邑县志》卷六《坛庙》
	节孝祠	雍正二年	文庙东	
郃阳县	忠孝祠	雍正六年	文庙西	乾隆《郃阳县志》卷一《建置》
	节义祠	雍正六年	城东门内南向	
澄城县	孝子祠	雍正五年	学宫内左侧	乾隆《澄城县志》卷六《庙属》
	节孝祠	雍正五年	学宫内右侧	
韩城县	忠孝祠	雍正二年	启圣宫侧	嘉庆《韩城县续志》卷五《祠祀》
	节义祠	雍正二年	县治东	
华州	忠孝祠	乾隆四十九年重修	戟门外	乾隆《再续华州志》卷一《建置》
	节义祠	—	学署之南	
华阴县	忠义祠	雍正间	文庙右	乾隆《华阴县志》卷三《崇祀》
	节孝祠	雍正间	文庙左	
蒲城县	忠孝祠	雍正六年	文庙东	乾隆《蒲城县志》卷四《建置·祠祀》
	节义祠	雍正六年	县城南街	
白水县	忠义孝悌祠	雍正七年	明伦堂阶下之东	乾隆《白水县志》卷二《建置·祠祀》
	节孝祠	雍正七年	崇圣祠后	
潼关县	忠孝节义祠	雍正六年	学宫内	嘉庆《续修潼关厅志》卷上《裡祀》
	节孝祠	雍正六年	县西街	

续表

所属	祠庙	修建时间	方位	出处
凤翔县	忠孝祠	雍正二年	学宫大门内东	乾隆《凤翔府志》卷三《祠祀》
	节义祠	雍正二年	东街大金佛寺侧	
岐山县	忠义孝悌祠	雍正五年	仪门左	光绪《岐山县志》卷三《祠祀》
	节义祠	雍正五年	仪门右	
宝鸡县	忠孝祠	雍正间	学宫内	乾隆《宝鸡县志》卷二《建置·祠庙》
	节义祠	雍正间	县治东街	
扶风县	忠义孝悌祠	雍正九年	文庙后	嘉庆《扶风县志》卷六《祠祀》
	节义祠	雍正九年	县西街北	
郿县	忠孝祠	雍正八年	乡贤祠西	宣统《郿县志》卷四《坛庙》
	节义祠	雍正八年	县治西	
麟游县	忠义孝悌祠	雍正五年	学宫戟门内	光绪《麟游新志草》卷二《建置》
	节孝祠	道光十二年	文昌宫侧	
汧阳县	忠义孝悌祠	嘉庆二十一年	学宫内	道光《重修汧阳县志》卷三《坛三》
	节孝祠	嘉庆二十三年	城内后街	
陇州	忠义孝悌祠	雍正初建	学宫内	乾隆《陇州续志》卷四《祠祀》
	节孝祠	雍正初	大成门左	
乾州	忠孝祠	—	学宫西	光绪《乾州志稿》卷七《祠祀》
	节义祠	光绪二年重修	东街州判署左	
武功县	忠孝祠	雍正四年	训导宅南	嘉庆《续武功县志》卷二《建置》
	节义祠	雍正四年	文庙街西	
永寿县	忠孝祠	雍正间	文庙戟门外东	光绪《永寿县新志》卷五《祀典》
	节孝祠	雍正间	文庙戟门外西	
邠州	忠义祠	雍正六年	学宫内	乾隆《直隶邠州志》卷九《庙属》
	节孝祠	雍正六年	西街	

续表

所属	祠庙	修建时间	方位	出处
三水县	忠义祠	雍正九年	文庙东	嘉庆《三水县志》卷二《建置·坛祠》
	节孝祠	雍正九年	文庙西	
淳化县	无	—	—	—
长武县	孝子祠	雍正五年	学宫内	宣统《长武县志》卷四《寺庙》
	节妇祠	雍正五年	城内西街	

由表 1-8 统计可知，清代关中地区的地方官吏较好地履行了礼部下达的修建忠义孝悌祠、节孝祠的命令，虽然在祠庙名称上有忠义孝悌祠、忠义祠、忠孝祠、孝子祠、节义祠、节烈祠、节孝祠和节妇祠等不同称谓，但从其祭祀人员来看，依然是以"忠义孝悌之人"和"节孝妇女"为主，因此，其祠庙功能并未改变。在祠庙建设方面，除了咸阳县和淳化县以外，其他各县均有二祠的设立。作为地方政府对于中央命令不可能置若罔闻，且关中地区绝大多数地方政府都遵照了建祠诏令，因此笔者推测咸阳、淳化两县忠义祠和节孝祠的缺失，可能是由于编纂志书时疏漏所致，而并非没有设立。

忠义祠、节孝祠所祀之人包括忠臣、义士、孝子、节妇、烈女等多个群体，既有当朝官吏，也有前代绅民，清廷将他们纳入忠义祠或节孝祠合并祭祀，除了彰显其忠贞、孝义的优良事迹之外，更有通过旌表个人以达到教化一方的政治目的。

（三）护佑新朝：护国佑民祭祀祠庙的增祀

清朝建立后，在明王朝祭祀典章的基础之上，将一些具备护国佑民功能的神灵纳入官方祭祀系统。这些神灵虽为祀典之神，但是由于王朝统治者并未下达全国通祀的谕令，因而其祠庙并不像社稷坛、先农坛、文庙等全国通祀祠庙，在各府、州、县皆有分布。笔者根据相关志书的记载，将清代前中期关中新增护国佑民神灵祠庙的分布情况统计为表 1-9。

表 1-9 方志所见清前中期关中新增护国佑民神灵祠庙分布表

所属	祠庙	修建时间	方位	出处
长安	西岳庙	—	县西	嘉庆《长安县志》卷十六《祠祀》
	雷神庙	—	城北	
咸宁	文昌庙	康熙六年	县治西南新立坊	嘉庆《咸宁县志》卷十二《祠祀》
	终南山神庙	嘉庆八年	县南郭	
咸阳	吕祖楼	道光五年	县甜水巷	民国《重修咸阳县志》卷四《祠祀》
	太白庙	—	县西街内	乾隆《咸阳县志》卷二《祠庙》
兴平	北关帝庙	乾隆十六年	县北门	乾隆《兴平县志》卷三《坛庙》
	西岳庙	—	县西门外	
	太白庙	乾隆四十二年重修	县西门外	
高陵	西岳庙	康熙六年	通远门外东偏南街	光绪《高陵县续志》卷二《祠庙》
鄠县	无	—	—	—
蓝田	东岳庙	康熙三十年	县内东街	雍正《蓝田县志》卷一《建革·祠祀》
	刘猛将军庙	道光十六年	县南关外	光绪《蓝田县志》卷八《祠祀》
	刘猛将军庙	道光十六年	县东七十里新店铺	
泾阳	东岳庙	—	城外东北隅	乾隆《泾阳县志》卷二《建置·祠祀》
	文昌宫	康熙三十五年	儒学东门	
	仓圣庙	道光八年	儒学东北隅	宣统《重修泾阳县志》卷五《秩祀》
	刘猛将军庙	道光六年	东郭门外	
三原	太白庙	顺治初	县南关	光绪《三原县新志》卷四《祠祀》
	刘猛将军庙	道光十七年	南门外	
盩厔	文昌祠	康熙知县章泰建	草巷北	乾隆《盩厔县志》卷五《祠祀》
渭南	文昌祠	雍正七年	县城内西南原阜上	道光《重辑渭南县志》卷九《祠祀》
富平	文昌庙	嘉庆十三年	北街	光绪《富平县志》卷二《建置·坛庙》
	刘猛将军庙	—	启运门外	
	岳忠武庙	道光十五年	城内南街	

续表

所属	祠庙	修建时间	方位	出处
醴泉	无	—	—	—
同官	无	—	—	—
临潼	东岳庙	—	斜口南原上	乾隆《临潼县志》卷三《祠祀》
耀州	马王庙	康熙五十五年	城隍庙西小巷	乾隆《续耀州志》卷三《祠祀》
大荔	关帝庙	乾隆四十一年重修	府治东	道光《大荔县志》卷八《祠祀》
	关帝庙	雍正三年	城西	
	城隍庙	雍正知县沈应俞建	县治北	
	刘猛将军庙	道光十六年	县治北	
朝邑	关帝庙	—	城内井巷	乾隆《朝邑县志》卷六《坛庙》
	关帝庙	康熙六年	县东郭	
	文昌庙	康熙二十七年	城东南	
郃阳	马神庙	—	县署内	乾隆《郃阳县志》卷一《建置》
澄城	文昌庙	康熙二年	崇寿宫右	乾隆《澄城县志》卷六《庙属》
韩城	关帝庙	乾隆十二年	县南龙泉寺	嘉庆《韩城县续志》卷五《祠祀》
华州	吕祖祠	—	小华山之巅	康熙《续华州志》卷二《祠祀》
	刘猛将军庙	道光十六年	州城东北内路南	光绪《三续华州志》卷三《祠祀》
华阴	马王庙	康熙辛卯	县治东北向	乾隆《华阴县志》卷三《崇祀》
	关帝庙	康熙二十年	县东沙渠大路北	
蒲城	刘猛将军庙	道光十六年	附祀魏晋公庙	光绪《蒲城县新志》卷五《祠祀》
白水	无	—	—	—
潼关	火神庙	—	治南	康熙《潼关卫志》卷上《禋祀》
	太白庙	—	在北街	嘉庆《续修潼关厅志》卷上《禋祀》
	吕祖庙	嘉庆二十年	文昌庙东	
	马神庙	嘉庆二十一年	馆驿巷	
	关帝庙	—	西门月城内	

续表

所属	祠庙	修建时间	方位	出处
潼关	关帝庙	—	治东	嘉庆《续修潼关厅志》卷上《禋祀》
	文昌庙	嘉庆七年	学宫东	
凤翔	太白庙	乾隆六年	东门外	乾隆《凤翔府志》卷三《祠祀》
	关帝庙	乾隆知府达灵阿修	府后巷	
	吕祖庙	—	东关纸坊河	
	东岳庙	国朝初年	东郭塔寺河	
岐山	火神庙	乾隆六年	城东南隅	光绪《岐山县志》卷三《祠祀》
	太白庙	道光八年	县北街	
	刘猛将军庙	道光十六年	县北街	
宝鸡	太白庙	—	治东二十里	乾隆《宝鸡县志》卷二《建置·祠庙》
	太白庙	—	县城外西北隅	
扶风	东岳庙	—	东门外高阜上	顺治《扶风县志》卷一《建置·祠祀》
	文昌庙	顺治十三年	城东南隅	嘉庆《扶风县志》卷六《祠祀》
	太白庙	乾隆三十五年	县东街北	
郿县	文昌庙	雍正十一年	东门外	宣统《郿县志》卷四《坛庙》
麟游	火神庙	康熙六年	城东一里	康熙《麟游县志》卷二《祠祀》
汧阳	东岳庙	道光十七年重修	城内后街东道	道光《重修汧阳县志》卷三《坛祀》
	马王庙	—	县署东	
	刘猛将军庙	道光十八年	县东关外	
陇州	火神庙	雍正初建	州南门左	乾隆《陇州续志》卷四《祠祀》
乾州	关帝庙	雍正三年	南门外	光绪《乾州志稿》卷七《祠祀》
	文昌庙	乾隆戊辰	文明书院故址	
	刘猛将军庙	道光十六年	东街	
武功	文昌庙	雍正四年	文庙东	嘉庆《续武功县志》卷二《建置》
	刘猛将军庙	道光二十七年	县城北关	

续表

所属	祠庙	修建时间	方位	出处
永寿	关帝庙	乾隆五十九年	南关	光绪《永寿县新志》卷五《祀典》
	关帝庙	乾隆四十一年	县南五里凤嘴	
	火神庙	乾隆五十六年	县城内东北	
	刘猛将军庙	道光十六年	县城西北	
	马神庙	乾隆四十三年	县衙大门永安驿	
邠州	梓潼帝君庙	—	城西南隅	乾隆《直隶邠州志》卷九《庙属》
	天后庙	—	州城北门内街	
三水	关帝庙	康熙四十年	县治东	同治《三水县志》卷一《坛庙》
	文昌庙	道光十三年	文庙戟门外	
	刘猛将军庙	道光十六年	东郭外	
淳化	西岳庙	乾隆二十八年	县西南二里	乾隆《淳化县志》卷九《祠庙》
长武	关帝庙	顺治二年	城内西街	宣统《长武县志》卷四《寺庙》
	吕祖庙	道光六年	城内西街关帝庙东	

由表1-9统计可知，清代关中地区新增护国佑民神灵既有承袭明代的祀典之神，如东岳泰山神、马神、西岳华山神、关帝等，又有清王朝新吸纳的神灵，如太白山神、火神、吕洞宾、文昌神（梓潼帝君）等。从祠庙的祭祀功能来看，新增祠庙涵盖了诸多功能，例如太白庙祈雨抗旱、马神庙庇佑驿站、吕祖庙求医问药、刘猛将军庙驱蝗护农、文昌庙助佑科举等等，这些新增祠庙与明代遗留下来的官方祭祀祠庙一道，构成了清前中期关中地区的官方祭祀系统。

由于新增祠庙中的东岳庙、西岳庙和吴岳庙皆承袭明代祀典，而关帝庙、刘猛将军庙和太白山神庙皆在下文有专文论述，因而在此不再赘述，本节仅就新增祠庙中相对较多的文昌庙和吕祖庙作出简要概述。

文昌神是道教中主管人间科举和功名福禄的神灵，其原型为天上六星的总称，六星者"一曰上将，二曰次将，三曰贵相，四曰司命，五曰司中，六曰司禄"①，六星合称文昌宫。由汉而宋，文昌宫一直作为独立的神灵受人祭祀，然而到了元代，元仁宗曾敕封蜀地梓潼神为"辅元开化文昌司禄宏仁帝君"②，此后世人开始将文昌神与蜀地的梓潼帝君合二为一。明嘉靖时期，一些朝臣认为"文昌之星与梓潼无干，今乃合而为一，诚出附会，所有前项祭祀，伏乞罢免，仍行天下学校，如旧有文昌祠者，亦合拆毁"③。因而有明一代文昌神始终未能列入祀典。清嘉庆六年（1801 年）下诏："文昌帝君主持文运，福国佑民，崇正教辟邪说，灵迹最著，海内崇奉，与关圣大帝相同，允宜列入祀典。"④将文昌神列入官方祀典，成为中祀级别的神灵。文昌神入列祀典的时间为嘉庆六年（1801 年），但在表 1-9 统计的 11 座文昌庙中，建立于嘉庆之前的就达 9 座，而在入列祀典之后建立文昌庙仅有 2 座，可见文昌信仰在关中地区的扩展与其入列祀典与否并无太大关系。究其原因，笔者认为是由于文昌祭祀发端于蜀地，而关中与巴蜀毗连，两地在祭祀文化上的交流与互动相对频繁，因而文昌祠庙能够在其入列祀典之前便有所分布。

吕祖庙是供奉道教神仙吕洞宾的场所，吕洞宾为中国古代神话传说中的"八仙"之一，相传吕洞宾原为唐代河中府人，因屡试不第而改学道术，后遇人传授长生诀而得道成仙，此后他游历山东、江苏、浙江、湖北、湖南、河南、广东等地，并以仙术治病救人，惩恶扬善，深受民间崇奉⑤。清嘉庆九年（1804 年），敕封吕洞宾为"燮元赞运纯阳演正警化孚佑帝君"⑥，将其纳入官方祀典。与文昌庙不同的是，清代关中地区吕祖庙的修建多在嘉庆九年（1804 年）以后，如潼关"吕祖庙在文昌宫东，嘉庆二十年同知向淮建"；咸阳县"吕祖庙在县甜水巷，清道光五年因无量庙改建，近岁迭次增修，乞药占事者络绎弗绝"。仅有华阴县的吕祖庙是建于康熙时期，可见清代关中吕洞宾信仰的扩展与其入

---

① 《史记》卷 27《天官书》，北京：中华书局，1959 年，第 4 册，第 1293 页。
② （清）刘锦藻：《清朝续文献通考》卷 157《群祀考》，民国景十通本，上海：商务印书馆，1936 年，第 9121 页。
③ （明）倪岳：《正祀典疏》，（明）陈子龙等选辑：《明经世文编》卷 77，北京：中华书局，1962 年影印本，第 660 页。
④ （清）刘锦藻：《清朝续文献通考》卷 157《群祀考》，民国景十通本，第 9120 页。
⑤ （宋）王象之：《舆地纪胜》卷 69《岳州》，北京：中华书局，1992 年影印本，第 2358 页。
⑥ （清）刘锦藻：《清朝续文献通考》卷 158《群祀考》，民国景十通本，第 9126 页。

列官方祀典密切相关。嘉庆之前，吕洞宾一直是民间神祇，其影响多集中于山东、江苏、浙江、湖北、湖南、河南、广东等地，由于缺乏王朝力量的支持，其在关中地区的影响有限，嘉庆九年（1804 年）入列官方祀典以后，得益于官方的推崇才在关中地区传播开来。

通过上文研究得出，清代前中期关中地区的官方祭祀是在明代基础上的补充和完善，先农坛的普遍设立体现出清朝统治者重视农本的思想，忠孝祠、节义祠的设立则是为了褒扬功臣、宣扬忠君、贞节思想，而文昌、太白、吕祖等神庙的建立，则是统治者将民间神灵纳入官方祀典，以便加强控制的手段。

三、晚清关中地区官方祭祀祠庙的嬗变

（一）晚清社会危机及关中回民起义

清朝建立以后，继承并强化了明朝的君主专制制度，如康熙时期的南书房、雍正间的军机处，都是为了进一步强化君主专制而设。不可否认，高度集中的君主专制在清开国之初确实对其开疆拓土、稳定统治起到了一定积极作用，但是同时也阻碍了中国工业、思想的持续发展，使得中国在 19 世纪的工业大变革中严重落后于西方。1840 年鸦片战争爆发，打碎了大清帝国"天朝上国"的美梦，同时也拉开了其衰败、灭亡的序幕。此后，清王朝的种种腐朽逐渐显现：在吏治方面，贪污、受贿之风日益猖獗，营私舞弊、剥削百姓之事屡见不鲜。清廷为了缓解财政危机，广兴捐纳之风，造成吏治更加腐败，"若捐纳州县不过费一二千金，得之原易，一旦出膺民社，无不肆其掊克之谋以为取偿之计，迨宦囊既饱即以其余捐升府道大员"①。在军事方面，武器落后，炮台失修，由于疏于训练，八旗、绿营皆腐败不堪，军官克扣军饷，花天酒地，兵勇则吸食鸦片，沉溺赌博。《十年都门竹枝词》中曾这样描述清朝军队："旗分八

---

① （清）周恒祺：《请整饬吏治疏》，（清）陈忠倚辑：《皇朝经世文三编》卷 22《吏政》，上海：上海书局，光绪二十八年石印本。

色守城垣，都统行营到各门。火药军装全不验，只叫将士莫多言。"①可见晚清的军队已经腐朽到无以复加的程度。在政治方面，两次鸦片战争惨败，《南京条约》《北京条约》等一系列丧权辱国的不平等条约接连签订，捻军和太平军等在全国各地风起云涌，清帝国深陷内忧外患的泥潭，其统治岌岌可危。

在清王朝江河日下的大背景下，关中地区也同样面临着吏治腐败、赋税沉重、军队腐朽等一系列问题，除此之外，民族矛盾也与日俱增。回族在关中地区生活的历史十分悠久，早在唐宋时期就有大量来自阿拉伯、波斯以及中亚等地的商民来到关中地区，他们长期侨居于此，与当地人相互融合，成为回族的先民。元明之际，回族先民之间逐渐形成统一的宗教信仰和文化习俗，民族意识愈加强化，逐渐发展成为我国境内一个新的民族——回族。清代，回民在关中地区繁衍生息，人口持续增长，到了咸同之际，省城西安"节署左右前后迤北一带，教门烟户数万家，几居城之半"②。在清代以前，关中地区的汉民与回民长期和睦共处，并无深厚的民族矛盾。清朝建立后，为了巩固其统治，实行"汉回分治"的政策，同时蓄意挑拨，致使关中地区的汉回矛盾日益加深。同治元年（1862年），陕甘回民起义爆发③，长达12年的回民起义斗争给关中地区的汉、回人口造成了严重损失。由于连年战乱，人口锐减，使得关中大地的经济再度回落，"村舍寺庙，焚毁一空。至今几四十年，萧条犹昔，元气未复"④，可见此次起义对关中地区的影响之深。

（二）回民起义后关中官方祭祀系统的重构

在人口与经济遭受极大破坏的同时，关中地区的祠庙建筑亦不能幸免，许多祠庙因受战火波及而毁坏，例如，鄠县"各寺观皆士民所醵建，建筑之

---

① 佚名：《十年都门竹枝词》，北京图书馆，同治三年抄本。

② 中国史学会主编：《回民起义》（四），上海：上海人民出版社、上海书店出版社，2000年，第219页。

③ 关于回民起义的详细过程学界已经论述颇多，本文不再赘述。

④ 光绪《鄠县乡土志》卷上《兵事录》，民国二十六年铅印本，《中国方志丛书》华北地方第234号，台北：成文出版社，1969年，第22页。

盛类多壮丽，经发、回乱多毁于火"①；临潼县"凡庙宇暨一切祈祷之区，胥成灰烬，至今颓垣"②；渭南县"武庙在县署东，同治元年捻回之乱，殿宇悉毁"③。笔者根据志书记载，将回民起义战争中遭到毁坏的官方祭祀祠庙统计为表 1-10。

表 1-10　方志所见回民起义战争中关中官祀祠庙毁坏情况表

所属	祠庙	毁坏时间	修缮情况	出处
渭南县	节孝祠	同治元年	同治十年邑令黄传绅重修	光绪《新续渭南县志》卷四《祠祀》
	城隍庙	同治元年	同治三年邑令宋铣重修	
	关帝庙	同治元年	同治三年邑令宋铣重修	
	文昌庙	同治元年	同治十一年邑令张国钧重建	
	马神祠	同治元年	同治三年邑令宋铣重修	
华州	关帝庙	同治元年	同治七年知州王赟襄重建	光绪《三续华州县志》卷三《祠祀》
	城隍庙	同治元年	同治十一年知州胡焘重建	
	刘猛将军庙	同治元年	光绪四年知州汪炳煦移城隍庙	
	东岳庙	同治元年	同治八年重建	
	西岳庙	同治元年	同治七年重建	
	马神庙	同治元年	同治十一年知州胡焘重建	
华阴县	西岳庙	同治元年	同治六年左宗棠重修	民国《华阴县续志》卷七《艺文》
大荔县	太白庙	同治元年	同治四年知县杨玉章重修	光绪《大荔县续志》卷六《祠祀》
临潼县	祠庙俱毁	同治元年	至今颓败	光绪《临潼县续志》卷上《祠祀》
蓝田县	关帝庙	同治二年	同治十三年知县吕懋勋重修	光绪《蓝田县志》卷八《祠祀》

---

① 民国《重修鄠县志》卷 2《祠庙》，民国二十二年铅印本，《中国地方志集成·陕西府县志辑》，第 4 册，第 155 页。

② 光绪《临潼县续志》卷上《祠祀》，光绪十六年刻本，《中国地方志集成·陕西府县志辑》，第 15 册，第 245 页。

③ 光绪《新续渭南县志》卷 4《祠祀》，光绪十八年刊本，《中国地方志集成·陕西府县志辑》，第 13 册，第 408 页。

续表

所属	祠庙	毁坏时间	修缮情况	出处
泾阳县	文庙	同治元年	同治四年知县黄传绅重修	宣统《重修泾阳县志》卷五《秩祀》
	文昌宫	同治元年	光绪十一年重修	
	关帝庙	同治元年	光绪十六年重修	
	仓圣庙	同治元年	光绪十一年柏森重修	
	火神庙	同治元年	光绪间重修	
	城隍庙	同治元年	同治四年知县黄传绅重修	
	东岳庙	同治元年	仅留铁像八尊	
岐山县	周太王庙	同治初	同治十一年知县洪敬夫重修	光绪《岐山县志》卷三《祠祀》
高陵县	文昌庙	同治初年	同治十二年知县洪敬夫移建	光绪《高陵县续志》卷二《祠庙》

　　根据表 1-10 统计，回民起义期间关中地区共有 24 座官方祭祀祠庙被战火毁坏，不可否认的是，这个数目仅仅是其实际数量的冰山一角，由于历史资料的缺失，本书无法对起义期间遭到毁坏的官方祭祀祠庙作出完整统计，但是依然能够通过表 1-10 总结出此间官方祭祀祠庙的一些特征。首先，表 1-10 统计的毁坏祠庙共涉及渭南、华州、华阴、大荔、临潼、蓝田、泾阳、岐山和高陵九个州县，虽然州县数量不多，但是几乎全部属于回民起义的核心区域，马长寿先生曾将回民起义的州县划分为四个地区：①发动区——包括华州、渭南、大荔三州县；②扩大区——包括临潼、三原、高陵、咸宁、长安、泾阳、咸阳等县；③凤翔府区——包括凤翔、岐山、宝鸡三县；④撤退区——包括兴平、鄠县、盩厔、礼泉、乾州、邠州各州县。[①]上表所列九个州县中，除蓝田县和华阴县以外，其他皆在这四个区域之内，可见祠庙毁坏与回民起义战争波及的区域之间具有直接的联系。

　　其次，祠庙毁坏与所在州县遭受战争的破坏程度密切相关。众所周知，官

---

① 马长寿：《同治年间陕西回民起义历史调查记录》，《马长寿民族史研究著作选》，第 197 页。

方祭祀祠庙的建设一般选址于城池内部，此举一则是为了便于日常祭祀，二来也是为了保护祠庙建筑。只有城池陷落，城内的祠庙才有可能遭到毁坏。在回民起义战争波及的四个地区中，并不是所有的州县均被回民起义军攻占，如咸阳、三原、兴平、醴泉、鄠县、盩厔等县皆是被围攻，却始终未曾攻占，因而城内的官方祭祀祠庙能够得以保全。而表 1-10 所列出的大荔、华阴、华州、渭南、高陵、临潼、泾阳等州县都曾被回民起义军完全或部分攻占过。例如，华州，"同治二年十月二十五日回逆陷城"①；泾阳县，"（同治元年）十二月初四日……五更时，闻喊杀声，贼已由城东北角麻虎巷攀城而登。绅民男妇死者七万余人。初十日，焚衙署屋舍，火光彻数里"②。由于城池陷落，战火延及城内，致使城内官方祠庙遭到损毁，可见祠庙毁坏与所在州县是否被攻陷有一定关系。

再次，起义后关中官方祭祀系统依然能够持续运作。回民起义被镇压之后，绝大多数官方祭祀祠庙都得以修葺，且多由官方主导。例如，渭南县"城隍庙在文庙东路北，同治元年捻回之乱，庙址全毁，（同治）三年，邑令宋焮集捐修"③；高陵县"文昌宫在文庙东北……回变毁，同治十二年知县洪敬夫移建于东南"④。可见尽管回民起义战争对原有的官方祭祀祠庙造成了近乎毁灭性的破坏，但是由于祀典正神的特殊身份，这些祠庙均能在短时间内被修复，从而继续维持官府祭祀的日常运作。

除修葺被毁祠庙之外，清政府在关中多地建立昭忠祠、节义祠等，岁时祭祀，以便慰藉官民。与此同时，为了褒扬有功之臣，清廷在他们死亡之后，将之纳入官方祀典，并建立专祠祭祀，因此，在回民起义之后，关中地区的官方祭祀祠庙再度增加。笔者根据相关志书，对此间新增的官方祭祀祠庙统

---

① 光绪《三续华州志》卷 7《人物》，光绪八年合刻华州本，《中国地方志集成·陕西府县志辑》，第 23 册，第 427 页。

② 宣统《泾阳县志》卷 7《兵事》，宣统三年铅印本，《中国地方志集成·陕西府县志辑》，第 7 册，第 477 页。

③ 光绪《新续渭南县志》卷 4《祠祀》，光绪十八年刊本，《中国地方志集成·陕西府县志辑》，第 13 册，第 408 页。

④ 光绪《高陵县续志》卷 2《祠庙》，光绪十年刻本，《中国地方志集成·陕西府县志辑》，第 6 册，第 487 页。

计如表 1-11。

表 1-11　方志所见回民起义后关中新增官方祭祀祠庙统计表

所属	祠庙	修建时间	祭祀对象	方位	出处
咸宁	多公祠	同治五年	多隆阿	县治西	民国《长安、咸宁两县续志》卷七《祠祀·咸宁》
	刘公祠	光绪二年	刘蓉	东关	
	刘果敏公祠	光绪二年	刘典	城内粉巷	
	左文襄公祠	光绪十三年	左宗棠	永宁坊	
	金忠介公祠	光绪二十七年	伊犁将军金顺	东关柿园	
	萧公祠	同治间	总兵萧得扬	东郭	
	文昌宫	光绪二年	文昌神	文庙旁	
长安	多忠勇公祠	同治十二年	多隆阿	五味十字	民国《长安、咸宁两县续志》卷七《祠祀·长安》
	刘忠壮公祠	同治十年	刘松山	四府街	
	张文毅公祠	同治中	钦差张芾	红埠街	
	黄公祠	光绪五年	巡抚黄鼎	梆子市街	
	曾公祠	光绪八年	曾望颜	大皮院	
	节义祠	光绪元年	战争中死者	冯籍村	
三原	昭忠祠	光绪二十九年	死亡官民	文庙东	光绪《三原县志》卷四《祠祀》
渭南	多公祠	同治五年	多隆阿	东关路南	光绪《续修渭南县志》卷四《祠祀》
大荔	节义祠	同治八年	死亡绅民	仓门左	光绪《大荔县续志》卷六《祠祀》
	多忠勇公祠	同治四年	多隆阿	东街	
醴泉	左公祠	光绪十一年	左宗棠	县治西街	民国《续修醴泉县志》卷四《建置》
蒲城	忠义祠	光绪十年	多隆阿	县治南	光绪《蒲城县新志》卷五《祠祀》
华州	多忠勇公祠	光绪元年	多隆阿	西涨村	光绪《三续华州志》卷三《祠祀》
泾阳	昭忠祠	光绪二十九年	死亡官兵	文庙西	宣统《泾阳县志》卷五《秩祀》

续表

所属	祠庙	修建时间	祭祀对象	方位	出处
咸阳	火神庙	同治中	火神	县小北门	民国《重修咸阳县志》卷四《祠祀》
永寿	节义祠	同治十二年	死亡官兵	城隍庙西	光绪《永寿县志》卷五《祀典》
汧阳	李壮烈公祠	同治六年	提督李厚佑	马号东	光绪《增续汧阳县志》卷二《建置》
三水	昭忠祠	同治七年	死亡男女	考院东	同治《三水县志》卷一《坛庙》
	忠义祠	同治元年	对战中死亡者	文昌庙左	

从表 1-11 统计可知，地方志中共记载了回民起义后关中地区的 26 座新增官方祭祀祠庙，分别分布在咸宁、长安、渭南等 10 个州县。从祠庙属性来看，有 24 座属于人物祠，且均是为了祭祀死亡官兵或有功之臣而建。战乱初定，人心未安，清廷以修建人物专祠的方式抚恤死亡将士、褒扬有功之臣。建庙形式多为朝廷下令敕建，地方官员负责修建。昭忠祠、节义祠、多公祠、左公祠等祠庙的修建，体现的是朝廷意志，意在安抚民心，稳定社会秩序，是清王朝在战乱之后试图重建官方权威的举措。而这些祠庙在起到抚恤死者、褒扬功臣、安抚民心和重建权威的同时，也丰富了关中地区的官方祭祀对象，他们与原有的祭祀对象一道，重构了关中地区的官方祭祀系统，使其在晚清时期达到顶峰。

综上所述，清代关中官方祭祀系统发展可分为清前中期和清晚期两个阶段，前者在明朝的基础上稍作调整，增加了先农神、太白山神、文昌神等新进神祇，是王朝初建，广纳神灵的表现；后者则是在恢复原有祭祀系统的基础上，由统治阶层亲自主导，增加了左宗棠、多隆阿、金顺等朝臣祭祀，体现出清廷在战乱之后试图在精神领域重建官方权威的急迫心态。晚清左公祠、多公祠、金忠介公祠等祠庙的建设，将关中地区的官方祭祀祠庙数量推向顶峰，然而好景不长，这些祠庙建立后不久，清王朝便覆亡了。中华民国建立以后，宣布废除祀典制度，除孔子外，其他神灵祭祀皆被废除，此时已毫无官方祭祀系统可言，虽然北洋政府时期曾一度祭祀关岳，但也只是昙花一现，此后延续时间长达 2000 余年的官方祭祀系统也宣告终结。

第二章　神迹在民：明清以来 关中民间祭祀系统兴衰

民间祭祀即基于民间信仰，由民间自发组织和参与的祭祀活动。其祭祀神祇往往被排斥在祀典以外，种类繁杂，具有明显的地域特征。本章根据地方志及相关文献资料，对明清以来关中地区的民间祭祀对象及其祠庙分布进行深入研究，旨在探讨明清以来关中民间祭祀系统的兴衰变迁，并对影响其兴衰的因素进行分析。

第一节　明代关中民间祭祀概况及其特征

一、明代关中民间祭祀祠庙统计

明初对民间祭祀对象有着严格的限制，洪武三年（1370 年）朱元璋颁布《禁淫祠制》，对民间的祭祀对象进行了严格规制："凡民庶祭先祖，岁除祀灶，乡村春秋祈土谷之神。凡有灾患，祷于祖先。若乡厉、邑厉、郡厉之祭，则里社郡县自举之。其僧道建斋设醮，不许章奏上表，投拜青词，亦不许塑画天神地祇。及白莲社、明尊教、白云宗、巫觋、扶鸾、祷圣、书符、咒水诸术，并加禁止。"①按此规定，民间只能祭祀祖先、灶神和土谷之神，但从实际情况来看，这一禁令并未彻底执行。就关中地区而言，除官方祭祀活动以外，还存在着广泛的民间祭祀行为，其祭祀对象种类繁多，远远超出了祭祀祖先、灶神和土谷之神的限制。如嘉靖《渭南县志》记载："后土庙，即泰宁宫也，在县城

---

① 《明太祖实录》卷 53，洪武三年六月甲子。

东神川原之北岸，下临绝崖。"①隆庆《华州志》云："移山神庙，州东南一十五里"，"万里沙神祠，《括地》云在郑县东北。"②后土、移山神、万里沙神这些神祇皆不在祀典，但其祠庙却能存于民间，受人祭祀，可见民间祭祀具有极强的生命力。笔者根据方志及相关文献记载，对明代关中部分民间祭祀对象及其祠庙分布统计如表2-1。

表2-1 方志所见明代关中民间祭祀祠庙统计表

县	祠庙名称	修建时间	方位	祭祀对象、功能	出处
长安	二郎庙	弘治二年	县治东南	李冰父子	万历《陕西通志》卷八《祠祀》
	府君庙	武德三年	城西四十里	崔府君	
	太白庙	—	城西郭	太白山神	
	薛侯生祠	嘉靖十二年	县治东	邑人建祀知县薛纶	
咸宁	三公祠	崇祯十一年	南郭内	孙传庭、李虞夔、宋屹明	康熙《咸宁县志》卷二《建置·庙祠》
	二公遗爱祠	嘉靖二年	县治南街	余子俊、秦纮	
	霜台祠	万历年建	安仁坊	祀巡按沈楠	
	五公生祠	崇祯中	东郭长乐坊	顾其志、张顺命、满朝荐	
三原	后土庙	宋庆历间	县东北四十里	后土神	嘉靖《三原县志》卷三《祠庙》
	圣母庙	洪熙元年	县治北东豆村	—	
	元君庙	洪武元年重修	丁留村	—	
	三官庙	天顺间重修	崇贤街	三官神	
	二郎庙	元至正二十四年	龙桥北安政坊	李冰父子	
	九郎庙	洪武二十一年建	龙桥临河	涨溢	
	龙王庙	洪武二十六年	县东神泉上	龙王	
	五龙庙	—	治东五龙泉	龙王	

---

① 嘉靖《渭南县志》卷10《祠祀考》，《中国地方志集成·陕西府县志辑》，南京：凤凰出版社，2007年影印本，第13册，第73页。

② 隆庆《华州志》卷6《祠祀志》，《中国地方志集成·陕西府县志辑》，第23册，第36页。

续表

县	祠庙名称	修建时间	方位	祭祀对象、功能	出处
三原	白马庙	洪武十四年	县东北十五里	—	嘉靖《三原县志》卷三《祠庙》
	金山庙	洪武十年	县东四十里	—	
	移山庙	永乐十年	县治东十里	—	
	显圣庙	—	县内城隍庙左	祈雨	
	金山庙	洪武十年	县东四十里	—	
	王太宰生祠	成化年建	县北郭西门外	王恕	
咸阳	忠显王庙	万历六年重修	县南街	祀为渭涨溢	乾隆《咸阳县志》卷二《建置·祠庙》
	府君庙	万历十年重修	县西七里苏家堡	—	
	龙王庙	万历己酉	县东关渭水渡口	河神	
	恒王庙	万历中重修	庙临渭〔水〕岸	—	
兴平	丁兰庙	—	县北五里	孝子丁兰	顺治《兴平县志》卷三《坛庙》
	崔府君庙	宋时建	县东门内	崔府君	
高陵	三皇庙	盖宋元时建	距河门外北	—	嘉靖《高陵县志》卷二《祠庙》
	娘娘庙	成化中重修	距河门外北	祈雨	
	府君庙	唐先天元年	县西南七里	崔府君	
	刘公祠	—	接蜀门西	县令刘仁师	
	龙王庙	—	南郭门外西侧	社人所祀以祷雨	
	杨文康公祠	—	儒学西偏	杨恭懿	
	吕文简公祠	隆庆八年	文庙东南	吕泾野	
鄠县	宋公祠	—	北街西巷	万历知县宋武城	崇祯《增补鄠县志》卷一《建置·庙祀》
	张公生祠	崇祯间	市心南	崇祯知县张宗孟	
	禹王庙	—	县西北涝河湾	治水	
蓝田	众济侯庙	始建于唐	县西南五十里	有灵湫祈雨有应	隆庆《蓝田县志》卷上《祠祀》
	三皇祠	—	县北三十里	伏羲女娲华胥故里	
	龙王庙	—	灞河西岸	因水患建	

续表

县	祠庙名称	修建时间	方位	祭祀对象、功能	出处
蓝田	三公遗爱祠	嘉靖间	北关	嘉靖知县王科、吕好古等	隆庆《蓝田县志》卷上《祠祀》
	梁公祠	万历	南关	万历县令梁一道	雍正《蓝田县志》卷一《建革·祠祀》
	陈公祠	万历	南门外	万历知县陈一夔	
	王公祠	万历	北关	万历县令王广才	
	赵公祠	崇祯	西门	县令赵仁建	
盩厔	伍子胥庙	始创于元	马蓬头	北方水神	康熙《盩厔县志》卷二《建置·庙祀》
	赵懿简公祠	—	南关	宋名臣赵瞻	
	杨襄毅公祠	嘉靖	东门内	杨博	
	房公祠	万历	东门外	万历知县房壮丽	
	梁公祠	万历	东门外	万历知县梁克从	
渭南	禹王庙	—	集贤里望林村	大禹	嘉靖《渭南县志》卷十《祠祀考》
	后土庙	元成宗元贞二年	县城东神川原北	后土	
	龙王庙	—	上涨渡镇渭河北	镇人建祀渭河神	
	南公祠	崇祯	西关	崇祯尚书南企仲	道光《重辑渭南县志》卷九《祠祀》
	忠烈杨公祠	崇祯	西郭门内街	县令杨暄	
富平	高媒祠	—	灵泉山巅	婚姻生育之神	万历《富平县志》卷四《祠祀》
	薄太后庙	—	县西北八里	薄太后	
	龙渊庙	元光三年正月	县南二十里龙渊	龙神	
	张太宰祠	—	县治东北	吏部尚书张统	
	杨忠介公祠	—	县治西	隆庆御史杨爵	
	孙恭介公祠	—	县城北街	万历尚书孙丕扬	
	刘公祠	—	县东演武场左	知县刘兑	
	王公祠	—	县北	县令王正志	
	显圣庙	元时建	元陵镇	—	

续表

县	祠庙名称	修建时间	方位	祭祀对象、功能	出处
富平	太白庙	—	流曲镇	太白山神，祈雨	万历《富平县志》卷四《祠祀》
	卤川庙	创于元初	县东军寨	盐卤神	
	孙真人庙	—	县南关之右	孙思邈	
醴泉	豆庐神庙	—	县东北七十里	—	崇祯《醴泉县志》卷二《祠祀》
	三官庙	—	县新城内丁字街	三官神	
	孤魂庙	—	县新城内东街	—	
	要册庙	—	县正北	—	
	显圣庙	隆庆间重修	县东南范寨	祷雨有应	
	三义庙	—	县东十里王店	刘关张	
	石婆父庙	始建于唐	县东十里	—	
临潼	齐王庙	唐时建	东街寺坡口	崔珏	康熙《临潼县志》卷三《祠祀》
	三公遗爱祠	崇祯中	城东关	崇祯知县张一昆等	
	武公祠	—	城西街	陕西三边总督武之望	
耀州	三官庙	崇祯十五年	城隍庙西小巷口	三官神	乾隆《续耀州志》卷三《祠祀》
同州	崔府君庙	天启元年	北门外	—	天启《同州志》卷四《秩祀》
	赵文子庙	—	皇家庄	晋大夫赵文子	
	苏公生祠	—	在南营	万历抚民同知苏名卿	
	司马迁庙	—	在东街	司马迁	
	后土庙	唐时建	东关	后土	
	九龙庙	—	城东南十余里	龙神	
	禹王庙	—	东门外二里	渡者建	
	三圣母庙	—	马坊头村	—	
	二真君庙	万历间修	东门内	金阙、玉阙二真人	乾隆《同州府志》卷二《祠祀》
	太白庙	崇祯十七年建	寺后村	太白山神，祈雨	

续表

县	祠庙名称	修建时间	方位	祭祀对象、功能	出处
邻阳	三官庙	—	县东城关	三官神	嘉靖《邻阳县志》卷上《祠庙》
	禹王庙	万历间诸生重建	县西南三十里	大禹，祈雨	
	奕应侯庙	唐太和四年建	县东一里	祈雨	
	羊角哀庙	—	县东三十里	羊角哀	
澄城	秦武安君庙	—	将军山巅	秦将白起	乾隆《澄城县志》卷六《庙属》
	龙王庙	正统间	县西南漱镇西岸	龙神	
	杨公祠	正统二年	南门外偏西南	知县杨杰	
	延恩祠	正德八年	预备仓东北	潼关兵备道张潜	
	史公祠	崇祯	西门外	崇祯知县史朝明	
	王公生祠	万历	县治门左	万历知县王益谦	
同官	孟姜女庙	宋嘉祐中重修	县北二里金山上	孟姜女	乾隆《同官县志》卷二《建置·祠祀》
	女华神庙	宋时建	县北四十里	每水旱祷	
	孙真人祠	万历六年	县南三里	孙思邈	
	彭公遗爱祠	嘉靖间	县南文明门内	嘉靖知县彭好古	
	马公遗爱祠	万历间	彭公祠左右	万历知县马铎	
	白公遗爱祠	嘉靖	彭公祠左右	嘉靖知县白镇	
	李公遗爱祠	万历	彭公祠左右	万历知县李光表	
	赵公遗爱祠	万历	彭公祠左右	万历知县赵雄	
	董公遗爱祠	万历	县北永安门	万历知县董廷范	
华阴	何公祠	嘉靖间	西关	嘉靖知县何祥	乾隆《华阴县志》卷四《建置》
蒲城	灵应夫人庙	唐咸通中建	尧山	尧山圣母	康熙《蒲城县志》卷一《庙祀》
	崔府君庙	宋时建	县治东南门内	崔府君	
	王侯生祠	万历壬辰	县治东	万历县令王厘	
	金公生祠	万历	县治西	万历县令金栓	
	显圣庙	宋靖康间	县西北十村有之	乡人取水祷雨	

续表

县	祠庙名称	修建时间	方位	祭祀对象、功能	出处
白水	后土庙	建文二年	县东郭门外	后土神	顺治《白水县志》卷上《典祀》
	显圣庙	宋太平兴国二年	县东二十里	灵湫神	
	三义庙	万历三十七年	县东郭门外	刘关张	
	雷祥庙	元至正十二年	县东十五里	雷公亚父	
	杜康庙	万历十八年	县西康家卫	酒神杜康	
	浮山圣母庙	嘉靖二十一年	南河镇	尧山圣母	
	龙王祠	正统十三年重修	县西北白龙潭	白水河神	
	彭祖祠	唐时建	县署头门外东南	彭祖	
	赵公祠	隆庆	县城内	隆庆知县赵翰	
	三公遗爱祠	万历间建	城西	知县贾熙载、沈家实等	
	张公祠	崇祯间	儒学左	崇祯知县张名世	
朝邑	孙真人祠	嘉靖三十年	双泉镇	孙思邈	万历《续朝邑县志》卷三《秩祀》
	二郎庙	宋至和间	新市镇洛水之滨	李冰父子，治水	
	太白庙	崇祯十六年	寺后社	太白山神	康熙《朝邑县后志》卷二《建置》
	韩恭简公祠	嘉靖间建	县东门内	嘉靖尚书韩邦奇	
武功	后稷祠	—	北门外	后土	正德《武功县志》卷一《祠祀》
	太白行祠	—	城西北凤岗上	太白山神，祈雨	
韩城	韩侯庙	—	县西北里许	—	万历《韩城县志》卷六《坛庙》
	河济庙	—	县东五里渔屯	河神	
	法王庙	宋太宗时建	县北三十里西庄	治疴	
	子夏庙	—	县西南二十里	子夏	
	后土祠	宋真宗祈嗣	县西南巍山上	后土神	
华州	移山神庙	宋封显应侯	州东南十五里	—	隆庆《华州志》卷六《祠祀》
	玉女祠	元祐中建	丰原	玉女峰山神	
	崔府君庙	—	城西	崔子玉	

续表

县	祠庙名称	修建时间	方位	祭祀对象、功能	出处
华州	万里沙神祠	—	治东北	—	隆庆《华州志》卷六《祠祀》
	裴晋公祠	—	周泥村	裴度	
	纪信祠	—	柳子镇	纪信	
	天神庙	隆庆二年	西郊	—	
	龙王庙	—	南原	龙神	
	鬼王庙	—	西郊	—	
	姬忠烈公祠	万历	州西郊	万历进士姬文允	康熙《续华州志》卷二《祠祀》
	朱文公祠	明时建	州治西	华山驿驿丞朱文义	
三水	学士祠	宋时建	县西大慈屯	范祥、范育父子	雍正《陕西通志》卷二十九《祠祀》
	丞相祠	洪武十八年	县西十五里魏落村	第五伦、第五畸、第五均等	
淳化	崔府君庙	宋时建	县北门外二里	崔府君	乾隆《淳化县志》卷九《祠庙》
	扶苏庙	元大德中	县西北四十五里	公子扶苏	
	龙王庙	嘉靖中	仲山洪堰旁	龙神	
	霍光庙	—	县西南五里车坞	霍光	
	娘娘庙	万历十一年	县西二里泾水上	祈雨	
长武	英皇庙	元至正二年	城西北泾水左岸	祈雨	雍正《陕西通志》卷二十九《祠祀》
	三官庙	元大定中建	县治南	三官神	
	英公祠	—	县治集贤冈	徐世勣	
乾州	三官庙	嘉靖间	州西街	三官神	崇祯《乾州志》卷上《建置·祠祀》
	赵公祠	—	东街上家巷	贡生赵天一	
	戴公祠	—	东街常平仓	万历知州戴圣聪	
	杨文宪公祠	—	州治东街	杨慎	
	宋公祠	—	西街宋家巷	刑部尚书宋钦	
	黎公祠	—	太白庙东	崇祯知县黎玉田	
永寿	烈山神庙	嘉靖乙卯	县东	—	康熙《永寿县志》卷二《祠庙》

续表

县	祠庙名称	修建时间	方位	祭祀对象、功能	出处
邠州	土神庙	嘉靖二年	州北门外	土地公	嘉靖《邠州志》卷一《祠祀》
	鸣玉水神庙	—	州东七里鸣玉泉	—	
凤翔	汪公祠	前明	东门外	前明学院汪乔年	乾隆《凤翔府志》卷三《祠祀》
岐山	天王庙	嘉靖三十八年	县西南徐家堡	—	万历《重修岐山县志》卷三《祠祀》
	崔府君庙	始建于唐	县城北街	崔府君	
	大禹庙	—	县东北沣水上	治水	
	郊媒祠	崇祯十八年	县西北十五里	祈嗣	光绪《岐山县志》卷三《祠祀》
宝鸡	大王庙	宋时建	益门镇	吴玠	乾隆《宝鸡县志》卷二《建置·祠祀》
扶风	太白庙	万历三年	南村三里	太白山神，祈雨	顺治《扶风县志》卷一《祠祀》
	石槽庙	万历间建	石槽涧	祈雨	
郿县	太白山神祠	魏晋时	清湫镇新开山	太白山神，祈雨	乾隆《郿县志》卷四《坛庙》
麟游	崔府君庙	元至正十七年	治北童山上	崔府君	康熙《麟游县志》卷三《祠祀》
	甄公祠	明隆庆间	西门外	隆庆知县甄仪	
	虎公祠	万历间建	东街	万历邑人虎臣	
	麒麟祠	隋开皇十三年	县东北十里	麒麟	
	织女祠	宋	县东十里董永墓	织女	
	五龙祠	始建自唐	县西北五龙泉	祈雨	
	浮泽大帝庙	崇祯间	县北三里	灵湫，祈雨	
陇州	安佑侯庙	唐大历二年	州署大门内	苟氏	康熙《陇州志》卷二《祀典》
	神女祠	唐大历八年	州西十五里	海龙大姑	

表 2-1 共统计出明代关中 38 个州、县、卫（泾阳、潼关、沔阳无记载）的 184 座民间祭祀祠庙，从祠庙的修建时间来看，既有明代所建，也有前朝遗存。祠庙种类可谓纷乱庞杂，人物祠、道教神灵祠庙以及各类杂神祠庙皆有分布。

二、明代关中民间祭祀特征

虽然明代关中祭祀神灵种类庞杂纷乱，但是根据表 2-1 统计，依然能够看出其所具备的一些特征。

（一）水神祭祀较为普遍

中国传统社会以农为本，风调雨顺、五谷丰登是人们最大的愿望，由于水资源是农业生产的必备条件，因此，水神祭祀在传统农业社会中占据着重要地位，无论是官方或是民间都存在着大量的祭祀对象，其祭祀形式也是丰富多彩。关中地区土地肥沃，地势平坦，自古便有"八百里秦川"之称，是古代农业经济发展的重要区域。明代关中地区的水神祭祀大致可以分为两种类型，一种属于人物神，如大禹、李冰、伍子胥等。大禹为我国历史上夏朝的开国君主，其历史功绩主要体现在治水方面。据文献记载，"舜之时，共工振滔洪水，以薄空桑"[1]，为了治理洪水，舜任命禹"作司空，平水土"。治水成功后，大禹以其功绩为后世所缅怀，随着时间的推移，其形象被逐渐神化，最终演变成为治水之神而被民间广为奉祀。明代关中地区的大禹崇拜十分普遍，其庙宇也广泛分布，如鄠县禹王庙"在县西北姚村北涝河湾，明嘉靖乙丑邑学生王惟肖有《增修献殿记》"[2]；渭南县禹王庙"在集贤里之望林村……兹地近渭，故里人建庙此村，岁时以飨报之，所谓睹河洛而思禹功者也"[3]。

李冰是战国时期著名的水利专家，秦昭王时期被任命为蜀郡守。在任期间，李冰与其子一同主持修建了著名的都江堰水利工程，史载李冰"凿二山，酾二

---

① （清）陈乔枞：《今文尚书经说考》卷一上《虞夏书》，清刻左海续集本。

② 民国《重修鄠县志》卷 2《祠庙》，民国二十二年铅印本，《中国方志丛书》华北地方第 233 号，第 178 页。

③ 嘉靖《渭南县志》卷 4《祠祀考》，明钞本，《中国地方志集成·陕西府县志辑》，第 13 册，第 72 页。

江，灌溉千里，变凶为沃，人赖其利"①。后世为纪念父子二人的功绩，立二郎庙以为祭祀。李冰功在蜀地，因而其祭祀庙宇多见于成都平原，关中地区仅有零星分布，如长安县二郎庙"在西关厢，明弘治二年建。……秦蜀郡太守李冰子二郎佐父治水有功"②；朝邑县有二郎庙，"为秦太守李冰，治水有功于蜀……虽非此方之正祀，然能著奇功于当世……则修庙诚为有功矣"③。

伍子胥，春秋时期吴国名将，因劝谏吴王夫差而被赐死，并投尸江中。史载："王使人捐于大江口。勇士执之，乃有余响，发愤驰腾，气若奔马，威凌万物，归神大海，仿佛之间，音兆常在。后世称述，盖子胥水仙也。"④可见在被投尸江中之时，其已经被人们赋予神力，成为"水仙"。以伍子胥为原型的水神信仰主要分布于东南沿海地区，关中地处西北，因而其影响极其有限，如表2-1所示，仅在白水县、蒲城县和鄠屋县有其庙宇分布。

除了人物神之外，对司水之神的信仰也是关中地区水神祭祀的主要类型之一。司水之神，顾名思义即民间信仰中掌管水部的神灵，明代关中地区所崇奉的司水之神主要有龙王、太白山神、尧山圣母、女华神、鸣玉水神、浮泽大帝等。在中国古代社会，龙王是最为普通的司水之神，其祭祀庙宇几乎遍布全国各地，关中地区的龙王祭祀场所也十分普遍。例如，嘉靖《高陵县志》记载："龙王庙，在南郭门外西侧南街，社人所祀以祷雨者也。"⑤在澄城县西南洑头西岸有龙王庙，"其地洛水经焉……常有云气能致雨"⑥，正统年间县境遭遇大旱，知县杨季琦祈雨于此，结果大雨如注。乡民有感其灵验，对其庙宇重新修葺，并树碑颂德。再如华阴县西有龙神庙，是当地重要的祈雨场所。庙祀"显应侯"，为宋代崇宁二年（1103年）赐封，当时天旱，乡人在此地寻得龙穴，

---

① 乾隆《郫县志书》卷9《艺文·蜀丛帝新庙碑记》，乾隆十六年刻本，《故宫珍本丛刊》，海口：海南出版社，2001年，第205册，第87页。

② 雍正《陕西通志》卷28《祠祀上》，文渊阁四库全书本，《景印文渊阁四库全书》，第552册，第439—440页。

③ 康熙《朝邑县后志》卷8《艺文·新市镇二郎庙碑记》，康熙五十一年刻本，《中国地方志集成·陕西府县志辑》第21册，第191页。

④ 康熙《钱塘县志》卷1《形胜·越绝书》，康熙刊本，《中国地方志集成·浙江府县志辑》，上海：上海书店，1993年，第4册，第40页。

⑤ 嘉靖《高陵县志》卷之2《祠庙》，嘉靖二十年刊本，《中国地方志集成·陕西府县志辑》，第6册，第411页。

⑥ 乾隆《澄城县志》卷7《祠祀》，乾隆四十九年刻本，《中国地方志集成·陕西府县志辑》，第22册，第133页。

并且"祷雨辄应"，故而被封为"显应侯"①。除了行云布雨的功能之外，龙王还被赋予掌控河流涨溢、防御水患的职能。例如，地处灞河沿岸的蓝田县，由于灞河涨溢，县民时常遭遇水灾，明嘉靖时期，乡民集资在灞河西岸建立起一座龙王庙，以求抵御洪流。直到清末光绪时期，这座庙宇依旧香火鼎盛②，可见乡民对其崇奉之深。

除龙王之外，太白山神则是关中地区特有的水神祭祀神祇。太白山神祭祀源于民间对太白山本身的崇拜，其功能主要是祈雨。唐宋时期，太白山神被屡次加封，先后被赐予神应公、济民侯、福应王等神号。③由于官方的推崇，到了明代，太白山神祭祀虽未被列入国家祀典，但在民间已经得到极大传播，其庙宇几乎遍布关中各处，甚至陕北和陕南地区也有其庙宇分布。例如，武功县自宋代便建有太白祠，洪武九年（1376 年）朝廷下令在关中各处屯田以为边备，然而"农作既兴，厄于亢阳。种未得下，远近咸以为忧"。时人建议祈雨于太白祠，于是县令张宽率僚佐吏役及郡民数百人祭祀于太白神祠，"是夕，大雨滂霈三日乃止，远近罔不周沃"④。此事之后，太白信仰日盛，其祭祀区域也急速扩张，兴平、咸阳、渭南，华阴等地均开始出现太白庙。相比于太白神而言，同为司雨之神的尧山圣母、女华神、鸣玉水神、浮泽大帝等神祇的信仰区域则小得多。如表 2-1 统计所示，尧山圣母庙只在蒲城、白水等地有所分布，而诸如女华神、鸣玉水神、浮泽大帝等神祇，分别只在同官、邠州、麟游三县的县志中略有记载，可见其仅仅是作为县域保护神而被民间祭祀而已。

祭祀水神的祠庙几乎遍布关中各地，但从他们坐落的具体方位来看，具有十分明显的规律性，总体上是以沿河、沿湖以及依泉水而建为多。如表 2-1 统计可知，地方志中所载的 39 座水神祭祀庙宇中，位于河流、泉水周边的庙宇

---

① 乾隆《华阴县志》卷 3《城池·庙属》，民国十七年铅印本，《中国地方志集成·陕西府县志辑》，第 24 册，第 84 页。

② 光绪《蓝田县志》文征录卷 2《叙述·灞水龙王庙记》，光绪元年刊本，《中国方志丛书》华北地方第 235 号，第 1012—1016 页。

③ 张晓虹、张伟然：《太白山信仰与关中气候——感应与行为地理学的考察》，《自然科学史研究》2000 年第 3 期，第 197—204 页。

④ 正德《武功县志》卷 1《祠祀》，文渊阁四库全书本，《景印文渊阁四库全书》，第 494 册，第 12 页。

达到 30 座，占水神祭祀庙宇总数的 75%。它们或是位于河流沿岸，如渭南县龙王庙，"在县北七里上涨渡镇，渭河之北岸"[1]；又或是建于潭渊之侧，如白水县龙王祠，"县西北五里白龙潭上，乡民建以祀白水河神，有像，明正统十三年知县王英重修"[2]。即便是坐落在高山之巅的水神祭祀庙宇，其附近也必有泉水分布，如郃阳县大禹庙，"在西南三十里南峰上，相传禹甸（治理）梁山经此，固立庙。明万历间圮，诸生范灼重建"[3]。可见关中水神祭祀庙宇的选址与该地区水资源的分布情况密切相关。

之所以出现这样的情况，主要是受到古人对自然的敬畏以及水神功能的影响。在科学知识尚属贫乏的古代社会，人们对自然界的认知水平有限，往往希望通过祈求于神灵，达到避灾免祸的目的。人们祭祀水神的目的无非两种，一是控制河流涨溢，防御水患；二是降水抗旱，保障农业。从表 2-1 的统计来看，具备调控河流涨溢职能的水神庙宇主要位于河道两侧，例如咸阳县渭河沿岸有恒王庙，"万历年邑人同知张邦贵募建……以神为敕封水神，城临渭岸，故建专祠。往者渭河涨溢，官吏绅士吁祷辄验。小民时扛神鞭供之河上，水立南徙，南高而北低，无不称奇"[4]。再如朝邑县新市镇有二郎庙，庙宇建于宋至和年间，其地"近洛水，时泛溢崩决民田，祀此神者，殆以灌江，视洛水而取其降蛟安民之威乎"[5]。可见古人将水神庙宇建于河道沿岸，既体现出古人对渭水、洛水等河流的自然崇拜，同时也体现出就近祭祀，祈求其发挥"调控水位，保障农业"等功能的愿望。

除了"调控水位"的职能之外，关中地区的水神庙宇更多地被赋予"降水抗旱"的功能，而这些水神庙宇也多分布于溪流、潭渊以及山涧之侧。有趣的是，这些庙宇往往颇为灵验，如麟游县五龙祠，"祠北里许有太平寺，始建自唐，侧有泉眼，清冽（洌）可饮"[6]；朝邑县太白庙，"在寺后社，明崇祯十六

---

① 嘉靖《渭南县志》卷 4《祠祀考》，明钞本，《中国地方志集成·陕西府县志辑》，第 13 册，第 77 页。

② 乾隆《白水县志》卷 2《建置》，民国十四年重印本，《中国方志丛书》华北地方第 529 号，第 146 页。

③ 雍正《陕西通志》卷 29《祠祀下》，文渊阁四库全书本，《景印文渊阁四库全书》，第 552 册，第 550 页。

④ 乾隆《咸阳县志》卷 2《祠庙》，乾隆十六年刻本，《中国地方志集成·陕西府县志辑》，第 4 册，第 332 页。

⑤ 康熙《朝邑县后志》卷 8《艺文·新市镇二郎庙碑记》，康熙五十一年刻本，《中国地方志集成·陕西府县志辑》，第 21 册，第 191 页。

⑥ 光绪《麟游县新志草》卷 2《建置》，光绪九年刻本，《中国地方志集成·陕西府县志辑》，第 34 册，第 224 页。

年建，邑人探山湫于郡，归贮祠中，祷雨辄应"[1]。现在看来，溪流、潭渊以及山涧之间往往水资源丰富，空气湿度也相对较大，尤其是高山河谷之间，容易形成降雨，因而出现"祷雨辄应"的现象，久而久之，使古人形成了建庙于溪流、潭渊和山涧的地理感知，最终造就了水神庙宇沿水资源分布的格局。

（二）明中后期朝臣崇拜逐渐兴盛

所谓朝臣崇拜，是指民间为当朝官员建立祠庙并进行祭祀活动的现象。从表 2-1 可以看出，明中后期以后，关中地区对于当朝官员的崇拜现象逐渐兴盛，各地纷纷出现为本朝官员建立祠庙的现象。其祠庙类型主要分为两类，一类是生祠，即民众为纪念某个官员的功绩而在其生前建立的祠庙，其目的在于彰显功德，流芳史册。生祠名目繁多，主要有"生祠""遗爱祠""去思祠"等，从其祭祀人物来看，多为州县一级的县令。由表 2-1 统计，明代关中建生祠者 29 人，其中尚书 1 人，总督 1 人，巡抚 1 人，同知 1 人，其余 25 人皆为县令。如万历十七年（1589 年），王蓥士任蒲城知县，在任期间"精明果断，豪右敛手，贫弱安业。为治先教后刑，民无冤狱，催科不用鞭朴，政为关辅第一"[2]，离任之时，乡民为其建立生祠以彰显其德政。可见县令一级的基层官吏与百姓接触最为普遍，在任期间如有功绩，则容易被百姓建祠以示报恩。另一类是报功祠，多为地方官员死后百姓为追思其功德而建，其名称往往称之为"某某公祠"，明代关中 30 座报功祠中，祀尚书 6 人，总督 1 人，御史巡按 2 人，知州 1 人，贡生 1 人，学者 1 人，平民 1 人，其余 17 人皆为县令，可见其在祭祀对象上与生祠相同，均是以县令之类的基层官员为主。

据表 2-1 统计，明代关中共有 3 州 17 县存在朝臣祭祀祠庙，占据关中地区行政区划总数的一半。从其分布来看，绝大多数朝臣祭祀祠庙分布在西安府境内，而凤翔府则仅有凤翔县和麟游县有所分布。从有确切记载的建庙时间来看，建于正统时期 1 座，正德时期 1 座，嘉靖时期 7 座，隆庆时期 3 座，万历

---

[1] 康熙《朝邑县后志》卷 2《建置·祠祀》，康熙五十一年刻本，《中国地方志集成·陕西府县志辑》，第 21 册，第 109 页。

[2] 光绪《蒲城县新志》卷 8《职官志》，清光绪三十一年刻本，《中国地方志集成·陕西府县志辑》，第 26 册，第 334 页。

时期 14 座，崇祯时期 7 座，可见从嘉靖时期开始，关中地区的朝臣崇拜开始兴盛。

究竟是什么原因导致明中后期关中地区的朝臣崇拜兴起呢？事实上这一现象的发生并非偶然，而是与明朝中后期的政局形势以及官场风气等因素密切相关。

明正德以后，关中地区的社会危机逐渐显现，日益加重的土地兼并带来的是严重的流民问题，正德年间，关中大饥，渭南、富平、高陵等县乡民"俱闭门塞户，逃窜趁食"①。嘉靖三十四年（1555 年），华县发生大地震，波及陕西、甘肃、山西、河南、河北、山东、湖北等数省，而震源所在的关中地区损失尤为严重，"嘉靖乙卯，秦晋地大震，连城尽圮，比屋陆沉，萧芝同焚，玉石俱碎，人死者以数万计"②。华州"城俱圮"③，蒲城县"寺塔倏仆俛鉴城舍俱圮……死者不可胜计"④，岐山县"城郭宫室咸罹其变"⑤。地震的发生进一步激化了关中地区的社会矛盾，一时间疫病蔓延，盗匪丛生。万历时期，矿监税使扰乱陕西，在关中各地大肆搜刮，"三家之村，鸡犬悉尽；五都之市，丝粟皆空"⑥，沉重的赋税导致官民矛盾持续恶化，"关中亦岌岌乎危矣！"⑦

在这样的时局下，地方官员为了维护统治阶级的利益，相继采取了一些"德政"措施，在安抚民心，维护地方稳定的同时，也促使了民间为其立庙建祠现象的兴起。如范赓，山东渤海人，万历中以乡举任华州知州，"凡可担当无不为之，锄强除恶不畏权要，不避势贵，务以实心爱民，民不失望，是以感德为立生祠"⑧。赵翰，解州举人，隆庆二年（1568 年）任白水县令，在任期间"均地平赋，民无怨争，尝掘地获铜钱十数石，尽以购砖为城堞……

---

① 《明武宗实录》卷186，正德十五年五月癸卯。
② （明）张四维：《条麓堂集》卷25《陵川县君贞节碑》，万历二十三年刻本，《续修四库全书》，上海：上海古籍出版社，1996，第 1351 册，第 674 页。
③ 隆庆《华州志》卷4《建置》，清光绪八年合刻本，《中国地方志集成·陕西府县志辑》，第 23 册，第 24 页。
④ 康熙《蒲城县志》卷2《祥异》，清抄本，《中国地方志集成·陕西府县志辑》，第 26 册，第 34 页。
⑤ 光绪《岐山县志》卷8《艺文》，光绪十年刻本。
⑥ 《明史》卷223《王士昌传》，北京：中华书局，1974 年，第 5878 页。
⑦ 康熙《咸宁县志》卷8《艺文》，康熙七年刻本。
⑧ 康熙《续华州志》卷3《官师》，光绪八年合刻本，《中国地方志集成·陕西府县志辑》，第 23 册，第 213 页。

民为建祠立碑"①。杨暄，高平人，崇祯十五年（1642 年）任渭南知县，"老
练持重，政平民安。岁大祲，野多饿殍，力请赈粥，全活无算。时奸民乘荒强
窃，获盗审明即毙杖下，境内稍安"②。崇祯十六年（1643 年），李自成攻陷
渭南，杨暄以身殉国，死后百姓感念其恩德，为之建祠祀之。从以上三例可以
看出，明朝官吏多以"不畏权要，不避势贵""均地平赋""平定匪患，保境安
民"等功绩为百姓感念，从而建祠以祀。而这些官吏的"德政"也从反面印证
了明中后期关中地区愈加严重的官民矛盾、土地兼并、赋税沉重、匪患丛生等
社会危机。在这样日益严重的社会危机下，百姓期盼国泰民安，因而偶有官吏
施行"德政"，必然令百姓感念于心，从而促使了朝臣崇拜的兴起。

　　除了明中后期的政治局势以外，明末的官场风气也对关中朝臣崇拜现象的
兴起有所影响。为朝臣建祠立碑，其本质上是一种对当朝官吏的歌功颂德行为。
明朝建立之初，对这种行为有着严格限制，规定"碑以纪功，祠以报功。必有
功于民，去任之后民不能忘，而为之建立，可也。若方在任之时，纵有政迹，
而民欲为之立碑建祠，尤当止之。况无政迹而自立自建者乎？故杖一百"③。
可见明代规定官吏离任后的建祠立碑行为是允许的，而在任期间的建祠立碑行
为，在律令上则是被禁止的，并且对于官吏私自为己建祠立碑的行为还要施以
刑罚。明朝前期，限制官吏建祠立碑的制度得到了严格执行，因此朝臣建祠立
碑的事件十分稀少。然而到了正德、嘉靖时期，明朝政治逐渐腐朽，中央律令
难以施行，同时随着地方督抚权力的膨胀，为地方大员建祠立碑的事件越来越
多，加之明末宦官势力日增，各地为宦官建祠立碑的现象愈演愈烈。天启年间
宦官魏忠贤得宠，"天下皆建生祠"④。在这样的背景下，"建祠立碑"之风在
明朝官场中甚嚣尘上，成为地方乡绅巴结迎奉地方官吏以及得宠宦官的一种手
段。整个王朝的官场风气如此，关中地区也不能避免，如同官县一县之内就有
6 座生祠⑤，其建立时代跨越嘉靖、隆庆、万历、崇祯四朝，几乎涵盖了整个

---

① 乾隆《白水县志》卷 3《官师》，民国十四年重印本，《中国地方志集成·陕西府县志辑》，第 26 册，第
　　488 页。
② 道光《重辑渭南县志》卷 12《传》，道光九年刻本，《中国地方志集成·陕西府县志辑》，第 13 册，第 254 页。
③ （明）应槚：《大明律释义》卷 12《仪制》，《续修四库全书》，第 863 册，第 93 页。
④ 雍正《陕西通志》卷 60《人物》，文渊阁四库全书本，《景印文渊阁四库全书》，第 554 册，第 677 页。
⑤ 乾隆《同官县志》卷 2《建置·祠祀》，乾隆三十年抄本，《中国地方志集成·陕西府县志辑》，第 27 册，第 538 页。

明王朝的中后期。更有甚者，明末关中地区已经出现了官吏私自为己建祠以祀的情形。如白水县有张公生祠，"在儒学左，为知县张名世建"①，又如富平县刘公生祠，"在县东演武场左，明万历间知县刘兑开玉带等渠以利民，故祠之"②。很明显，这些祠庙是地方官吏为自己建立的生祠，官阶低微的县令尚且如此，可以推定明末官吏私自建祠的现象已经习以为常，明初规定的"建祠立碑律令"已经名存实亡。因此，明中后期关中朝臣崇拜的兴起，从某种程度上来说也是这一时期明王朝政令不严、朝政败坏、官风腐朽等政治弊端在地方上的一种体现。

明代朝臣崇拜不入王朝祀典，其建祠经费、祭祀开支均由地方自筹。为朝臣建祠以祀，反映的是民心所系，地方官吏如能受士民立祠祀之，大多是由于政绩卓越，恩泽在民。作为民间的一种祭祀行为，朝臣崇拜既是对离任官吏功德的歌颂，同时也是对继任官吏的一种激励。随着时间的推移，一些朝臣祠庙逐渐由单纯的"报恩昭德"类庙宇演化为祈福消灾的地方神庙，成为安抚民众心理的祭祀场所。如雍正《凤翔县志》记载：凤翔县有汪公祠，祀明崇祯间县令汪之诚，"公为凤民祈雨有应，至今祀之"③。明代的朝臣祠庙直到清代依然有人祭祀，可见其功能已经由"歌功颂德"的报恩祠庙转变为"祈雨有应"的地方神庙。然而不可否认的是，明末朝臣祠庙的兴建有其社会弊端，当朝臣祠庙成为彰显地方官吏德政的物质载体的同时，也可能成为地方乡绅阿谀奉承、笼络官员的手段，甚至成为地方官员沽名钓誉、虚报功绩的伎俩。诸如此类情形下的朝臣祠庙建设，不仅劳民伤财，同时也进一步激化了社会矛盾，加速了明王朝的灭亡。

（三）各类神灵祭祀错综复杂

除了雨神祠庙与朝臣祠庙之外，明代关中民间祭祀系统中还存在众多杂神，其名号繁多，功能不一。据表 2-1 统计，在史籍记录的 89 座杂神祠庙中，

---

① 乾隆《白水县志》卷 2《建置》，民国十四年重印本，《中国地方志集成·陕西府县志辑》，第 26 册，第 463 页。
② 乾隆《富平县志》卷 2《建置》，乾隆四十三年刻本，《中国地方志集成·陕西府县志辑》，第 14 册，第 30 页。
③ 雍正《凤翔县志》卷 2《建置》，雍正十一年刻本。

创建于明朝之前的祠庙多达 56 座，主要集中于汉代、唐代和宋代，可见这些杂神祠庙多建于明朝创立之前，属于前代遗存庙宇。从祭祀对象来看，明代关中杂神祭祀神祇大致可分为两类：第一类是以历史人物为祭祀对象，主要包括君主后戚以及不在明朝祀典的忠臣、名将等。如富平县有薄太后庙，"在县西北八里"[①]；咸阳县有秦武安君庙，"在县东十里，即秦将白起"[②]。在明代关中 6 州 34 县 1 卫的行政区划中，有历史人物祭祀祠庙分布的区域达到 15 处，占据关中行政区划的三分之一以上，可见关中地区对历史人物祭祀的现象较为普遍。究其原因，主要是由于在历史时期关中地区长期作为政治中心，尤其是在周秦汉唐时期，该区域名人辈出，建祠立庙之事司空见惯，以至于到了明代依然有大量遗存。

第二类则是以道教神祇和地方神灵为祭祀对象，主要包括崔府君、后土、三官等神祇，其中以崔府君信仰最为普遍。崔府君本名崔子玉，原为唐代县令，因有功于民而被民间立庙祭祀。金人元好问在《崔府君庙记》中对其身份以及成神过程有所记载：

> 唐崔子玉府君祠，所在有之。或谓之亚岳，或谓之显应王者，皆莫知所从来。府君定平人，太宗时，为长子令，有惠爱之风，本道采访使与长子尉刘内行弗备，且有赃赇之部。时县有虎害，府君谓二人者宜当之，已而果然。一孝子为所食，乃以牒摄虎至，使服罪，一县以为神，而庙祀之。[③]

从上述文字可以看出，崔府君是以除虎患为民感念而成神。成神之后，崔府君逐渐演化为主管民间生死的冥界神灵而被民间广为祭祀，"西安故多府君庙，祀地曹判官崔珏"[④]。宋代是府君信仰发展的重要时期，"封护国西齐王"，将其纳入国家祀典，一时间"秦晋之间多祀之"[⑤]。到了明代，崔府君虽未进

---

① 乾隆《富平县志》卷2《建置》，乾隆四十三年刻本，《中国地方志集成·陕西府县志辑》，第14册，第29页。
② 乾隆《咸阳县志》卷5《寺观》，乾隆十六年刻本，《中国地方志集成·陕西府县志辑》，第4册，第353页。
③ 乾隆《华阴县志》卷4《建置·庙》，民国十七年铅印本，《中国地方志集成·陕西府县志辑》，第24册，第118页。
④ 乾隆《西安府志》卷79《拾遗》，乾隆刊本，《中国地方志集成·陕西府县志辑》，第2册，第290页。
⑤ 雍正《陕西通志》卷29《祠祀二》，文渊阁四库全书本，《景印文渊阁四库全书》，第552册，第593页。

入国家祀典，但其信仰在民间依然十分兴盛，关中多地均有其庙宇分布，如嘉靖《高陵县志》载："府君庙，在县西南七里。"①隆庆《华州志》载："崔府君庙，在东关，宋封护国西齐王。"②据本书统计，明代关中地区的府君庙宇共计10 处，这些庙宇多为宋代所建，但也有例外，如同州府君庙便是建立于天启元年③。可见由于崔府君具有掌管人间生死的神灵职能，即便不在国家祀典，但在民间依旧有着很强的生命力。

除了崔府君庙之外，后土庙、三官庙在关中地区也有一定分布。后土又称"地母"，其信仰源自古人对土地的自然崇拜。后土作为国家祭祀始于商代，"汤以伐夏祭告后土"④，此后直至明代，历代王朝都将后土祭祀列入国家祀典，因而其庙宇在全国各地广为分布。明初革新祀典，后土祭祀被排斥在国家祀典之外，此后其信仰日渐衰微，庙宇分布也逐渐萎缩。明代关中后土祠庙仅有 5 处，分别分布在三原、渭南、同州、白水和韩城 5 地，其范围仅局限于关中东北部的狭小区域，可见王朝祭祀政策的变动对神灵信仰传播的影响至深。

三官庙是供奉三官大帝的场所，所谓三官，是指天、地、水三官，三官职能各异，清人翟灏所著《通俗编》引《梁元帝旨要》载："上元为天官司赐福之辰；中元为地官赦罪之辰；下元为水官解厄之辰。"⑤可见三官各司其职，分别掌管赐福、赦罪和解厄三种神职。三官神在道教中地位极高，东汉五斗米道创立者张道陵就曾作"三官手书"为百姓消灾治病⑥。明代三官神不入祀典，仅限于民间祭祀，其庙宇的创建、修缮也是由民间主导。如三原县三官庙"在崇贤街，建年月无考，天顺年间本街居民刘贤等重修"⑦；乾州三官庙"在州西街，明嘉靖年建"⑧。明代关中三官庙宇分布较为零散，据表 2-1 统计，明代关中地区共计 6 座三官庙，分布在三原、醴泉、耀州、郃阳、长武、乾州等

---

① 嘉靖《高陵县志》卷 2《祠庙志》，嘉靖二十年刊本，《中国地方志集成·陕西府县志辑》，第 6 册，第 411 页。

② 隆庆《华州志》卷 6《祠祀志》，光绪八年合刻华州本。

③ 天启《同州志》卷 4《秩祀》，天启五年刻本。

④ 广陵书社编：《中国历代神异典》第 12 卷《后土皇地祇部》，扬州：广陵书社，2008 年，第 116 页。

⑤ （清）翟灏：《通俗编》卷 10《祝诵》，乾隆十六年刻本。

⑥ 《三国志》卷 8《魏书·张鲁传》，北京：中华书局，1959 年，第 264 页。

⑦ 嘉靖《重修三原志》卷 3《祠祀》，嘉靖十四年刻本，《中国地方志集成·陕西府县志辑》，第 8 册，第 29 页。

⑧ 光绪《乾州志稿》卷 5《寺观》，光绪十年刻本，《中国地方志集成·陕西府县志辑》，第 11 册，第 280 页。

州县，可见虽然三官神在道教体系中地位崇高，但是由于缺乏官方的支持，致使其传播范围有限，庙宇的创建与数量也深受影响。

崔府君、后土神、三官神均是古代民间较为常见的祭祀神祇，在这些神祇之外，关中地区尚有一些地方神祇为民间祭祀，如三原县移山庙，"在县治东四十里，永乐十年里人席仲成建"①；韩城县法王庙，"在县北三十里西庄，案神姓房名寅，以宋真宗梦中治疽显，敕封五岳法王"②。这些神祇大多神号杂乱，例如三原县移山庙、富平县卤川庙、礼泉县豆庐神庙等，这些神号无典可循，无章可依。此外，许多神灵的神职也是模糊不清，例如隆庆《华州志》记载："天神庙，西郊"；"万里沙神祠，《括地》云在郑县东北。"③仅有神号与庙宇方位，根本无从辨别其职能。最后，从表2-1也可以看出，这些神灵的传播范围也极其有限，均是局限于一州一县之内。

明代祀典之外存在着大量民间神祇，由于屡禁不止，地方政府遂默许其发展，这就为民间祭祀提供了一定发展空间，因此在官方祭祀之外，仍然能够看到诸如后土、太白、崔府君以及各类杂神祭祀现象的存在。在古代生产力与科学技术不发达的环境下，民众通过参与这些祭祀活动，一方面表达了对自然、先人、神灵以及朝臣的感恩崇拜之情，另一方面也寄托了民众祈福消灾、渴望风调雨顺的精神诉求，对于维护社会的稳定具有一定积极意义。

第二节　清前中期关中民间祭祀系统的变动与调整

清承明制，对民间祭祀有着严格规定："凡师巫假降邪神、书符咒水、扶鸾祷圣……为首者绞监候，为从者各杖一百流三千里"，"凡各省有迎神赛会者，照师巫邪术例，将为首之人从重治罪"。④

---

① 嘉靖《重修三原志》卷3《祠祀》，嘉靖十四年刻本，《中国地方志集成·陕西府县志辑》，第8册，第30页。
② 乾隆《韩城县志》卷2《祠祀》，乾隆四十九年刻本，《中国地方志集成·陕西府县志辑》，第27册，第27页。
③ 隆庆《华州志》卷6《祠祀》，光绪八年合刻华州本，《中国地方志集成·陕西府县志辑》，第23册，第36—37页。
④（清）朱轼：《大清律集解附例》卷11《祭祀》，雍正内府刻本。

然而和明代如出一辙，这些法令在现实中并未得到彻底执行，笔者在查阅方志时发现清代关中地区各县均有大量祀典之外的神灵祠庙存在，而清廷也并未对其进行毁坏，而是采取"且恣听不为禁止"①的默许态度，甚至一些人士还认为这种祀典之外的民间祭祀行为有一定的合理性。如罗彰彝在康熙《陇州志》中说陇州境内多淫祠，"盖习俗信巫，其民有疾辄祷于所在……三代以来自社稷而下，或有功德于万世，与有功德于一方皆得食于其土"②。在他看来淫祠的存在与当地的习俗有关，并且百姓祭祀淫祠也都是为了祈福消灾，对于这些民间神祇，只要是有功于民的皆可进行祭祀。周铭旂在编纂《乾州志稿》时，将"尸祝自民而为祀典所不及者，一律悉登"③，可见其对民间的祭祀活动并不排斥。

一、清前中期关中民间祭祀发展及其祠庙分布

基于政府的默许态度，清前中期关中地区的民间祭祀能够在明代的基础上继续发展，其主要表现在个别神灵祭祀地位变动以及民间祭祀祠庙增多两个方面。

在神灵地位变动方面，最具代表性的是太白神与八蜡神，前者由民间祭祀升格为官方祭祀，后者则被剔除国家祀典，沦为民间祭祀神灵。太白神原为郿县、扶风一带的地方神灵，其祭祀对象为太白山神，明代以后，太白神因"祈雨辄应"逐渐扩展至关中各处。清乾隆五年（1740 年），总督尹继善奏请将太白神列入祀典，三十九年（1774 年）四月三日，巡抚毕沅再次上疏请封，朝廷遂准，赐封太白神"昭灵普润"封号，颁"金精灵泽"匾额④，太白神由此进入国家祀典，成为官祀神灵。相比太白神而言，八蜡神则没那么幸运，八蜡之祭始于秦汉时期民众的昆虫崇拜，其主要功能是护佑稼穑、抗旱排涝、驱除虫鼠以及疏通沟渠等。由汉代至元代，八蜡神一直作为官方神祇被列入国家祀

---

① 乾隆《朝邑县志》卷 7《坛庙》，乾隆四十五年刻本。

② 康熙《陇州志》卷 2《建置》，康熙五十二年刻本，《中国地方志集成·陕西府县志辑》，第 37 册，第 34 页。

③ 光绪《乾州志稿》卷首《凡例》，光绪十年刻本，《中国地方志集成·陕西府县志辑》，第 11 册，第 225 页。

④ 宣统《郿县志》卷 3《太白山灵感录》，宣统元年铅印本，《中国地方志集成·陕西府县志辑》，第 35 册，第 91 页。

典，其神职也由农业综合神逐渐演化为驱蝗神。明初虽然将其剔除祀典，但嘉靖时期依然通令全国祭祀，因此其信仰发展依旧兴盛。清朝建立后，八蜡神被彻底排除在官方祭祀之外，其地位一落千丈，沦为民间祭祀神祇。总之，太白神与八蜡神分别代表了清代前中期关中祀神灵在其祭祀地位方面的变动，二者地位变动的详情将在下文论述，在此不再赘言。除此之外，关中其他民间祭祀神灵则未有变动。

除了个别神祇的地位变动以外，清前中期关中民间祭祀系统最大的变化是祭祀神祇名目增加，祠庙数量继续增长。笔者根据方志资料，将清前中期关中民间增祀的神灵以及祠庙分布统计为表2-2。

表2-2　方志所见清前中期关中民间增祀神祇及其祠庙分布统计表

所属	祠庙名称	修建时间	方位	祭祀对象、功能	出处
长安	禹王庙	—	城西四十里	大禹，祈雨	嘉庆《长安县志》卷十六《祠祀》
	雷神庙	康熙二年	城北	雷神，祈雨	
	显仁庙	—	城西南二十五里	—	
	白公生祠	康熙七年	县治南五岳庙西	总督白如梅	
	贾公生祠	康熙七年	县治北放生池	巡抚贾汉	
	终南山神庙	嘉庆八年	南门外	终南山神，祈雨	
咸宁	五火庙	乾隆四十一年	通化坊	金川凯旋将士建	嘉庆《咸宁县志》卷十二《祠祀》
	龙王庙	—	东郭	龙王，祈雨	
	龙王庙	—	伍家堡	龙王，祈雨	
	三官庙	—	北乡当渭河之郊	三官神	
三原	天齐庙	康熙六年	县西北	祈雨辄应	光绪《三原县新志》卷四《祠祀》
	李公祠	顺治十九年	县治北	知县李溥	
咸阳	张公祠	—	里民局	康熙知县张宽	乾隆《咸阳县志》卷四《祠祀》
	范公祠	—	东门外	康熙知县范允恭	
	蒋公祠	—	县治前	康熙知县蒋天麟	
	禹王庙	雍正九年	县西关	渡渭者多往祈祷	
	财神庙	道光乙未	潘家巷	财神	民国《重修咸阳县志》卷四《祠祀》
	龙王庙	清乾隆间建	县东二里	祷雨	

续表

所属	祠庙名称	修建时间	方位	祭祀对象、功能	出处
兴平	秦郎庙	—	县南	—	乾隆《兴平县志》卷三《坛庙》
	圣母庙	—	正安坊	祈雨辄应	
高陵	无	—	—	—	—
鄠县	后土祠	康熙中建	东关	后社	乾隆《鄠县新志》卷二《建置·祠祀》
蓝田	孙真人庙	康熙四十八年	三里镇	里人建	民国《续修蓝田县志》卷十二《祠祀》
泾阳	龙王庙	康熙己丑	马王庙巷	—	乾隆《泾阳县志》卷二《建置》
鏊屋	白龙庙	康熙间	县南四十里	知县章泰建，灌溉	乾隆《鏊屋县志》卷五《祠祀》
	骆公祠	乾隆十三年	东门外	知县骆钟麟	
	李二曲祠	康熙十九年	县西城外蔡原里	李隅之母	
渭南	无	—	—	—	
富平	土神庙	—	县署东偏	土地神	乾隆《富平县志》卷二《祠庙》
	廒神庙	—	县署富有仓内	—	
	后土庙	—	北吴村马溪田	后土	
	龙神祠	嘉庆十四年	带温门西侧	祈雨有应	
醴泉	无	—	—	—	—
临潼	龙王庙	—	西关	龙王，祈雨	乾隆《临潼县志》卷三《祠祀》
	将军庙	—	东街	未详何神	
耀州	无	—	—	—	—
大荔	刘奇烈祠	雍正二年	北街	明末诸生	道光《大荔县志》卷八《祠祀》
	真人庙	乾隆三年	金塔寺左	孙思邈	
朝邑	河神庙	乾隆四十年	县西二十里	涨溢	乾隆《朝邑县志》卷六《坛庙》
郃阳	元圣祠	康熙三十六年	文庙左	—	乾隆《郃阳县志》卷一《建置》
澄城	韩山奕应侯庙	顺治六年	南郭门外东南	祷雨	乾隆《澄城县志》卷七《庙属》

续表

所属	祠庙名称	修建时间	方位	祭祀对象、功能	出处
澄城	天王神祠	—	城西北	—	乾隆《澄城县志》卷七《庙属》
	商山神庙	—	县北三十里	疮疾	
同官	龙神庙	乾隆二十年	县北城外	祈雨	乾隆《同官县志》卷二《建置·祠祀》
	白马庙	乾隆十八年	县西南五十里白马山	—	
华阴	虫王庙	—	县治西	驱蝗	乾隆《华阴县志》卷三《崇祀》
	朱公祠	康熙元年	县南街	知县朱云观	
蒲城	魏晋公庙	—	县治南街	驱蝗	乾隆《蒲城县志》卷四《建置·祠祀》
	兰泉老人祠	—	高阳镇	里人建	
	孙真人祠	—	邑南五里	孙思邈	
	三官庙	—	县东偏五里	三官神	
潼关	龙王庙	康熙二十年	东街	邑人祈雨	嘉庆《续修潼关厅志》卷上《禋祀》
	三皇庙	—	北街	—	
	禹王庙	嘉庆二十一年	官路北	大禹	
白水	三官庙	康熙四十二年	县东郭门外	三官大帝	乾隆《白水县志》卷二《建置·祠祀》
	三圣母庙	顺治四年	县西门外	三圣母	
	女娲庙	—	收水乡北盖村	女娲	
	通积庙	乾隆十五年	杜康镇通积村	—	民国《续修陕西通志》卷一百二十五《祠祀》
	百子圣母庙	道光二十四年	收水乡五泉村	求嗣	
韩城	龙王庙	乾隆间	县南龙泉寺左	龙王	嘉庆《韩城县续志》卷五《祠祀》
	府君庙	乾隆十三年	芝川镇	土人所祀	
	孙真人庙	—	县北街	孙思邈	
	圣母祠	—	芝川镇	祈雨有应	
	三官庙	—	马休庄	三官神	
	天神庙	乾隆二十六年	柿谷坡东北	—	

续表

所属	祠庙名称	修建时间	方位	祭祀对象、功能	出处
韩城	刘公祠	康熙六十一年	南关	贵州巡抚刘荫枢	嘉庆《韩城县续志》卷五《祠祀》
	河神庙	乾隆三年	县西三里	因水势激难渡建	
武功	无	—	—	—	—
乾州	谢公祠	乾隆二十七年	常平仓左	知州谢嵩龄	光绪《乾州志稿》卷七《祠祀》
永寿	玄帝庙	康熙六年	好畤镇	玄帝	康熙《永寿县志》卷二《祠庙》
	石头神庙	康熙中重修	县西石牛山	—	
	土地祠	乾隆五十三年	县治东	土地神	光绪《永寿县新志》卷五《祀典》
	张公祠	乾隆五十七年	泉神庙右	康熙知县张昆	
	吕公祠	乾隆五十七年	泉神庙左	宋县令吕大防，并祀历代县令	
	泉神庙	乾隆六十年	城内东北隅	祷雨	
华州	夏禹庙	—	小涨侯坊	大禹	康熙《续华州志》卷二《祠祀》
三水	扶苏庙	康熙年间	石门山	扶苏	同治《三水县志》卷一《坛庙》
	龙王庙	道光间移建	文昌庙右	龙王	
淳化	四公生祠	康熙八年	县治西南	士绅建，祀国朝四公	—
	赵公生祠	康熙三年	县治西北	知县赵宝	乾隆《淳化县志》卷九《祠庙》
	文公生祠	康熙八年	县治西南	知县文秉廉	
	朱公生祠	康熙三十年	县治东北	知县朱廷宏	
	六烈女祠	康熙四十年	县治东	烈女	
长武	阿姑圣母庙	乾隆三十二年	城内西街	祷雨	宣统《长武县志》卷四《寺庙》
邠州	龙窝水神庙	—	石龙窝	祷雨	乾隆《直隶邠州志》卷九《庙属》
	不溢水神庙	—	州西二十里	祷雨	
	官井龙王庙	康熙十一年	州城北四十里	祷雨	

续表

所属	祠庙名称	修建时间	方位	祭祀对象、功能	出处
凤翔	风伯雨师祠	—	北乡大像寺左	—	乾隆《凤翔府志》卷三《祠祀》
	虫王庙	乾隆八年	东乡十里铺	驱蝗	
	龙王庙	—	城北三里河	龙王	
	祖师庙	—	城西北四十五里		
	九天圣母庙	—	城西街	九天玄女	
	显佑四郎庙	—	东郭外三里	祷雨	
	三义庙	康熙六年	城西三里	刘备、关羽、张飞	
	地神庙	雍正元年	城西三十里	土地神	
	湫神庙	—	县南六十里	祷雨	
岐山	三义庙	—	益店镇	刘备、关羽、张飞	乾隆《岐山县志》卷三《祠祀》
	茹公生祠	康熙二十六年	财政局西	县令茹仪凤	
宝鸡	龙神庙	康熙己亥	城南门外	龙神	乾隆《宝鸡县志》卷七《祠祀》
	萧公祠	—	仪门东	—	
	三义庙	康熙十年	治西三十五里	刘关张	
扶风	三义庙	顺治间	东郭外	邑人孙述建，祀刘备、关羽、张飞	嘉庆《扶风县志》卷六《祠祀》
	青龙庙	—	县东南十五里	祷雨	
	白龙庙	—	县东北三十里	祷雨	
	索仙姑庙	—	县东南十五里青龙庙后	祷雨	
	曹大家祠	雍正九年	东街	—	
	二郎庙	嘉庆六年	县北一里	祷雨	
郿县	牛王庙	雍正八年	城西	牛王	宣统《郿县志》卷四《坛庙》
	土地祠	康熙三十年	县治西	土地神	
	三义庙	顺治中	城西	—	
麟游	后稷庙	乾隆初建	县西南十五里圣明山	后稷	光绪《麟游新志草》卷二《建置·祠庙》

续表

所属	祠庙名称	修建时间	方位	祭祀对象、功能	出处
沔阳	龙王庙	雍正四年	县西门外小河滩	祷雨	道光《重修沔阳县志》卷三《地理·祠庙宫殿阁寺》
	二郎庙	—	县城内北街	祷雨	
	五瘟庙	—	城内北街	瘟神	
	速神庙	道光二十年	城隍庙西	—	
	禹王庙	康熙十二年	县北二十里	大禹，祷雨	
	三义庙	乾隆十一年	东关	—	
	石鱼娘娘庙	—	县西草碧峪	—	

由表 2-2 统计可知，清代顺治—道光时期关中新增民间祭祀祠庙共计 113 处，除渭南县、醴泉县、耀州和武功县之外，其他关中各县均有新增祠庙分布。然而从分布的格局来看，新增祠庙并不是均匀分布。在总体数量上，西安府新增祠庙 33 座，同州府 31 座，凤翔府 31 座，乾州直隶州 7 座，邠州直隶州 11 座。很明显西安府新增祠庙的总数最多，同州、凤翔次之，邠州、乾州则相对较少，这主要是与各府所辖州县数量有关，所辖州县越多，其基数也越大，故而新增祠庙数量也越多。

二、清前中期关中民间祭祀特征

清代前中期关中新增祠庙数量众多，所祀神祇的种类也十分繁杂，总体呈现出以下几个特征。

（一）水神祭祀持续兴盛

由表 2-2 统计可知，清前中期关中新增水神祠庙 38 座，占据新增祠庙总数的三分之一以上，可见清代关中地区的水神祭祀依旧兴盛。与明代所不同的是，清代的水神祭祀目的多为求雨，而控制河流涨溢、水利灌溉方面的水神祠庙则寥寥无几，从笔者掌握的资料来看，仅有咸阳县禹王庙、韩城县河神庙、盩厔县白龙庙被赋予了这种功能，民国《重修咸阳县志》载："禹王庙在县西关，清雍正九年建，渡渭者多往祈祷焉。"①又乾隆《韩城县志》载："县西三里许有河神庙，邑人刘荫枢因水流自西东注，势激难渡……建庙以祈保护焉。"②再有乾隆《鳌厔县志》载："白龙庙在北门外，知县章泰重修，庙后有泉，溉田利民。"③除此三例外，其余水神祠庙均被赋予"祷雨"的功能。如咸阳县龙王庙，"在县东二里，遇旱祷于此，尝雨"④；扶风县白龙庙，"在县东北三十里，旧志云旧有漱泉"⑤；凤翔县天台山"县南六十里，有漱神庙，祷雨时应"⑥；长武县阿姑圣母庙，"在城内泰山庙西，乾隆三十二年邑人建，每旱祷雨辄应"⑦。可见清代关中水神祠庙的功能主要以"祷雨"为主。那么，是什么原因导致关中水神祠庙趋于"祷雨"的功能呢？笔者认为这主要与清代关中的自然环境以及政府驱动有关。

关中地区属于大陆性季风区，冬季寒冷干燥，夏季高温多雨，水旱灾害时有发生。其中，旱灾是关中地区最为常见的自然灾害。据赵景波、李艳芳等人研究，清代关中地区共爆发旱灾 103 次，平均每 2.6 年便有 1 次，并且从清初到清末，其数量呈现出明显的上升趋势。⑧旱灾的爆发在对农作物造成毁灭性打击的同时，也深刻地影响到关中的社会文化，在古代认知水平有限的情况下，人们会认为旱灾是神灵对人类的惩罚，因而在旱灾爆发之后，试图以"祷雨"这种消极方式抵御旱灾的事例比比皆是。例如，麟游县浮泽大帝庙祷雨颇为灵验，"顺治十年四月内大旱，士民祈之，遂澍雨。十二年六月又旱，祈之又雨。十三年四月旱，祷之又雨"⑨。乾隆十三年大荔县大旱，"桥渡村人祷于三官庙

---

① 民国《重修咸阳县志》卷 4《祠祀志》，民国二十一年铅印本，《中国地方志集成·陕西府县志辑》，第 5 册，第 211 页。
② 乾隆《韩城县志》卷 2《祠祀》，乾隆四十九年刻本，《中国地方志集成·陕西府县志辑》，第 27 册，第 26 页。
③ 乾隆《鳌厔县志》卷 5《祠祀》，乾隆五十八年补刻本，《中国地方志集成·陕西府县志辑》，第 9 册，第 58 页。
④ 乾隆《咸阳县志》卷 5《古迹·寺观》，乾隆十六年刻本，《中国地方志集成·陕西府县志辑》，第 4 册，第 352 页。
⑤ 嘉庆《扶风县志》卷 6《祠祀》，嘉庆二十四年刊本，《中国地方志集成·陕西府县志辑》，第 34 册，第 32 页。
⑥ 乾隆《凤翔府志》卷 1《舆地》，乾隆三十一年刻本，《中国地方志集成·陕西府县志辑》，第 31 册，第 33 页。
⑦ 宣统《长武县志》卷 4《寺庙》，宣统二年铅印本，《中国地方志集成·陕西府县志辑》，第 11 册，第 25 页。
⑧ 赵景波、李艳芳、董雯、王娜：《关中地区清代干旱灾害研究》，《干旱区研究》2008 年第 6 期，第 875 页。
⑨ 康熙《麟游县志》卷 2《建置·祠祀》，光绪九年刻本，《中国地方志集成·陕西府县志辑》，第 34 册，第 158 页。

侧神泉，泉水忽溢者三，即时大雨，其后屡祷屡应"①。由于自然环境的因素导致关中地区旱灾时有发生，继而催生了该地区祈雨之风的盛行。

"祷雨"虽然是消极的抗旱方式，但是由于其利用了百姓对神灵的崇拜心理，能够在短时间内给予民众心灵上的慰藉，从而对社会秩序的稳定产生积极影响，因此地方政府在采取一系列实际的抗旱措施的同时，也会对"祷雨""祈福"等方式积极对待，以求安抚民心，稳定统治。清代关中地方官吏对"祷雨"尤为热衷。例如，康熙十八年（1679年）春，盩厔县爆发旱灾，"知县章泰竭诚祈祷，澍雨应期至，麦大熟。至五月下旬又旱，章（泰）诚祷如前，于七夕前后得雨，民心以安"②。康熙四十年（1701年）蒲城县大旱，知县张澜"徒步祷于尧山，翌日大雨，岁以丰稔"③。在地方官吏看来，祈雨是维护一方稳定的政治手段，无论见效与否，都能展现其勤政爱民的姿态，从而达到安抚民心的目的。

除以上两种因素之外，关中"执掌河流涨溢、水利灌溉、护佑渡者"类水神的饱和也对清代"祷雨"类水神增加有着一定影响。如前文所述，明代关中以执掌河流涨溢、水利灌溉、护佑渡者以及降雨抗旱四类神祇构成了整个水神祭祀系统，到了清代，由于河流河道、渡口以及水利灌溉设施在一定时期内具有相对的稳定性，因而被赋予前三类神职的水神大多承袭明代，其祠庙数量和分布均未改变，所以，在清代此类水神祠庙的增建空间有限，此消彼长从而形成了"祷雨"类水神祠庙兴旺发展的局面。

（二）朝臣祭祀再度兴起

由表 2-2 统计得出，清代前中期关中地区共新增朝臣祭祀祠庙 22 座，西安府、同州府、凤翔府、乾州直隶州和邠州直隶州均有分布。与明末朝臣祭祀完全相反的是，清代朝臣祭祀祠庙全部创建于清前期，且绝大多数创建于顺治、

---

① 道光《大荔县志·足征录》卷1《事征》，道光三十年刻本，《中国地方志集成·陕西府县志辑》，第20册，第216页。

② 乾隆《盩厔县志》卷13《祥异》，乾隆五十八年补刻本，《中国地方志集成·陕西府县志辑》，第9册，第183页。

③ 乾隆《蒲城县志》卷6《职官》，乾隆四十七年刻本，《中国地方志集成·陕西府县志辑》，第26册，第156页。

康熙时期，据笔者统计，22 座朝臣祠庙中，明确记载建于顺治、康熙时期的就有 12 座，其余也都建于雍正、乾隆时期。是什么原因导致清前期关中朝臣祭祀的兴起呢？笔者认为主要与清初轻徭薄赋、修养生息的政策以及王朝统治者的态度有关。

明末清初的连年战乱给关中地区的社会经济造成了严重的打击，先是明末农民起义，再有清初三藩之乱，直接导致关中地区出现大量人口死亡、土地荒废的现象。如三水县"叠（迭）遭蹂躏，地方荒残已极，食盐之家逃亡过半，集镇尽成丘墟"①。澄城县，"万历间户共一万三百三，口共七万六百八十五。……顺治初，除节年兵荒，逃亡过半，实在户共一千八百二十有四"②。郿县，"自明末兵燹后，丁少荒多"③。康熙平定三藩之后，为了恢复关中地区的经济发展，先后实施了一系列轻徭薄赋、与民休息的政策。如康熙三十年（1691 年），"免乾州、咸阳等 5 州县及渭南等 21 州县额赋有差"。三十一年（1692 年），"免西安、凤翔所属州县额征银米"。四十年（1701 年），"免关中 32 州县田赋有差"④。之所以出现如此密集的免赋政策，与地方官吏体恤民情，将百姓流离失所、赋税沉重、土地荒芜等情形上达天听的为政举措密切相关，而百姓也对其感恩戴德，建祠祭祀。如长安县有贾公生祠，祀巡抚贾汉。贾汉，满洲籍曲沃人，康熙元年（1662 年）任陕西巡抚，在任期间"严保甲，清邮置，免逋欠，急捐赈，民困以苏，又……缓征清邠州赋额……前后飞章入告，皆报可"⑤。文秉濂，广西全州人，康熙七年（1668 年）任淳化县令，"时方苦捏垦新荒，节年逋税累积具详，（文秉濂）亲诣上台，哀吁得疏请豁免，地方有更生之庆……百姓建祠以祀"⑥。蒋天麟，常州宜兴监生，康熙三十九年（1700

① 同治《三水县志》卷 10《艺文》，同治十一年刻本，《中国地方志集成·陕西府县志辑》，第 10 册，第 634 页。

② 乾隆《澄城县志》卷 9《户口赋税》，乾隆四十九年刻本，《中国地方志集成·陕西府县志辑》，第 22 册，第 138 页。

③ 宣统《郿县志》卷 4 政录第三之上，宣统元年铅印本，《中国地方志集成·陕西府县志辑》，第 35 册，第 108 页。

④ 郭琦、史念海、张岂之主编，秦晖等著：《陕西通史》（明清卷），西安：陕西师范大学出版社，1997 年，第 197 页。

⑤ 雍正《陕西通志》卷 51《名宦》，文渊阁四库全书本，《景印文渊阁四库全书》，第 554 册，第 191 页。

⑥ 乾隆《淳化县志》卷 16《职官志》，乾隆四十九年刻本，《中国地方志集成·陕西府县志辑》，第 9 册，第 491 页。

年）任咸阳知县，"公平廉慎，均徭薄赋，民怀其德，立祠祀之"①。茹仪凤，河内监生，康熙十八年（1679年）任岐山知县，"岐民当兵燹之后，苦荒田追赋历有余年，往令亦由是屡去，然难于议蠲。仪凤伤之，慨然以为己任，遂力白上官以请于朝，竟得免荒田一千余顷，士民感之，为建生祠"②。由上述事例可知，贾汉、文秉濂、蒋天麟等地方官吏皆是因"轻徭薄赋"的政绩得以立祠祭祀，其祠庙的建立既反映了当地百姓崇德报恩的朴素品质，同时也从侧面反映了清初"轻徭薄赋与民休息"政策在关中地区的成效。

除了清初轻徭薄赋的政策之外，清朝统治者的执政策略也对清前期朝臣祠庙的兴建有所影响。由表2-2可知，清代关中朝臣祠庙大致可分为两类，一类是为本朝地方官吏而建的祠庙，另一类是为前朝官民建立的祠庙。前者包括生祠和专祠，其祭祀对象依然是以县令一级的基层官吏为主。如淳化县，文公生祠"在县治西南，康熙八年合县士庶为知县文秉濂建"，又朱公生祠"在县治东北，康熙三十三年邑人为知县朱廷铉建"③。咸阳县，"张公祠祀张令宽，旧在里民局。范公祠祀范令允恭，旧在东门外。蒋公祠祀蒋令天麟，旧在县治前，皆功德在人，绅民祀以报之者也"④。乾州，"谢公祠在常平仓左，祀知州谢嵩龄，乾隆二十七年知州陈大吕建，有碑记"⑤。由引文可知，这些朝臣祠庙多由地方绅民创建，属于民间私祀行为。与明代相同，清代对官吏建祠立碑行为也有着严格规制："凡见任官实无政绩辄自立碑建祠者，杖一百，若遣人妄称己善申请于上而为之立碑建祠者，杖八十"⑥，然而与明初严禁地方官吏建祠立碑所不同的是，清初统治者对民间为地方官吏建祠的行为并不多加干涉，究其原因是出于笼络民心的考虑。朝臣祠庙是地方官吏"为政有方"的象征，是百姓对其施政措施的认可，而对官吏的认可在某种程度上来说，也可能转化为对其背后政权的认可，从而承认其统治地位。

---

① 乾隆《咸阳县志》卷10《官师》，乾隆十六年刻本，《中国地方志集成·陕西府县志辑》，第4册，第386页。
② 光绪《岐山县志》卷5《官师》，光绪十年刻本，《中国地方志集成·陕西府县志辑》，第33册，第44页。
③ 乾隆《淳化县志》卷9《祠祀》，乾隆四十九年刻本，《中国地方志集成·陕西府县志辑》，第9册，第468页。
④ 民国《重修咸阳县志》卷4《祠庙》，民国二十一年铅印本，《中国地方志集成·陕西府县志辑》，第5册，第212—213页。
⑤ 光绪《乾州志稿》卷7《祠祀》，光绪十年刻本，《中国地方志集成·陕西府县志辑》，第11册，第286页。
⑥ 《大清律例》卷17《礼律仪制》，文渊阁四库全书本，《景印文渊阁四库全书》，第672册，第629页。

除了默认本朝官吏的立祠行为之外，清廷甚至支持为前朝官吏以及死难绅民立祠祭祀。如大荔县，"刘奇烈祠在北街，祀明诸生刘长庚，崇祯甲申，庚闻变手刃妾女自经死。雍正二年得请为立专祠"①。永寿县，"吕公祠，乾隆五十七年秋九月知县蒋基倡捐修建……祀宋永寿县令吕公大防"②。刘奇烈祠、吕公祠虽然不在清朝国家祀典，属于私祀行为，但均由清廷地方官吏创建，其背后与王朝统治者的默认与支持密不可分。之所以立祠祭祀前朝官民，其目的主要是为了诠释清王朝的合法地位。祭祀明末殉难诸生，是为了向民众灌输"明亡于寇"的理念，而祭祀历代县令则意在宣扬"清承明制"的正统地位。清王朝作为历史时期除元朝之外第二个由少数民族建立的全国统一政权，虽然在政治方面满族占有统治地位，然而无论是在人口、经济还是文化方面，汉族都占有绝对的优势，满族以少临众，为了确保统治稳定则必须获得汉族的认可与支持。因而无论是为本朝官吏，或是为明末殉难绅民，又或是为历代县令立祠祭祀的行为，都是清王朝笼络民心、宣示正统的刻意之举。一言以蔽之，默许为本朝官吏创建祠庙，意在顺应民意，聚拢人心；支持为前朝官吏和绅民立祠祭祀，则是阐述清王朝合法继承的重要内容。事实证明，清初所采取的这种含蓄而巧妙的政治表达，比之残暴的军事镇压更为有效。乾隆以后，清王朝的正统地位深入民心，关中地区的社会发展步入正轨，"男女勤其职而民以富实，上下雍睦庶姓休和……临渭一带沃壤千里，胜于曏者多矣"③。此时，为朝臣立祠祭祀的行为已失去其利用价值，反而有劳民伤财之嫌，因此乾隆以后关中地区再无朝臣祠庙的建立。

（三）杂神祭祀祠庙地域差异明显

除水神祭祀和朝臣祭祀之外，清前中期关中地区还新增一些杂神祭祀祠庙。例如三官庙、后土祠、风王庙、吕祖庙、孙真人祠、虫王庙等，这些祠庙名头不一，错综复杂，即便如此，祠庙的分布依然具有一定的地域差异。具体而言，西安府、同州府、乾州和邠州区域的新增祠庙依然以三官庙、后土祠、

---

① 咸丰《同州府志》卷24《寺观志》，咸丰二年刻本，《中国地方志集成·陕西府县志辑》，第18册，第550页。
② 光绪《永寿县志》卷5《群祭》，光绪十四年刻本，《中国地方志集成·陕西府县志辑》，第11册，第144页。
③ 乾隆《兴平县志》卷1《沿革》，光绪二年刻本。

孙真人祠等传统民祀祠庙为主，值得一提的是，这一时期该区域也有新的神灵祠庙出现。例如，临潼县有风王庙，"县东南骊山风谷，岁旱风自谷出为百谷病，嘉靖间前县李裔芳屡祷辄应因增修正殿"；又有将军庙，"在东街未详何神"①。澄城县有天王神祠，"在城西北楼……顺治六年五月记"②。这些祠庙均为地方百姓所建，由于史料所限，许多祠庙所祭祀的神灵名号以及具体神职都难以厘清，体现出民间祭祀杂乱无章、丰富多样的特点。

相对于西安府、同州府、乾州和邠州区域的纷繁杂乱而言，凤翔府新增祠庙则略显单一。这一时期，以三义庙为主的民间祭祀祠庙在凤翔府境内骤然兴起，凤翔县、岐山县、宝鸡县、扶风县、郿县、汧阳县均有分布。三义庙是祭祀蜀汉君臣刘备、关羽和张飞的祠庙，其起源于刘、关、张三人桃园结义的事迹，清代以前主要分布在山西、河北、山东、湖北、四川等省。清初凤翔府出现大量三义庙，甚至有一县之内有多处三义庙分布的情况，如岐山县有五座三义庙，"一在怀仁，一在道济，二在益店，一在仁岐"③。扶风县三义庙有二，一在东郊，乾隆四十九年邑人孙述建；一在景福宫北，康熙十八年邑人王豫嘉建。④凤翔府出现如此多的三义庙大概与其民间遗风有关，凤翔地区位于关中西部，西接甘肃，南通巴蜀，其地"山如犬牙，原如长蛇，陇关阻其西，益门扼其南，地形险阻"⑤，是关中西部的重要门户，自古便是兵家必争之地。三国时期蜀魏相争，在凤翔境内留下了多处遗迹，如乾隆《凤翔府志》载："五丈原，县南五十里，汉诸葛武侯伐魏屯兵处"；"诸葛山，县南十里益门山东，诸葛武侯屯兵之处"；"石鼻城，县东四十里，武侯筑以攻郝昭，俗名石鼻寨"⑥。清代以蜀汉为正统，将其君臣列入国家祀典，而这些历史遗迹承载着凤翔百姓对历

---

① 乾隆《临潼县志》卷3《祠祀》，乾隆四十一年刻本，《中国地方志集成·陕西府县志辑》，第15册，第57页。

② 乾隆《澄城县志》卷7《庙属》，乾隆四十九年刻本，《中国地方志集成·陕西府县志辑》，第22册，第133页。

③ 乾隆《凤翔府志》卷3《祠祀》，乾隆三十一年刻本，《中国地方志集成·陕西府县志辑》，第31册，第83页。

④ 嘉庆《扶风县志》卷6《祠祀》，嘉庆二十六年刻本，《中国地方志集成·陕西府县志辑》，第34册，第32页。

⑤ 乾隆《凤翔府志》卷1《舆地·形胜》，乾隆三十一年刻本，《中国地方志集成·陕西府县志辑》，第31册，第29页。

⑥ 乾隆《凤翔府志》卷1《祠祀》，乾隆三十一年刻本，《中国地方志集成·陕西府县志辑》，第31册，第31、32、44页。

史的记忆，在这样的背景下，象征着"君臣始终，兄弟情义"的三义庙便在凤翔府境内大量出现。

　　清代前中期是关中地区由战乱走向安定的重要时期，为了尽快抚平战争创伤，清朝统治者采取了一系列轻徭薄赋、与民休息的政策，这些政策在促进关中地区社会经济发展的同时，也导致了该区域民间祭祀系统的调整。除此之外，清代关中自然环境的变化、王朝统治者的执政态度也或多或少地影响了该区域民祀祠庙的建设。

第三节　晚清关中战乱与民间祭祀系统变迁

　　道光二十年（1840年）鸦片战争爆发，西方资本主义势力入侵，中国逐渐沦为半殖民地半封建社会，关中地区虽然偏处西北，依然受到严重影响。在这样的背景下，吏治腐败、赋税沉重、鸦片流毒等现象在关中大地肆意蔓延，关中地区面临着全面的社会危机。除此之外，由于清王朝长期执行民族压迫政策，挑拨汉回关系，致使汉回矛盾日益尖锐。同治元年（1862年）春，席卷八百里秦川的回民起义爆发。长达十余年的回民起义战争在对关中地区的社会经济造成巨大打击的同时，也严重破坏了该区域民间祭祀系统的发展，很多祠庙被战火焚毁。例如，高陵县，"三皇庙在距河门外三里……回变毁"，"龙王庙在迎翠门外南面，回变毁"[①]；大荔县，"后土庙，同治元年毁于兵燹"[②]，崔府君庙"同治元年毁于兵火"[③]。可见回民起义后战争对于关中民间祭祀祠庙的破坏是十分严重的。笔者根据相关史料，将该时期关中民间祭祀祠庙的消亡、毁坏及重修情况统计为表2-3[④]。

---

① 光绪《高陵县续志》卷2《祠庙志》，光绪十年刻本，《中国地方志集成·陕西府县志辑》，第6册，第487页。
② 光绪《大荔县续志》卷6《祠祀志》，光绪十一年刻本，《中国地方志集成·陕西府县志辑》，第20册，第315—316页。
③ 光绪《大荔县续志》卷6《祠祀志》，光绪十一年刻本，《中国地方志集成·陕西府县志辑》，第20册，第315—316页。
④ 统计方法有二：一是对方志中明确记载的毁于回民起义战争的祠庙进行统计，其中部分州县由于缺乏史料记载，故而难以统计；二是将清代前中期所编方志与光绪、宣统时期所编方志中的祠庙部分进行对比，将消亡的祠庙列出。由于受史料所限，统计表并不能完全反映回民起义后战争对关中各地民祀祠庙的破坏情况，但能够一定程度反映回民起义后民祀祠庙的重修、废弃等情况。

表 2–3　方志所见晚清关中民间祭祀祠庙消亡、毁坏、修缮统计表

所属	祠庙	方位	毁坏情况	修缮情况	出处
高陵	龙王庙	迎翠门外南	回民起义战争中毁	—	光绪《高陵县续志》卷二《祠庙》
	杨文康公祠	儒学西偏	回民起义战争中毁	光绪五年重修	
	吕文简公祠	文庙东南	回民起义战争中祀废	—	
渭南	土神祠	仪门内	太平天国运动、回民起义战争中毁	光绪元年重修	光绪《新续渭南县志》卷三《建置·祠庙》
	龙神庙	带渭门外	太平天国运动、回民起义战争中毁	光绪三年重修	
华州	崔府君庙	城西	回民起义战争中毁	—	光绪《三续华州志》卷三《祠祀》
	宋寇莱公祠	西关	回民起义战争中毁	—	
蓝田	风后祠	县西关内	同治元年毁	—	光绪《蓝田县志》卷八《祠祀》
大荔	后土庙	城北关	同治元年毁	同治六年重修	光绪《大荔县续志》卷六《祠祀》
	崔府君庙	东北门外	同治元年毁	—	
泾阳	龙王庙	北郭外	同治元年毁	移祀马王庙	宣统《泾阳县志》卷五《祠祀》
醴泉	孤魂庙	县治东街	回民起义战争中毁	—	民国《续修醴泉县志稿》卷四《建置》
临潼	八蜡祠	东门外	同治元年毁	—	光绪《临潼县续志》卷一《建置·祠庙》
	龙王庙	西关	同治元年毁	—	
	风王庙	县东骊山上	同治元年毁	—	
	齐王庙	东街寺坡口	同治元年毁	—	
	将军庙	东街	同治元年毁	—	
富平	龙王庙	县北门外	消亡	—	光绪《富平县志稿》卷二《建置》
	土神庙	县署内	消亡	—	
	厩神庙	县城富有仓	消亡	—	
蒲城	崔府君庙	县东门内	消亡	—	光绪《蒲城县新志》卷五《祠祀》
汧阳	土地祠	县仪门东	回民起义战争中毁	同治九年重修	光绪《增续汧阳县志》卷一《建置·祠庙》
	三义庙	县东关外	同治六年毁	同治十年重建	

续表

所属	祠庙	方位	毁坏情况	修缮情况	出处
沂阳	龙王庙	县北街	同治六年毁	光绪十年重修	光绪《增续沂阳县志》卷一《建置·祠庙》
	五瘟庙	县城内北街	回民起义战争中焚毁	光绪十年重修	
	速神庙	城隍庙西	消亡	—	
	三官庙	县城内西街	消亡	—	
	禹王庙	县东北十里	消亡	—	
	石鱼娘娘庙	县西五十里	消亡	—	

由表 2-3 可知，清末同治时期关中多地的民祀祠庙都遭到了破坏，虽然祠庙的消亡未必全是缘于回民起义战争的破坏，但这一时期关中多地祠庙数量减少的趋势是显而易见的。据统计，在被破坏的民祀祠庙中，位于县城内或近郊的有 26 座，占全部祠庙数量的 90%，可见以县城周边的民祀祠庙毁坏最为严重，这主要是由于战争多以攻城拔寨为目的，在此期间对城池周边的破坏最为严重，从而造成县城周边各类祠庙建筑的毁坏。

从表 2-3 可以看出，被毁祠庙的结局分为两类。一类是在镇压起义后进行修缮的祠庙。同治五年（1866 年）九月，清廷调补左宗棠为陕甘总督，总理镇压回民起义军的事宜。左宗棠入陕后，采取镇压与安抚并用的方针，于同治八年（1869 年）将战争推进到甘肃、新疆境内，关中地区获得了暂时的安宁。由于祠庙乃祭祀之所，因此在局势稍安之际，关中地方士绅、百姓乃至官员迅速开始祠庙的修复工作，其中以地方士绅主导修复的事例最为常见，如沂阳县五瘟庙，光绪十一年（1885 年）由邑绅重修[1]；渭南县土地祠，光绪元年（1875 年）由邑绅捐资重修[2]。士绅作为介于官民之间的特殊群体，往往具有较高的威望，且修缮祠庙需要大量资金，士绅雄厚的财力也足以支撑，而从士绅自身

① 光绪《增续沂阳县志》卷 13《建置·祠庙》，光绪十三年刻本，《中国地方志集成·陕西府县志辑》，第 34 册，第 431 页。
② 光绪《新续渭南县志》卷 4《祠祀》，光绪十八年刻本，《中国地方志集成·陕西府县志辑》，第 13 册，第 409 页。

来看，修缮祠庙有利于树立其名望，提升其社会地位，因此士绅对此乐此不疲。除此之外，地方官员偶尔也会对毁坏的民间祠庙进行修缮。例如，高陵县的元杨文康公祠，由知县陈西庚在光绪五年（1879 年）重修①；渭南县龙神庙，光绪三年（1877 年）由县令宋燧重修②，这些庙宇虽然属于民间祠庙，但是由于县令作为朝廷委派的一县之长，是王朝在地方权威的代表，在战乱之后，由县令主导民间祠庙的修复工作，一方面能够为地方官吏获得"官声"缓和官民矛盾，另一方面也有利于在民间重塑朝廷权威。从这些祠庙的属性来看，多是一些事关百姓农业生产、生老病死的神灵祠庙，因此其祠庙状况更为百姓关注，从而成为士绅百姓重点修缮的对象。

除了修复的祠庙以外，另一类则是战争毁坏后而遭废弃的祠庙。如高陵县的明吕文简公祠、华州的崔府君庙、蓝田县的风后庙、醴泉县的孤魂庙等，均是在同治回民起义战争中被焚毁，事后却不加修缮以至庙毁祀绝。虽然史料中并未记载这些祠庙被废弃的具体原因，但笔者认为祠庙被废主要与神灵信奉程度、地方经济水平等因素有关。

一般而言，祠庙作为百姓的祭祀场所，其庙宇规模、修缮频率在一定意义上体现了其神祇在民众之间的信奉程度，其民众信奉度越高则庙宇规模越大，修缮频率也越高，反之则越低。庙毁而弃修说明其神祇在民众间的信奉度已经淡薄甚至消失，如华州崔府君庙始建于宋代，因年代久远且长期未有修缮记载，说明其祠庙仅是作为一种历史遗迹而被志书编纂者收录，而在民众中则无信奉度可言，一旦被毁便不会再修复。再如蓝田县风后庙、醴泉县孤魂庙，这些祠庙的神祇往往模糊不清，从名称来看孤魂庙似乎是祭祀孤魂野鬼的祠庙，与民众切身利益关系不大，其信奉度自然不高，因而在被毁后遭到废弃。

祠庙废弃也与地方经济水平有关。连年的战乱严重破坏了关中地区的经济发展，战乱之后即便力图恢复也是有心无力。如临潼县八蜡庙、龙王庙、齐王庙等民间祠庙皆在同治回民起义战争中被毁，到了光绪时期，这些庙宇依然未

---

① 光绪《高陵县续志》卷 2《祠庙志》，光绪十年刻本，《中国地方志集成·陕西府县志辑》，第 6 册，第 488 页。

② 光绪《新续渭南县志》卷 4《祠祀》，光绪十八年刻本，《中国地方志集成·陕西府县志辑》，第 13 册，第 408 页。

得修复，八蜡庙祭祀驱蝗神，龙王庙、齐王庙则是祈雨之所，这些神祇与民众的生活密切相关，在关中地区信众甚多，然而最终也被废弃不修。究其原因主要与当地经济实力有关，据光绪《临潼县续志》载："同治元年回乱后，兵荒交迫，邑中素封率凋敝异常。"①可见经历同治回民起义战争之后，临潼县的经济已经濒临绝境，即便是"素封之家"也是凋敝异常，因此，在这样的情况下很难组织财力对毁坏祠庙进行修缮。

　　除了重修和废弃祠庙的情况之外，关中地区在回民起义战争之后还出现了一些新的民祀祠庙，具体情况统计如表2-4。

表2-4　方志所见晚清关中新增民祀祠庙统计表

所属	名称	创建时间	方位	备注	出处
长安	马公祠	光绪二十四年	北关	士绅建，县令马德昭	—
咸阳	兴武庙	同治元年	县西门外	绅民建，祀战争忠烈	民国《重修咸阳县志》卷四《祠祀》
乾州	天齐庙	光绪元年	城东底且村	祷雨	光绪《乾州志稿》卷五《土地·寺观》
	显圣庙	光绪八年	州西漠浴	又名三郎庙，祷雨	
	司浪庙	光绪六年	东街	祀伍子胥，祈雨	
	五龙庙	光绪中	城西北隅	祷雨	
武功	龙神祠	同治十二年	漆水东	主漆水涨溢	光绪《武功县续志》卷三《祠祀》
兴平	义烈祠	光绪三年	定周镇	邑绅建，祀战争中死亡士女	民国《兴平县志》卷二《建置·庙祠》
	义勇祠	光绪三年	留位村	邑绅建，祀战争中死亡团丁	
盩厔	流芳祠	同治十二年	东门外	绅民建，祀战争中死亡士女	民国《盩厔县志》卷二《建置》
澄城	玉皇庙	光绪间	北郭门外	—	民国《澄城县附志》卷二《建置》
	浮泽帝庙	同治十年	县西义合村	祷雨	
	壶山庙	光绪十五年	壶梯山巅	—	

①（清）安守和：光绪《临潼县续志》卷上《选举》，光绪十六年刻本，《中国地方志集成·陕西府县志辑》，第15册，第259页。

续表

所属	名称	创建时间	方位	备注	出处
蒲城	黄公祠	光绪五年	亲民堂东	祀县令黄传绅	光绪《蒲城县新志》卷五《祠祀》
	烈愍祠	光绪十年	兴市镇	同治回民起义战争中死亡者	
永寿	无量庙	光绪十五年	监军镇	邑人建	光绪《永寿县志》卷五《祀典》
华州	龙王庙	光绪四年	城隍庙东	龙王，祷雨	光绪《三续华州志》卷三《祠祀》
	多公祠	光绪四年	州西涨村	多隆阿	
长武	萧曹庙	宣统元年	县西二十里	萧何、曹参	宣统《长武县志》卷四《寺庙》

从表 2-4 可以看出，清末关中新增民祀祠庙主要分为两种类型。一类是人物祠庙，其祭祀对象主要包括回民起义战争中死去的官兵、镇压回民起义的绅民以及战乱中死去的民众。如咸阳县，"兴武庙在县西门外……兴平生员薛闰、周汉章、王惠元、曹映东、武生李玉顺等集义勇二千人，又结武功武举王维埔、胡宗海等会师来援……全军皆没，咸民旋建庙以祀"①。蒲城县，"烈愍祠在兴市镇，祀同治壬戌御回亡者，镇人张崇健有记"②。兴平县，"义烈祠在定周镇，邑绅同建"，祀"士女之殉难者"③。晚清关中新增人物祠庙由地方士绅和民众共同创建，以地方士绅为主。清廷默许绅民创建祠庙，一方面是为了抚恤死去的官民或者褒奖功臣，另一方面则是为了激励更多的民众加入镇压起义军的队伍中为其卖命。

另一类则为杂神祠庙，所祀神祇以祈雨、治病、祈福等与百姓生活密切相关的神灵为主。如永寿县，"无量庙一在监军镇，回逆毁尽，光绪十五年邑人修"④。武功县，"龙神祠在漆水东，与东门相望，同治十二年……

---

① 民国《重修咸阳县志》卷 4《祠祀志》，民国二十一年铅印本，《中国地方志集成·陕西府县志辑》，第 5 册，第 213 页。

② 光绪《蒲城县新志》卷 5《祠祀志》，光绪三十一年刻本，《中国地方志集成·陕西府县志辑》，第 26 册，第 316 页。

③ 民国《兴平县志》卷 2《建置志》，民国十二年铅印本，《中国地方志集成·陕西府县志辑》，第 6 册，第 273 页。

④ 光绪《永寿县志》卷 2《寺庙》，光绪十四年刊本，《中国地方志集成·陕西府县志辑》，第 11 册，第 109 页。

建"①。清末关中新增杂神祠庙多由绅民自发创建，其祠庙功能明确单一，反映了战后关中普通民众畏惧灾害、渴望安定的精神诉求。

值得注意的是，从地域上来看，回民起义后关中民间祠庙的毁坏与新增并不对应，如图 2-1 中仅有蒲城与华州两处存在祠庙消亡与新增地域相对应的情况，原因何在？笔者认为，这种情况的出现一方面是受资料所限，无法完全复原回民起义后关中民间祠庙的毁坏与新增情况。另一方面，祭祀系统的发展具有一定的稳定性，在传统的祭祀祠庙遭到毁坏之后，人们首要的工作是对其信奉的神灵祠庙进行修缮，而不是新建新的神灵祠庙。如表 2-3 中，渭南、大荔、汧阳等县皆有回民起义战争中被毁而战后重修的祠庙，而这些县也并未出现新增祠庙。再者，战后的经济形势也决定了祠庙毁坏与新增的州县不对应的局面，如上文所述，祠庙遭到破坏的州县往往深受战火摧残，战后经济凋敝，民不聊生，重修被毁祠庙已经是捉襟见肘，兴建新的祠庙则更是天方夜谭。与此不同的是，表 2-4 中的长安、乾州、武功、盩厔、澄城、长武等州县虽然也被战火波及，但原有的祠庙并未遭受破坏，因而其祭祀系统能够持续发展，从而出现

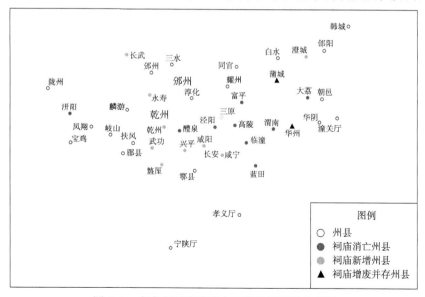

图 2-1　方志所见晚清关中祠庙增废情况示意图

① 光绪《武功县续志》卷 1《祠祀》，光绪十四年刻本，《中国地方志集成·陕西府县志辑》第 36 册，第 243 页。

新建民祀祠庙的情况。由此可见，回民起义后关中祠庙毁坏与新增在地域上不相对应的情况并不奇怪。

祠庙作为祭祀活动的重要场所，是衡量民众对其所祀神祇信奉度的依据之一。清末战乱给关中民祀祠庙造成了严重破坏，为该地区民间祭祀体系的调整和重塑创造了机会。关中地区祠庙的重修、废弃过程，间接表达了该地区官吏和民众在信仰层面的不同抉择与诉求，同时，所祀神灵的信奉程度以及经济发展水平等因素也在这一过程中发挥影响。在祠庙的重修或废弃之外，统治者为树立楷模、加强教化而默许士绅为殉难官民建立专祠，普通民众为祈福消灾而自建各类祠庙，是这一时期关中民间祭祀变迁最为显著的特点。

第四节　民国时期关中民间祭祀系统变迁

中华民国建立以后，废除了孔子祀典之外的清朝其他所有祀典，社稷、先农、关帝等祀典之神全部归于民间祭祀系统。然而，在时代变革的背景下，民间祭祀系统亦不可避免地受到冲击，逐渐呈现出衰落的迹象，关中祠庙被占用、改建、毁坏、废弃的事例屡见不鲜。1930 年国民政府发文下令各省对本地寺庙进行调查登记，其内容包括：寺庙名称、庙址、类别、创建年代、现有资产、归属者、当前用途及管理方式等，但笔者检索陕西省的相关档案，虽然当时的陕西省民政厅下达了寺庙调查登记的公文，同时下发了由民政厅统一制订的登记表格，但关中各县均未对境内寺庙进行统计，将寺庙登记表格原封不动上交省民政厅，因此笔者无法了解民国时期关中民间祭祀系统变迁的全貌。由于受资料所限，本书只能根据部分民国方志以及民国二十四年（1935 年）陕西省民政厅编制的《关中各县关岳庙调查表》等资料的记载，对当时关中地区祠庙的变迁统计如表 2-5。

表 2-5　民国关中部分民间祭祀祠庙变迁情况表

所属	庙名	变迁情形	变迁时间	出处
耀县	武庙	第三初级小学	民国二年	关中各县关岳庙调查表（档案号：4-1031-1）
乾州	关帝庙	县教养院	民国十八年	

续表

所属	庙名	变迁情形	变迁时间	出处
陇县	关帝庙	军队驻扎	民国九年	关中各县关岳庙调查表（档案号：4-1031-1）
兴平	关帝庙	初级小学	民国六年	
蓝田	关岳庙	过境军队毁坏	—	民国《续修蓝田县志》卷十《学校》
	东岳庙	县立高级小学	民国六年	
	太白庙	私立崇光小学	民国十九年	
扶风	关岳庙	坍塌不堪	—	关中各县关岳庙调查表（档案号：4-1031-1）
长武	关岳庙	保卫团团部	民国二十二年	
澄城	关岳庙	常驻军队	民国以来	民国《澄城县附志》卷五《教育》
	东岳庙	竞化两级小学	民国三年	
	三圣庙	镇高级小学	民国十三年	
	龙王庙	镇高级小学	民国十四年	
三原	关岳庙	县初级小学	民国三年	关中各县关岳庙调查表（档案号：4-1031-1）
华县	关岳庙	翠英小学	民国元年	
华阴	关帝庙	县戒烟所	民国二十四年	民国《华阴县续志》卷二《建置·祠祀》
	朱子祠	冯玉祥兵工厂	民国十七年	
	西岳庙	冯玉祥兵工厂	民国十七年	
	马王庙	模范初等小学	民国二年	民国《华阴县续志》卷二《建置·学校》
凤翔	关帝庙	县初级小学	民国十九年	关中各县关岳庙调查表（档案号：4-1031-1）
泾阳	关帝庙	军队拆毁	民国十八年	
邠县	关帝庙	初级小学	民国十五年	
同官	关帝庙	平民工厂	民国十九年	民国《同官县志》卷二十三《宗教祠祀》
	文庙	县立中学	民国三十年	
	衙神庙	县警佐室	民国初	
	城隍庙	驻后方医院	民国二十三年	
	东岳庙	农棉试验场	民国十九年	

续表

所属	庙名	变迁情形	变迁时间	出处
大荔	关帝庙	民众教育馆	民国十六年	民国《大荔县新志存稿》卷七《祠祀》
	三圣母庙	初等小学堂	民国初	
	吕祖庙	乙种农业学校	民国元年	
盩厔	关岳庙	圣学巷小学	民国二十三年	关中各县关岳庙调查表（档案号：4-1031-1）
	李二曲祠	县立女子小学	民国十二年	民国《盩厔县志》卷二《建置》
宝鸡	关岳庙	县保安大队	民国二十三年	关中各县关岳庙调查表（档案号：4-1031-1）
	文庙	第一高等小学	民国元年	民国《宝鸡县志》卷四《学校》
蒲城	关岳庙	军队驻扎	民国二十二年	关中各县关岳庙调查表（档案号：4-1031-1）
高陵	关岳庙	平民识字学校	民国二十三年	
郃阳	关帝庙	军队驻扎	民国十七年	
潼关	关帝庙	军队驻扎	民国元年以来	
	龙王庙	高级小学校	民国二年	民国《潼关县新志》卷二《建置》
	文昌宫	女子初级小学	民国四年二月	
淳化	关岳庙	军队驻扎	民国二十四年	关中各县关岳庙调查表（档案号：4-1031-1）
醴泉	唐太宗庙	庙产变卖于民	民国九年	民国《续修醴泉县志稿》卷四《建置》
	左公祠	商会会馆	民国初	
麟游	关帝庙	工厂及澡堂	民国十七年	关中各县关岳庙调查表（档案号：4-1031-1）
韩城	龙王庙	高级小学	民国六年	民国《韩城县续志》卷二《建置·祠祀》
鄠县	节义祠	县立第一小学	民国四年	民国《重修鄠县志》卷二《祠庙》
岐山	太伯庙	军队毁坏	民国九年	民国《岐山县志》卷三《祠祀》
	东岳庙	军队毁坏	民国初	

虽然有限的史料难以尽窥民国时期关中祠庙变迁的全貌，但依然能够看出民国时期关中祠庙的巨大变化，由表 2-5 可知，民国时期关中地区共计 48 个县的祠庙发生了不同程度的变化，或为战争破坏，或改作他用，其祠庙状况呈

现出急剧衰败的景象。这一时期关中的祠庙变迁主要分为以下几种类型：

（1）兴办学校，占用庙产。早在清末新政进行教育改革之时，康有为、张之洞等人便提出"庙产兴学"的建议，如张之洞在《劝学篇》中说："今天下寺观何止数万，都会百余区，大县数十，小县十余，皆有田产……若改作学堂，则屋宇、田产悉具，此亦权宜而简易之策也。"①在张之洞等人的奏议下，光绪皇帝下令："至于民间祠庙，其有不在祀典者，即着由地方官晓谕民间，一律改为学堂，以节靡费而隆教育。"②可见清末的庙产兴学运动主要是针对民间祠庙，而对于祀典神祠则冲击不大。民国建立以后，在"教育兴国"思潮的影响下，各类新式学校在关中大地如雨后春笋般纷纷建立，然而，由于时局不稳，教育经费常常捉襟见肘，当局不得不沿用清末庙产兴学的办法，同时将庙产兴学的对象扩大到所有祠庙，从而导致大量的祠庙被改建为学校。如耀县武庙，"民国二年三月已改办第三初级小学，献殿戏楼均作教室"。华县关岳庙，"民国元年改设翠英小学，校内有学生二三十名"③。澄城县东岳庙，民国元年吴绅逊、党绅鹏程等改建竞化两级小学，计学生五十六名。④此外，为了提高陕西平民的知识水平，在一些祠庙被改作学校教育场所的同时，还有部分祠庙被用来创办社会教育。例如，大荔县关帝庙，"民国十六年改设大荔民众教育馆"。高陵县关岳庙，"民国二十年改作平民识字学校"⑤。在表 2-5 统计的48 座祠庙中，改作学校或社会教育机构的祠庙就有 24 座，占据总数的 50%，可见庙产兴学运动的推行以及近代教育机构的创办是民国关中祠庙变迁的主要原因。

（2）军队接管，损失严重。民国初期关中地区军阀混战，张凤翔、陆建章、陈树番、刘镇华、冯玉祥、杨虎城等人先后主政陕西，各派军阀在关中地区混战十余年，给该区域的祠庙建筑造成了极大破坏。由于军阀林立，很多祠庙直接被改作军营，成为军队驻地。例如，陇县关帝庙，"该庙院宇宽阔，房

---

① （清）张之洞：《劝学篇·外篇第三》，上海：上海书店出版社，2002 年，第 40 页。
② （清）朱寿朋，张静庐等校点：《光绪朝东华录》，北京：中华书局，1958 年，第 4126 页。
③ 《关中各县关岳庙调查表》，陕西省档案馆，1935 年，案卷号：Q9—4—1031—1。
④ 民国《澄城县附志》卷 5《教育志》，民国十五年铅印本，《中国地方志集成·陕西府县志辑》第 22 册。
⑤ 《关中各县关岳庙调查表》，陕西省档案馆，1935 年，案卷号：Q9—4—1031—1。

屋较多，年来屡经军队驻扎，所有房舍门窗多被糟蹋殆尽"。长武县关帝庙，"有房屋 19 间，民国二十二年改作县保卫团团部"①。除军队驻扎之外，一些祠庙还被改建为兵工厂，成为军阀制造武器、弹药和装备的基地。例如，华阴县朱子祠"在县南云台观……民国十七年冯军改为兵工厂，拆毁移易旋又轰炸房屋殆尽"②。该县的西岳庙历来为士民信奉，却也在当年被改为兵工厂，可见军阀混战对关中祠庙的破坏之深。军队驻扎、改作兵工厂尚能保存祠庙建筑，而军阀混战对祠庙来说则是毁灭性的，从上表可以看出很多祠庙均是毁于军阀混战。例如蓝田县关帝庙、泾阳县关帝庙、岐山县太伯庙、东岳庙等皆是由于军阀混战而毁坏。因此可以说，军阀更替、战火连年也是民国时期关中祠庙兴衰的一个重要因素。

（3）现代化建设，改建祠庙。各派军阀在关中地区混战的同时，为了拉拢民心、巩固实力，也施行了一系列兴利除弊的措施。例如民国十年（1921年）冯玉祥督陕时便联合刘镇华颁布了《治陕大纲》，其内容包括："整饬军纪，捍卫闾阎……举办实业，厚裕民生；禁种罂粟，铲除宿毒"③等。国民党南京中央政权统治陕西后，在"开发西北"浪潮的推动下相继实施了一些发展经济、创办实业、市政建设等措施。这些举措促进了关中地区现代化建设的步伐，然而由于兵民交困，财力有限，很多机构建设都不同程度上占用、改建了祠庙建筑。例如，华阴县关帝庙，"自民国二十四年二月起改办戒烟所"。宜君县关庙则在"民国二十四年二月，经县务会议议为设县仓及管理委员会之地址"。④同官县关帝庙，"民国十三年，将献殿三楹，改修作平民工厂"；城隍庙，"民国二十三年……驻后方医院，商民格于门禁，不复进香"；东岳庙，"民国十九年，县建设局改建为农棉试验场"。⑤这些机构的设立，虽然对关中祠庙造成了不可避免的破坏，但客观上也推动了关中地区现代化的进程。

① 《关中各县关岳庙调查表》，陕西省档案馆，1935 年，案卷号：Q9—4—1031—1。
② 民国《华阴县续志》卷 2《建置》，民国二十一年铅印本，《中国地方志集成·陕西府县志辑》，第 25 册，第 122 页。
③ 《秦中公报》1571 号，1921 年 9 月 26 日。
④ 《关中各县关岳庙调查表》，陕西省档案馆，1935 年，案卷号：Q9—4—1031—1。
⑤ 民国《同官县志》卷 23《宗教祠祀志》，民国三十三年铅印本，《中国地方志集成·陕西府县志辑》，第 28 册，第 389、390、392 页。

由上文可见，民国时期关中地区的祠庙建筑或因兴办学校、或因军队驻扎、或因现代化建设，变化十分巨大。它们有些被直接拆毁，成为军阀混战的牺牲品；有些庙产被占据，改建为学校、讲习所、工厂、戒烟所或其他政府机构。在这一过程中，许多祠庙被破坏殆尽以至荡然无存，随着祠庙建筑的消亡，关中地区的民间祭祀传统也愈加衰落，这也是时代变革大背景下全国祭祀系统崩溃的一个缩影。

综上所述，明清以来关中地区民间祭祀系统的发展兴衰有序，时段特征非常明显，民间祭祀虽不在国家祀典，但其兴衰起伏却与王朝存亡密切相关。无论是明清一度兴盛的水神祭祀和朝臣祭祀，还是此起彼伏的杂神祭祀，其祠庙兴亡的背后都暗藏着统治者深深的政治用意。除此之外，自然环境的变迁、区域风俗的差异、时代变革的推动等因素也对关中民间祭祀系统的变迁有着深刻影响。

第三章　官民之间：关中祭祀系统的内部互动

虽然祀典之制将关中祭祀系统划分为官方与民间两个等级，但在双方的发展过程中并不是完全对立、泾渭分明的状态。事实上，在整个祭祀系统内部，官民双方互动的情况时有发生，本章即以城隍和太白祭祀为例，对二者的互动展开论述，同时对影响其互动的因素进行分析。

第一节　由官及民：以城隍祭祀为例

城隍神是中国古代祭祀活动中颇有地位的神灵。其信仰起源于春秋战国，唐宋时期广泛传播于全国各地，明初将城隍神列入国家祀典，同时对全国各地的城隍层级、封号以及神像等内容进行了一系列制度化和规范化的改革，使其成为"代天理物，剪恶除凶，护国保邦，功施社稷，溥降甘泽，普救生民"[1]的综合神。明代关中城隍祭祀以官方为主导，到了清代，其祠庙逐渐由城市向村镇扩展，民间也越来越多地参与到城隍祭祀的活动中，最终形成了由官方向民间普及的过程。本节拟以明清关中城隍祭祀为中心，梳理其由官及民的过程，对这一过程中的官民互动进行深入分析，并对城隍信仰研究中存在的官民二元对立观点作出一些修正。

一、城隍信仰的历史与明代关中城隍祭祀

"城隍"一词，始见于《周易·泰》："城复于隍，勿用师，自邑告命，贞

---

① 《太上老君说城隍感应消灾集福妙经》，《续道藏》，上海：商务印书馆，1926 年影印万历三十五年刻本，第 1063 册。

吝"，意思是说城墙已经倒塌于护城河之中，原地待命却不攻城是很不吉利的事情。可见城隍最初是指城墙和护城河，其功能是加强防御保护城市。

城隍祭祀"起源于原始社会中上古先民的土地神信仰"①，人们将其作为城市的保护神进行祭祀。唐宋时期是城隍信仰发展的重要时期，尤其是在宋代将城隍之祭纳入国家祀典以后，"其祠几遍天下，朝家（廷）或锡庙额，或颁封爵。未命者，或袭临郡之称，或承流俗所传，郡异而县不同。至于神之姓名，则又迁就附会，各指一人"②。可见由于入列国家祀典，城隍祭祀已经十分普遍。明朝建立以后，依然将城隍神纳入国家祀典，同时对其祭祀活动进行了一系列规制，洪武三年（1370 年）六月，明太祖朱元璋诏令，"凡岳镇海渎，并去其前代所封名号，止以山水本名称其神，郡县城隍神号一体改正"；"各处府州县城隍称某府、某州、某县城隍之神"；"毁（城隍）塑像而置水中，取其泥涂壁，绘以云山"。③从以上三条诏令可以看出，明初对城隍祭祀的封号、级别甚至神像等内容都进行了规范，从而形成了完备的城隍祭祀制度。

明代关中各县均有城隍庙分布，由于是国家祀典之神，同时又被统治者视为冥界的地方官，因而备受各级官吏的重视，其祠庙的规模以及修缮频率远远超过一般神祇。例如，西安府，"城隍庙在府治西，明代累修"④。朝邑县，"城隍庙洪武初永礼建，自是而后在宣德有知县鼎、在成化有知县良、在嘉靖有知县尚义各以时加藻饰"⑤。高陵县，"城隍庙在中街北偏西巷内南面，弘治末知县璜重修，正殿五楹，东西庑各十有五楹，有门坊焉"⑥。蒲城县，"城隍庙在县治西，与邑同建，明洪武庚戌始剔诸封爵正神号……景泰元年高隆益闳大其规，嘉靖初杨仲琼藻饰之，重禁里淫祀渎亵旧习，嗣后代有增修，门外砖屏石坊甚伟丽，县令朔望瞻拜如文庙"⑦。从上述事例可以看出，明代城隍庙的修缮工作主要由地方官吏承担，其工作不仅仅限于加固祠庙以防倾颓，而是在修

① 范军：《城隍信仰的形成与流变》，《华侨大学学报（哲学社会科学版）》2007 年第 4 期，第 86 页。
② （宋）赵与时著，齐治平校点：《宾退录》卷 8，上海：上海古籍出版社，1983 年，第 103 页。
③ 《明太祖实录》卷 53，洪武三年六月癸亥。
④ 雍正《陕西通志》卷 28《祠祀》，文渊阁四库全书本，《景印文渊阁四库全书》，第 552 册，第 438 页。
⑤ 万历《续朝邑县志》卷 3《秩祀》，康熙五十一年刻本，《中国地方志集成·陕西府县志辑》，第 21 册，第 34 页。
⑥ 嘉靖《高陵县志》卷 2《祠庙》，嘉靖二十年刊本，《中国地方志集成·陕西府县志辑》，第 6 册，第 410 页。
⑦ 康熙《蒲城县志》卷 1《庙祠》，清钞本，《中国地方志集成·陕西府县志辑》，第 26 册，第 27 页。

缮的同时"时加藻饰""增其规模"，使其达到"甚伟丽"的面貌。如此做法一方面是为了体现其政绩所在，另一方面也意在向民众宣示王朝权威，用规模宏大、气势雄伟的建筑向民间传递国家正祀的信息，而这一切对于城隍祭祀的民间化有着不容忽略的意义。

明代官方对城隍祭祀的重视除了不断重修、藻饰和拓宽其庙宇以外，地方官吏每年对城隍庙的拜祭也是极为重视。以华州为例，每年的春分和秋分二祭，其主政官员须先期三日"诣城隍庙发旨文，至日设神位于坛之上，跪献酒三读钦依祭文，以神镇控坛场"。宣德十年（1435 年）以后规定："新官到任先一日致斋于城隍庙，会请应祀诸神用豨羊二牲总祀。"① 可见明代关中的城隍祭祀在祭期、祭品和礼仪方面都颇为庄重，形成了一整套规范的操作流程。这种规范化的祭祀流程体现了官方神道设教的政治寓意，它与修建规模宏大的城隍祠庙一样，试图通过年复一年的规范化祭祀活动，向民众显示祀典之神的庄严和神圣，从而达到树立官方权威的目的。

二、清代城隍祭祀的民间化及其表现

清承明制，城隍神依然作为冥界的地方官而被列入国家祀典。然而与明代不同的是，随着城隍信仰在民间的传播与普及，其祭祀活动由明代的官祀逐渐转向官民共祀，越来越多的民众参与到城隍祭祀的活动中，主要表现在以下几个方面。

（一）清代关中乡镇城隍庙宇的涌现

由于明王朝的大力推崇，城隍信仰在民间日益兴旺。清朝建立以后，关中城隍祭祀的民间化趋势逐渐明显，其特点之一便是在州县以下的村镇出现了许多城隍庙，不少清修地方志书对此有明确记载。例如雍正《陕西通志》载："城隍庙在府治西，明代累修……又附近省城别立庙，一在河池寨，去城二十五里，顺治十三年修，有记。一在唐宗寨，去城二十里，康熙十八年建。一在王曲镇，

---

① 隆庆《华州志》卷 6《祠祀》，清光绪八年合刻华州本，《中国地方志集成·陕西府县志辑》，第 23 册，第 35 页。

去城三十里。"①光绪《富平县志稿》载："城隍庙在华翔门内……今美原镇亦有庙。"②民国《咸宁长安两县续志》载："城隍庙在车家崖、陈家崖、孙家崖，嘉庆二十三年三村同修。"③清代关中究竟有多少村镇城隍庙？笔者根据学者张传勇的研究，将文献中明确记载为清代所建的城隍庙统计如表 3-1。

表 3-1　清代关中村镇城隍庙统计表

府	州县	所在村镇	府	州县	所在村镇
西安	长安县	子午镇、樊家村、河池寨	同州	朝邑县	两女镇、大庆关
	咸宁县	新筑镇、鸣犊镇、仁义村、车家崖、孙家崖、陈家崖、徐家寨、河滩村、王曲镇		华阴县	寺南里钓桥街、王道村
	兴平县	马家滩		澄城县	寺前镇
	临潼县	关山镇	凤翔	宝鸡县	虢镇
	鄠县	大王镇、涝店桥、赵王镇、庞光镇		扶风县	崇正镇
	蓝田县	泄湖镇、油坊街、西乡萧家坡	乾州	乾州	关头镇、姜村镇
	富平县	美原镇		武功县	普济镇

资料来源：据张传勇《明清陕西城隍考》所附《明清陕西镇城隍庙统计表》制作。

据表 3-1 统计显示，清代关中共出现 32 座村镇城隍庙，从其分布来看具有明显的区域差异。西安府分布最多，共有 22 座村镇城隍庙，主要分布在长安、咸宁、鄠县、蓝田等县；凤翔府和同州府虽然领县众多，却仅有 7 座；乾州、邠州则更少，邠州甚至没有村镇城隍庙分布。诚然，根据地方志的记载不可能准确统计清代关中村镇城隍庙的真实数量，但仅被载入史料的村镇城隍庙就达 32 座，因此可以推断清代村镇城隍庙曾在关中地区大量涌现。

清代关中地区为何会出现如此多的村镇城隍庙？笔者认为这主要与城隍

---

① 雍正《陕西通志》卷 28《祠祀》，文渊阁四库全书本，《景印文渊阁四库全书》，第 552 册，第 438 页。

② 光绪《富平县志稿》卷 2《建置》，清光绪十七年刊本，《中国地方志集成·陕西府县志辑》，第 14 册，第 268 页。

③ 民国《咸宁长安两县续志》卷 7《祠祀考》，民国二十五年铅印本，《中国地方志集成·陕西府县志辑》，第 3 册，第 404 页。

祭祀的民间化以及清代关中城镇发展有关。明代将城隍神列入国家祀典，同时制定了一整套城隍祭祀制度，使其成为诸如文庙、坛壝等官方独祀的神祇。然而由于官方的推崇，使城隍神逐渐被普通民众所崇奉，百姓将具有"护佑城市"之责的城隍庙宇建在村镇之间，实际上是将其看作村镇的保护神，是对城隍神职的一种下延。除此之外，清代关中商业城镇的发展也对村镇城隍庙涌现起到推动作用。关中地区虽然地处西北，经济发展水平有限，但从明中后期开始，"已有少量以手工制造及商业贸易闻名的手工业、商业城镇"[1]。到了清代，随着商品经济的发展，关中地区的商业城镇更加繁荣，表3-1中的不少城镇均是清代有名的商品产地或商贸中心。例如，咸宁县鸣犊镇以织布闻名于世，志载"布出鸣犊镇者佳"[2]。澄城县寺前镇以产醋为业，"有米醋、酒醋、柿子醋各种"[3]。朝邑县大庆关是连接陕西和山西之间的重要渡口，山陕客商常云集于此，清代在此设税课局"每年征解商税银一千三四百不等"[4]。商业的繁荣使这些城镇初步具备了"小城市"的特征，而村镇城隍庙的出现，则是"它希望把自己置位于首都—省府—府城—州县各级行政序列的下层"[5]的表现。

（二）民间城隍赛会的兴起

在中国古代社会，人神关系十分微妙。古人为了寻求神灵庇佑，往往举行一些活动以报答神恩，迎神赛会便是其中重要的活动之一。所谓迎神赛会是指在重大节日或神灵诞辰把神像抬出庙宇，配以仪仗、鼓乐、杂技、歌舞、百戏等游遍城乡村落，以求消灾赐福的祭会。由于迎神赛会耗费巨大，易于滋长奢靡之风，因而历代王朝皆对其严格控制。例如清康熙十八年（1679年）议准："凡迎神进香鸣锣击鼓肆行无忌者，为首之人照邪教惑众律治罪，为从者枷三

---

[1] 张萍：《区域历史商业地理学的理论与实践——明清陕西的个案考察》，西安：三秦出版社，2014年，第237页。

[2] 乾隆《西安府志》卷17《食货志下》，清乾隆刊本，《中国地方志集成·陕西府县志辑》，第1册，第199页。

[3] 民国《澄城县附志》卷4《实业志》，民国十五年铅印本，《中国地方志集成·陕西府县志辑》，第22册，第350页。

[4] 咸丰《同州府志》卷13《田赋志》，清咸丰二年刻本，《中国地方志集成·陕西府县志辑》，第18册，第405页。

[5] 〔日〕滨岛敦俊著，沈中琦译：《明清江南城隍考——商品经济的发达与农民信仰》，《中国社会经济史研究》1991年第1期，第45页。

月，责四十板，不准折赎。"①然而民间赛会依然屡禁不止。清乾隆时期，关中地区开始出现针对城隍的迎神赛会，乾隆《白水县志》载："（白水）妇女当春节赴西安城隍庙灶香，男女同行，连车满载。"武功县城隍庙每年举办添油会，"远近男女填溢城郭甚喧闹焉"②。城市如此，村镇则更为热闹，民国《鄠县志》对清代村镇城隍赛会的盛况有过精彩追述：

> 城隍庙除县城外各镇皆有，每岁皆于八月二日报赛演戏，而北乡又有游城隍三尊，皆合数十村为一社轮流迎送，每岁皆于冬十月望日报赛，角胜斗靡，竞相夸耀，演戏一台以至三台，人物杂沓，士女云屯，而甲村报赛后乙村迎谒。时每扮文武祭官，旗旄导前，骑卒拥后，高牙大纛，金鼓喧填，观者云集，颇极一时之盛，官吏禁之不止也。此虽社会习惯，然亦可想见昔时人物之雍熙，今则鞭之不来矣。③

以上引文至少可以反映两个问题。其一，清代关中个别地区的村镇城隍赛会极为兴盛，显然此时城隍祭祀已经成为民间的重要活动。其二，鄠县百姓迎城隍的时间为每年农历八月二日，而官方祭祀城隍的时间为每年的春分与秋分，说明清代关中官民在祭祀城隍的时间上已经开始分途，可见这一时期民间的城隍祭祀已经具备一定的自发性和独立性。

举办一次大规模的迎神赛会，需要大量的人力、物力和财力支持，何况连年如此，耗费更是惊人，迎神赛会能够连续举办，与清代关中经济的恢复与发展是密不可分的。清初实行轻徭薄赋、与民休息的政策，为关中地区人口与经济的恢复赢得了足够的时间。以举办迎神赛会的鄠县为例，明人王九思曾说："古称鄠田诚美，然大半屯田也，以故民多贫。"然而到了清乾隆时期却是"今

---

① 《钦定大清会典则例》卷150《都察院六》，文渊阁四库全书本，《景印文渊阁四库全书》，第624册，第696页。

② 光绪《武功县续志》卷1《祠祀》，光绪十四年刻本，《中国地方志集成·陕西府县志辑》，第36册，第243页。

③ 民国《鄠县志》卷2《祠庙》，民国二十二年铅印本，《中国地方志集成·陕西府县志辑》，第4册，第152页。

兵革已息，农桑渐复，斯民已有更生之会"的繁荣景象，生活的日益富裕带来的是民风日奢，"喜享赛神，倾囊不吝……乡邑无老少习为浮华，见朴实忠厚者，不侮则笑之"①。而赛神的费用巨大，倘若不是年有盈余，鄠县百姓绝不可能连年参加，正如引文所言，民国时期军阀混战，关中民生凋敝，曾经盛极一时的城隍赛会"则鞭之不来矣"，因此可以说清代关中城隍赛会的兴起是民众充分接受城隍信仰的前提下，关中地区经济发展的必然产物。

（三）城隍庙宇修缮的民间化

如上文所述，清代关中出现了大量村镇城隍庙，这些庙宇远离城市中心，显然不是由官方主持祭祀，其庙宇的创建与修缮工作完全是由乡民自发完成。除此之外，在县城内属于官方正祀的城隍庙的修缮过程中，逐渐开始有民间力量参与其中。清代民间力量参与城隍庙的修缮工作起源于何时，目前尚未有专文论述。根据笔者掌握的资料，乾隆《咸阳县志》记录了普通民众捐资并主持修缮城隍庙的内容，这是笔者查阅到的关中地区民间力量参与修缮城隍庙事宜的最早记载：

> （城隍）庙肇造于洪武四年，固数百载于兹矣。其间之踵事增修者固多，然历年既久，庙犹是庙而正殿之损折倾侧，像犹是像而神体之蒙尘发晦者亦复不少……本邑信士王轼、魏大全、王𫐝、魏君贵等有以思之矣，有以报之矣，输赀倡众鸠工庀材，托始于己酉年之春月，告成于庚戌年之夏月。②

从以上引文可以看出，碑记中称王轼、魏大全、王𫐝、魏君贵等人为"信士"，即出财布施之人，同时笔者检索志书，发现这几人并无为官经历。并且从引文来看，咸阳县城隍庙的修缮工作从倡议到捐资再到动工皆为民众主导，官方的活动却无只言片语记载，可见最晚到雍正时期，关中个别地区的民间力

---

① 乾隆《鄠县新志》卷3《风俗》，乾隆四十二年刻本，《中国地方志集成·陕西府县志辑》，第4册，第50页。
② 乾隆《咸阳县志》卷17《艺文志·重修城隍庙正殿记》，乾隆十六年刻本，《中国地方志集成·陕西府县志辑》，第4册，第453页。

量对城隍庙的修缮工作已经介入颇深，并逐渐取代了官方的主导地位。清中叶以后，民众参与甚至主导城隍庙修缮事宜的案例逐渐增多，例如武功县城隍庙，"道光十九年邑人重修"①。岐山县城隍庙，"同治十年知县孔繁准捐廉会同绅士劝捐重修"②。蓝田县城隍庙，"同治十三年知县吕懋勋同阖邑绅耆筹款重修"③。这种局面的出现是官民博弈的结果。从官方来看，鸦片战争以后清王朝地方财政日益枯竭，修缮庙宇耗资巨大，地方政府独木难支，会同士民捐资共修就成了必然之举。从民众来看，捐资修庙一方面能够报答神恩，另一方面参与国家正祀庙宇的修缮，从某种程度上来说也是对地方政治的介入，并且捐资者往往能够刻碑留名，有利于提升其乡间威望，因而无论是邑人、士民或是邑绅对于捐资修庙都是乐此不疲。在这样的背景下，官方与民间各取所需，从而促成了晚清关中城隍祠庙修缮的民间化。

三、官民互动与关中城隍祭祀

学者巫仁恕认为，民间的城隍祭祀活动是民众将城隍信仰作为抗争官府的集体抗议的象征。④笔者认为，明清以来关中城隍神在庙宇分布、修缮与迎神赛会等三方面的民间化，都是由于明初将城隍神纳入国家祀典之后，官方对其祭祀事宜格外重视，从而深深影响到百姓信仰的结果。关中村镇城隍庙的涌现，使得城隍神从城市守护神逐步演变成村镇的保护神，百姓为城隍神建立庙宇，本质上是对其庇佑功能的认同。而城隍迎神赛会的兴起，则是清代关中经济发展的大背景下，城隍信仰在民间广泛传播的表现，与"集体抗争官府"并无多大联系，因为关中地区城隍赛会的兴衰，主要是受地方经济发展水平支配，正如鄠县的城隍迎神赛会在清代曾"颇极一时之盛"，然而民国以后却是"鞭之

---

① 光绪《武功县续志》卷 1《祠祀》，光绪十四年刻本，《中国地方志集成·陕西府县志辑》，第 36 册，第 243 页。

② 光绪《岐山县志》卷 3《祠祀》，清光绪十年刻本，《中国地方志集成·陕西府县志辑》，第 33 册，第 34 页。

③ 光绪《蓝田县志》卷 8《祠祀》，清光绪元年刊本，《中国地方志集成·陕西府县志辑》，第 16 册，第 240 页。

④ 巫仁恕：《节庆、信仰与抗争——明清城隍信仰与城市群众的集体抗议行为》，《"中央研究院"近代史研究所集刊》第 34 期，2000 年，第 149—210 页。

不来矣"，可见民国初期关中军阀混战、民生凋敝才是城隍赛会衰落的主因。此外，晚清关中城隍庙宇修缮的民间化也是城隍祭祀由官方影响民间，最终形成官民共祀局面的体现。

　　不可否认，官方对于城隍祭祀民间化的现象并非全盘接受。上文所引鄂县城隍迎神赛会的例子中就提到，官方对于这种行为曾"禁之不止"，然而笔者检索史料，无论是白水县的城隍庙会，或是武功县的城隍庙添油会，还是鄂县村镇城隍的迎神赛会，史料均未记载官府对这些集会有过何种惩罚措施，可见官方对于城隍祭祀的民间化，持有的是一种睁一只眼、闭一只眼的态度。之所以如此，与城隍神国家正祀的身份地位密切相关。城隍是祀典之神，官方祭祀城隍的目的是为了护佑百姓，维持稳定。他们赋予城隍"代天理物，剪恶除凶，护国保邦，溥降甘泽，普救生民"的功能，对于百姓而言，这些功能无疑是其生活中的日常所求，当他们逢灾遇祸之时祈于神灵，能够获得心理上暂时的慰藉，不至于因变生乱，从而有利于地方的稳定。

　　清代官府很善于利用城隍神的诸多功能为其统治服务，例如康熙时期醴泉知县裘陈珮在《重修城隍庙碑》中说："城隍神为斯民主，故民有水旱蝗蟊必祷焉，有天札疫疠必祷焉，有幽隐怪异及事之不得其平者必祷焉。"[1]这里俨然把城隍神塑造成了一位能御水旱、能解疫病、能通神鬼、能平诉讼的全能型神祇，而实际上许多功能皆是为官者的职责所在。除了利用城隍推卸责任之外，很多官吏还利用民众对城隍的崇拜心理来处理实际政务。例如，道光二十九年王道立任蒲城知县，"先是，邑北乡有母女同奸谋杀女夫者，既审得实，其母惧而缢，奸夫远遁。公祷于城隍庙，奸夫旋反而自杀"[2]。再有咸丰三年同州天旱，知府王炳勋"躬祷城隍庙，谕阴阳职司，期三日不雨，即封其门，免冠叩首，额上砰破寸许，时天尚晴，少顷大雨，人谓诚意所感云"[3]。以上两个

---

① 乾隆《醴泉县志》卷 11《金石》，乾隆四十九年刻本，《中国地方志集成·陕西府县志辑》，第 10 册，第 126 页。

② 光绪《蒲城县新志》卷 8《职官志》，光绪三十一年刻本，《中国地方志集成·陕西府县志辑》，第 26 册，第 336 页。

③ 光绪《同州府续志》卷 10《良吏传》，光绪七年刊本，《中国地方志集成·陕西府县志辑》，第 19 册，第 431 页。

例子说明，无论是利用城隍神破案或是祈雨，地方官吏都是在利用城隍神的各种功能来为其统治服务。而城隍神的这些功能因为"祷之有效"，其神通由官方而至民间迅速扩散，继而被民间广为祭祀。而作为官府，一方面城隍神本是国家正祀，与一般鬼怪邪神大不相同，百姓祭祀城隍不过是民间对祀典之神的崇奉之举，城隍神的官民共祀局面正是"行天道"和"顺民意"的良善之举。另一方面从其统治者的角度出发，民间祭祀城隍神，虽然有奢靡浪费之嫌，但其目的多为祈福消灾，鲜有为乱之举，百姓信奉城隍神一定程度上维护了官府的统治，因而清代关中官方对于民间的城隍祭祀并未严格限制，到了晚清时期甚至支持和鼓励民间参与城隍庙的修缮工作。

综上所述，明初厘定城隍祭祀制度以后，关中地区的城隍祭祀曾长期保持着官方色彩。庙宇的创建与修缮全部由地方官员主持，每年的春秋二祭以及官员上任之时须亲临城隍庙拜祭，官方通过这种规范化的祭祀方式，不断向民间诠释着统治者的权威和神圣不可侵犯。同时，由于官方的极力推崇，使得城隍信仰迅速在民间普及，清初关中地区已经开始出现由普通百姓私自建立的城隍庙宇。乾隆以后，随着关中经济水平的发展，民间的城隍迎神赛会日益繁盛。到了清朝晚期，由于地方官府的财政枯竭，在修缮城隍庙的事宜中不得不引入民间资本，而普通民众为了报答神恩和介入地方的政治事务，也积极参与到城隍庙宇的修缮工作中，官民共祀的局面最终形成。

以往研究城隍信仰的学者，比较倾向于将官方与民间放在对立面进行研究，认为民间祭祀城隍的本质是为了控诉现实的不公，是对当权者的集体抗议。然而至少在关中地区，官民之间在面对城隍祭祀的问题时，并不是完全对立。官方利用城隍神的各种功能来处理政务和统御百姓，民间也将城隍视为村镇的保护神，每年的迎神赛会在某种程度上来说也是普通百姓欢庆娱乐的一种方式，官方与民间在城隍祭祀上找到了一个平衡点，因而在史料中并无官方打压民间城隍祭祀的案例。关中城隍祭祀由官及民再到官民共祀的过程，为研究西北地区城隍信仰中的官民互动提供了新的视角。

第二节　由民入官：以太白祭祀为例

太白祭祀是关中地区特有的一种文化现象，其祭祀源流来自古人对太白山的自然崇拜，南北朝时期关中地区开始出现太白山的祭祀祠庙，唐代将其纳入国家祀典，此后直至明代，太白山神一直被作为国家正祀而被屡次加封。明代太白山神虽被剔除出祀典，却在民间继续传播。清朝建立以后，在地方官吏与普通民众的共同推动下，太白山神再次被纳入国家祀典，实现了由民祀到官祀的身份转变。目前学界对关中太白信仰已有相关论著，例如，张晓虹与张伟然从行为地理学的角度论述了关中太白信仰的产生与分布，认为在长期的社会生活中，饱受旱灾之苦的关中民众逐渐形成了太白山可兴云致雨的认知，最终奠定了太白信仰的分布基础[①]。僧海霞则通过对清代陕西太白庙的选址、布局、时空分布以及庙宇建造者等多方面的考察，揭示了特定区域内民间信仰与景观之间的关系[②]。以上学者皆是从历史地理学的视角对关中太白信仰的形成与扩展进行探究，但对于太白入列祀典过程中的官民互动研究尚显不足。本节以明清关中地区太白祭祀地位的转换为例，梳理太白山神由民间神祇进入国家祀典的具体过程，分析这一过程中地方政府与关中百姓之间的互动细节，以期对官祀与民祀之间的微妙关系作出新的解读。

一、清代以前的太白祭祀概况

太白山位于秦岭山脉的中西段，眉县、太白县和周至县的交界处，海拔3767.2 米，是我国大陆东部的最高峰。自古以来，太白山因山势雄伟、终年积雪而被文人墨客广为称颂。唐代著名诗人李白就曾写下："太白何苍苍，星辰

[①] 张晓虹、张伟然：《太白山信仰与关中气候——感应与行为地理学的考察》，《自然科学史研究》2000 年第 3 期。

[②] 僧海霞：《区域视野下的信仰与景观——以清代陕西太白山神信仰为中心》，陕西师范大学博士学位论文，2010 年。

上森列。去天三百尺，邈尔与世绝"①的诗句。由于太白山气势巍峨，当地民众对其逐渐产生了崇拜和敬畏心理，"岁水旱则祷之，寒暑乖候则祷之，厉疾崇降则祷之"②。北魏时期，随着百姓对太白山的笃信渐深，其庙宇也开始被创建，在武功县"有太白祠，民所祀也"③。南北朝时期关中地区的道教日益兴盛，崇山峻岭、人迹罕至且终年积雪的太白山渐渐成为修道之人的归隐圣地，而太白山神也因此被纳入道教神仙体系，并将其与道教重要神祇的太白金星相联系，"金星之精坠于终南圭峰之西，因号为太白山，其精化为白石状如美玉，时有紫气覆之"④。

隋朝是太白信仰发展的重要时期，隋制："其神州之神、社稷、岱岳……岷山、武功山、太白山……各如其方。合用牲十二，仪同圜丘。"⑤确定了太白山神国家正祀的地位。唐宋时期，太白山神的降雨功能逐渐被强化，有关太白山求雨的记载比比皆是。例如，唐德宗贞元十二年（796 年）七月大旱，皇帝命人祷祀太白山，并下诏修饰太白庙，"革去狭陋，恢弘栋宇，阶室之广三倍其初，翌日大雨，黍稷用丰"⑥。宋仁宗皇祐五年（1053 年），"春夏不雨，工部郎中直龙图阁知凤翔府李昭遘祷雨踵验"⑦。嘉祐六年（1061 年）凤翔大旱，"九月不雨，徂冬及春，农民拱手，以待饥馑，粒食将绝，盗贼且兴"。次年二月，签判苏轼祷于太白山神，"于是霍雨三日，岁大有秋"⑧。由于"祷雨辄应"，太白山神被唐宋统治者屡次加封："唐玄宗天宝中敕建庙貌，封神应公。

---

① 民国《岐山县志》卷 9《艺文·古风》，民国二十四年铅印本，《中国地方志集成·陕西府县志辑》，第 33 册，第 458 页。

② （唐）柳宗元：《太白山祠堂碑》，（清）董诰等编：《全唐文》卷 587，北京：中华书局，1983 年，第 5930 页。

③ 宣统《郿县志》卷 3《太白山灵感录》，宣统元年铅印本，《中国地方志集成·陕西府县志辑》，第 35 册，第 82 页。

④ 宣统《郿县志》卷 3《太白山灵感录》，宣统元年铅印本，《中国地方志集成·陕西府县志辑》，第 35 册，第 83 页。

⑤ 《隋书》卷 6《礼仪一》，北京：中华书局，1973 年，第 114—115 页。

⑥ 乾隆《凤翔府志》卷 10《艺文·祷雨碑记》，乾隆三十一年刻本，《中国地方志集成·陕西府县志辑》，第 31 册，第 428 页。

⑦ 宣统《郿县志》卷 8《太白山感应录》，宣统元年铅印本，《中国地方志集成·陕西府县志辑》，第 35 册，第 84 页。

⑧ 宣统《郿县志》卷 3《太白山灵感录》，宣统元年铅印本，《中国地方志集成·陕西府县志辑》，第 35 册，第 86 页。

宋仁宗嘉祐初封济民侯，七年改封明应公，神宗熙宁八年进封神应王，（哲宗）绍圣三年复改为济远公，嗣又进为惠济王"①。元代依然将太白山神列入国家祀典，同时将其神祇一分为三，分别赐予普济王、惠民王和灵应王的封号。从唐宋元三代帝王对太白山神的封号来看，虽然其封号时常变动，神灵地位也偶有波折，但总体上呈现出不断攀升的节奏，可见唐宋元三朝的官方都对其十分重视。

及至明代，情形有所变化。明初革新祭礼，太白山神被移除国家祀典，成为官方祭祀之外的神灵，其地位一落千丈。然而明代太白山神虽为民间神祇，其信仰范围却依然能够缓慢扩展，关中多地均有其祠庙创建。例如，富平县，"太白庙在金瓮山巅，林木特茂……万历间流曲人祷雨于山而应，又于镇建庙"②；朝邑县，"太白庙在寺后社，明崇祯十六年建"③。除了民间自发地创建太白祠庙之外，明朝地方官员也对太白山神推崇备至，嘉靖初年陕西巡抚刘天和、参政罗瑶就曾上疏奏请将太白山神重新编列祀典，未获批准。到了明朝末年，一些地方官吏甚至亲自介入太白庙的创建事宜中，例如长安县，"太白庙在县西郭外，明崇祯间旱祷屡应，抚军使者汪乔年重修"④。由此可见，虽然明代太白山神不在国家祀典，然而由唐及元长达数百年的国家正祀身份，为其在民间树立了深厚的威望，同时太白山"祷雨辄应"的神通在民间广为流传，为其聚拢了足够多的信众，使得太白祭祀逐渐成为凤翔乃至整个关中地区的文化传统，以至于地方官员在尊奉国家正祀的同时，为了拉拢人心，不得不对其关爱有加。从这个角度来说，明代太白祭祀俨然成为关中官民之间沟通的一种纽带，官方默认甚至支持太白山神的祭祀活动，主要是为了拉近与关中百姓的关系，表现其顺应民意的姿态；而民间在官方默认下的修庙和祭祀行为，也是回应和认同官方的表现。

---

① 正德《武功县志》卷1《祠祀》，文渊阁四库全书本，《景印文渊阁四库全书》，第494册，第12页。

② 光绪《富平县志稿》卷2《建置志》，光绪十七年刊本，《中国地方志集成·陕西府县志辑》，第14册，第273页。

③ 康熙《朝邑县后志》卷2《祠庙》，康熙五十一年刻本，《中国地方志集成·陕西府县志辑》，第21册，第109页。

④ 雍正《陕西通志》卷28《祠祀》，文渊阁四库全书本，《景印文渊阁四库全书》第552册，第439页。

二、清代太白山神入列祀典过程中的官民互动

清乾隆三十九年（1774年），朝廷应陕西巡抚毕沅所请，敕封太白山为福应王。至此，太白山神被列入国家祀典，实现了由民祀向官祀身份的转换，在这一过程中，无论是官方还是民间都起到了推动作用，现分述如下。

（一）地方政府对太白山神入列祀典的推动

在太白山神入列祀典的过程中，代表清朝官方的地方政府无疑是起到了关键性作用。地方政府的作用首先表现在选择太白作为祈雨之神方面，在古代认知水平有限的情况下，地方官吏往往肩有祈雨之责，在祈雨对象的选择上一般以祀典之神为依据，历代王朝的祀典之中都有不少神灵具有"司雨"功能，例如风云雷雨山川坛、东岳庙、城隍庙等，祀典以外的神祇，纵使能够兴云布雨，也很难成为官方的祈雨对象。然而清代关中地区却并非如此，笔者检索史料发现，清代关中地方官吏似乎对民间的太白山神格外青睐，相比风云雷雨山川坛、东岳庙和城隍庙等正祀祠庙，他们更加倾向于在太白庙举行祈雨活动，在太白山神被列入国家祀典之前，关中地方官吏祈雨于太白的案例随处可见。例如，郿县县令梅遇，"字品章，南城人，康熙三年任……岁旱，步祷太白山巅"①。康熙二年（1663年）临潼大旱，县令赵居"步祷太白山，取灵湫水归，悬树上，忽雷作，大雨立沛"②。康熙五十年（1711年）秋，朝邑县爆发旱灾，"知县王兆鳌斋沐步祷，迎水入城，越日大雨如注"③。以上案例很明显地表明清初关中地区每遇旱灾，地方官吏不是祈雨于城隍、东岳以及风云雷雨山川等官方神祇，而是直接向太白山神祷告，其原因何在？

笔者认为地方官吏选择祈雨于太白的原因有三。一是由于太白祈雨的文化传统在关中地区影响极大，百姓对太白山神降雨的神通深信不疑，选择太白祈雨表达了对民间信仰的认同，有利于树立官员自身的亲民形象。二是对于地方

---

① 宣统《郿县志》卷5《政录第三之中》，宣统元年铅印本，《中国地方志集成·陕西府县志辑》，第35册，第166页。
② 乾隆《临潼县志》卷9《志余》，乾隆四十一年刊本。
③ 康熙《朝邑县后志》卷2《祠祀》，康熙五十一年刻本，《中国地方志集成·陕西府县志辑》，第21册，第109页。

官员来说，如能将信众极多的太白山神列入祀典，在当地百姓看来自然是功德无量，有利于其建立官声和政绩，而以官员身份举行太白祈雨的活动，无疑是对太白山神入列祀典的莫大助力。三是在古代科学知识匮乏的情况下，为官者对自然现象的认知水平并不比普通民众高多少，在太白山神"祷雨辄应"传说的影响下，地方官员也不自觉地成为其信众之一，从而选择太白山神作为祈雨对象。

值得一提的是，地方官吏在祈雨于太白的过程中，还不忘编造异象，为太白山神增添神秘色彩。例如康熙三十九年（1700 年）关中大旱，三秦观察使贾铉亲赴太白山巅祈雨，事成之后将整个过程记录如下：

> 康熙庚辰夏，余督邮关中之三年也。综理厥职，驿困是苏，时届麦秋，渐以愆阳为害，三农植杖而叹，余心戚之。会大冢宰席公总制川陕，深以为忧，语余曰："雨时不若，有心者何以前民命用耶？"余曰："某闻至诚感神，桑林尚可祷耳。倘以冢宰委，愿力请于西岳。"冢宰然之。余熏沐以往，攀铁缅跻南峰，焚章申告，三宿而还，灵雨既零，未沾足也。冢宰曰："良苦矣！"余曰："未也，当载请于太白。"冢宰曰："太白险阻，自来人莫敢通，且蛇虎为窟，子焉能往哉？"余曰："为民请命，宁敢畏难。"遂于六月朔日行，抵郿。……金锁关里许至大太白池，地方圆三十余亩，清鉴毛发，无寸草点尘，亦无诸水族，惟龙一种，时大时小，变化出入其中。池面常放五色光、万字光、寿字光、珠光、油光，各肖其类，人虔叩则应，否则无之。池旁有净池鸟，如画眉而小，毛色花纹可爱，其声嘹亮，亦不避人，人亦莫敢捕之。池有片叶寸蔓，鸟必衔去，故名净池。池为云雾笼罩不克常见，曰"封池"，祷而后见曰"开池"。余至，池即开，现万字等光焉。余有池六，类如此，盖神所凭依也。……及余入山而雨，下山而雨，旋郿而雨，至盩而雨，及鄠抵京兆而俱雨者，太白固昭昭也。雨乎！雨乎！太白之为乎！余不敢没也。乃绘图刻记于石，以示来者，俾永无愆阳之虞焉。①

---

① 乾隆《凤翔府志》卷 10《艺文》，乾隆三十一年刻本，《中国地方志集成·陕西府县志辑》，第 31 册，第 446—449 页。

从贾鉝的记述可以看出，康熙三十九年（1700 年）关中爆发旱灾之初，身为三秦观察使的他首选的祈雨对象，是位列国家祀典的西岳华山之神。然而当贾鉝亲赴华山祷告"三宿而还"之后，虽然求得雨水，却依然达不到预期的抗旱效果。在这样的情况下，他才选择转赴太白山祈雨。贾鉝作为朝廷官吏，在西岳庙祈雨不理想的状况下，却坚持转向祀典之外的太白山神祈雨，可见这一时期太白信仰在关中地区已经十分兴盛，世人对其降雨神通的期许甚至已经超越了祀典之神的西岳华山。

在描述太白池的自然风光之时，贾鉝采用了"龙""无色光""万字光""寿字光""珠光"等极具神化色彩的字眼，甚至对池边小鸟也赋予神通，"池有片叶寸荑，鸟必衔去"，如此不遗余力地编造异象，显然是为了增加太白山神的神秘色彩。最后为了彰显太白山神的降雨神通，贾鉝再次将自然现象与太白山神相联系，"及余入山而雨，下山而雨，旋郿而雨，至盩而雨，及鄠抵京兆而俱雨者，太白固昭昭也"。这段文字与作者行文之初的记述形成鲜明对比，祈于西岳仅仅是"灵雨既零未沾足"，而祈于太白却是郿县、盩厔、鄠县乃至整个西安府普降甘霖，以至于作者发出了"雨乎！雨乎！太白之为乎！"的感叹。贾鉝通过西岳与太白的前后对比，同时运用极具神化色彩的艺术手法对太白山的自然风光进行渲染，将太白山神描绘成一位法力无边、屡祷屡应的雨神形象，其目的显然是为了鼓吹太白神通，为其入列祀典宣传造势。

此外，积极参与太白祠庙的修建也是地方官员推动太白山神入列祀典的表现之一。修建祠庙，岁时祭祀是中国古代地方官吏的职责之一，在祠庙类别的选择上，多以官方祭祀祠庙为修建对象，例如社稷坛、文庙、城隍庙、关帝庙等，主要因为这些祠庙所祀之神受国家祀典保护，是国家权威在地方上的体现，作为地方官员理应对其不时修缮。对于民间祠庙，官员们往往很少主持修建，这是因为民间祠庙所供奉的皆为祀典之外的神灵，属于民间私祀行为，官员修之无益。当然，个别地方官吏也会出于公义修建一些民间祠庙，但是大片区域内多数官员为同一民间神灵修建祠庙的事例并不多见。然而，清初关中地区却出现了许多地方官员在其辖境为太白山神修建祠庙的情况。例如，长安县太白庙，"在县西郭外……本朝总督尚书白如梅（康熙山陕总督）继修有记"①；华州城西北的太白祠"即前郡侯胡公（顺治华州知州胡有德）命王仓往太白山祷雨辄应者新建也"②；武功县太白祠，"在城西北凤岗上……国朝顺治五年知县周日熙、乾隆二十六年知县阿明阿、钱汝器相继重修"③；郿县太白庙，"康熙乙巳邑令梅遇、庚辰观察贾公鈗、己丑太守朱公琦、雍正壬子邑令张素并以祷雨灵应葺庙树碑，载在志乘"④。从这些事例不难看出，清初关中地区的地方官员对太白祠庙的修葺工作十分热心，总督、观察使、知州以及县令等各级官员均参与其中，他们以官员身份主持太白祠庙的修葺事宜，很明显是在向世人传达官方对太白祭祀的肯定态度，同时也表达了对太白山神入列祀典的一种支持。

再者，主持太白山神祭祀仪式、积极奏请朝廷赐封是地方官吏推动太白山神入列祀典的表现之三。清初太白山神的祭祀活动主要由民间主导，然而在乾隆时期情况有所变化。乾隆三十九年（1774 年）春，陕西旱情渐显，陕西巡抚毕沅"率文武僚属在省城太白庙步祷，遣同知汪皋鹤赴太白山灵湫取水"⑤。从引文可知，与以往简单的祈雨仪式不同，此次祈雨规模盛大，以巡抚毕沅为首的陕西文武官员悉数参加，甚至远赴太白山取水的人员也由同知汪皋鹤担任，俨然一场大型的官方祭祀活动。此时太白山神尚未入列官方祀典，而作为陕西最高行政长官的毕沅却率文武僚属对其举行祭祀仪式，显然是为太白山神入列祀典提供支持。不出所料的是，此次祭祀活动十分成功，太白山神再次显灵："三月四日水到之时甘霖立沛，通省均沾，麦秋大稔可期。"⑥借太白山神显灵之机，毕沅立刻上疏朝廷，奏请将其列入祀典。乾隆三十九年（1774 年）

---

① 雍正《陕西通志》卷 28《祠祀》，文渊阁四库全书本，《景印文渊阁四库全书》，第 552 册，第 439 页。
② 康熙《续华州志》卷 1《建置志》，光绪八年合刻华州本，《中国地方志集成·陕西府县志辑》，第 23 册，第 150 页。
③ 嘉庆《续修武功县志》卷 1《祠祀》，嘉庆二十一年刻本，《中国地方志集成·陕西府县志辑》，第 36 册，第 170 页。
④ 宣统《郿县志》卷 3《太白山灵感录》，宣统元年铅印本，《中国地方志集成·陕西府县志辑》，第 35 册，第 103 页。
⑤ 宣统《郿县志》卷 3《太白山灵感录》，宣统元年铅印本，《中国地方志集成·陕西府县志辑》，第 35 册，第 90 页。
⑥ 宣统《郿县志》卷 3《太白山灵感录》，宣统元年铅印本，《中国地方志集成·陕西府县志辑》，第 35 册，第 90 页。

四月，清廷赐予太白山神"昭灵普润"的封号，并颁御书匾额"金精灵泽"四字，标志着民间神祇——太白山神正式升格为官方祀典之神。

（二）民间对太白山神入列祀典的推动

除了地方政府积极推动太白山神入列祀典之外，普通民众对此也是不遗余力。清代民间对太白山神信仰的推动首先体现在造神方面。所谓造神，是指一部分人或集体对一些自然现象或者人为事件蓄意夸大，穿凿附会，以达到蛊惑人心、令世人崇拜的目的。众所周知，太白山神最广为流传的神通便是降雨，因而民间在太白山神的造神过程中，首先体现在对这一神通的进一步夸大，例如光绪《乾州志稿》就记载了这样一则故事：

> 亓养正，字半仙，武生。家贫好善，虔事太白山神，每冬赴山进香，谓家人曰："今年雪缺，归时当带来。"及归，果飘飘雪落。遇天旱入山，祈雨辄应。后有过太白山者，见其携篮曳杖如进香状，且言寄语"我子顺来山看我"。比归，则卒已年余矣，有传言为巡山土神者。[1]

从以上引文可以看出，亓养正颇有神通，不仅能"带雪归来"还能"入山祈雨"，故事通篇看似记载亓养正的异能，但却始终在向世人传达一个信息，即其异能的获得皆是由于其"虔事太白山神"，并且无论是飘雪或是降雨，都是给太白山神祷告之后的结果。然而造神者似乎对此附会之言尚不满意，继而在亓养正死后将其塑造成巡逻太白山的土神。造神者显然是想利用这则故事告诉世人，信奉太白山神不仅能获得异能，甚至死后还有可能得到太白山神的恩赐而得道成仙，种种好处显然是造神者为了扩大太白山神信仰的夸大之言。

除了宣扬太白山神的飘雪、降雨的神通之外，关中百姓还将守城卫民的功能赋予太白山神，将其塑造成一位保境安民的护佑之神。例如乾隆《华阴县志》记载：

---

[1] 光绪《乾州志稿》别录卷4《异录》，光绪十年刻本，《中国地方志集成·陕西府县志辑》，第11册，第370页。

太白庙在县西三十里太和堡，堡为色（邑）巨砦，顺治初，山寇将夜袭之，遥见缟衣老人环巡陴上，戈戟森列，柝鼓相闻，贼惊，逸去。后有自寇中逃归者述其事，始知神之捍御也如此，康熙十三年修。①

从以上这段文字可以看出，此次太白山神的显灵是为了斥退山贼，保全寨民，与其本职功能毫无关系。祭法有云："能御大灾则祀之，能捍大患则祀之。"② 太白山神本身具有兴雨抗旱的神通，此刻又显灵抵御匪患，存活百姓，则更是大功一件，华阴民众编造出这则故事显然是为了彰显太白神通，为其入祀增加砝码。

三、太白山神入列祀典后的影响

（一）规范了太白祭祀仪式

在太白山神入列祀典之前，其祭祀仪式并无定制，民间往往依照各地的风俗进行祭祀，例如武功县祭祀太白山神时，便是由县令"遣僧觉用等赍香帛、祝文诣山顶，投辞请水。既至，率官僚吏卒暨郡民数百千人备鼓吹郊迎，展祭于武功太白之神祠"③。由此可见，这一时期的太白祭祀仪式仍然是以民间为主导，地方官员虽然会参与祭祀，但一般是以主祭者的身份出现，具体的祭祀程序还是由普通百姓完成。升格为祀典之神以后，太白祭祀典礼受到王朝礼制的严格规范，逐渐形成一套完备的祭祀章程。乾隆三十九年（1774 年）太白山神入列祀典之后，陕西巡抚毕沅再次派遣汪皋鹤赴郿县太白山祭祀，此次祭祀完全按照清朝礼仪典章进行："神庙遵照会典仪制，展诵告文，宣扬懿号并安设栗主……因路属崎岖，不能赍具仪品，遂焚帛布告。"④从这段引文可以看

---

① 乾隆《华阴县志》卷4《建置》，民国十七年铅印本，《中国地方志集成·陕西府县志辑》，第24册，第114页。

② 乾隆《陇州续志》卷4《祠祀志》，乾隆三十一年刻本，《中国地方志集成·陕西府县志辑》，第37册，第156页。

③ 正德《武功县志》卷1《祠祀》，文渊阁四库全书本，《景印文渊阁四库全书》，第494册，第12页。

④ 宣统《郿县志》卷3《太白山灵感录》，宣统元年铅印本，《中国地方志集成·陕西府县志辑》，第35册，第92—99页。

出，成为祀典之神以后的太白祭祀仪式十分规范，主祭人员仍然是政府官员。同时，远赴太白山巅、诵读祭文、宣扬懿号、焚烧祭品等程序也都由官方一力承担，在整个祭祀过程中，民众被完全排斥在外。这一变化表明，太白祭祀已经完全演变成为官方活动，而官方在举行祭祀活动时刻意将民众排斥在外，显然是为了彰显祀典之神的神圣与王朝的权威。

（二）推动了太白信仰的进一步扩展

在入列祀典之前，太白山神信仰已经有了长足发展，成为正祀之神以后，太白信仰的发展进入鼎盛时期，关中地区修葺太白祠庙的案例比比皆是。例如，兴平县太白庙，"县西门外，乾隆四十二年知县顾声雷重修，有祷雨感应碑"①；扶风县太白庙，"在县北街，国朝道光八年知县徐通久创修"②。随着其信仰的扩展，陕北和陕南地区也开始有其祠庙出现，如榆林府"太白庙在南城街……乾隆三十八年移建"③；南郑县太白庙在"行台坊，嘉庆十七年郡守严如熤建"④。值得注意的是，太白山神入列祀典之后，其祠庙的选址逐渐发生了变化。入祀之前，太白山神属于民间神祇，因而其祠庙多分布于乡镇村落，入祀以后，太白山神成为官方正祀神灵，其庙宇开始出现在城市之中，如上文所述兴平县、扶风县、榆林府和南郑县等皆是此类，可见太白入祀的过程也是其祠庙由乡野走向城市的过程。

综上所述，有明一代太白山神虽然在民间广泛传播，但是由于受到王朝祭祀制度限制，始终未能进入官方祀典。明清易代，为太白山神列入祀典创造了契机。在太白山神由民间步入官方祀典的过程中，地方官员和关中民众均为其入祀起到了推波助澜的作用。地方官员主要是以亲自祈雨、编造祥瑞、倡修庙宇、主持祭祀仪式以及奏报朝廷等方式，推动太白入祀，关中民众则主要是通过穿凿附会、编造神通的手段，为其入祀制造声势。在太白山神入列祀典的问

---

① 乾隆《兴平县志》卷3《坛庙》，光绪二年刻本，《中国地方志集成·陕西府县志辑》，第6册，第23页。

② 光绪《岐山县志》卷3《祠祀》，光绪十年刻本，《中国地方志集成·陕西府县志辑》，第33册，第37页。

③ 道光《榆林府志》卷8《建置·祠祀》，道光二十年刻本，《中国地方志集成·陕西府县志辑》，第38册，第214页。

④ 民国《续修南郑县志》卷2《建置》，民国十年刊本，《中国地方志集成·陕西府县志辑》，第51册，第191页。

题上，官员主要是为了树立政绩、彰显官声，而百姓则是为了使其信仰合法化，二者殊途同归，最终促使太白山神实现了从民间神祇向官方祀典之神的跨越。

第三节　官方祭祀与民间祭祀相互转化的制约因素

由城隍神与太白山神的案例可以看出，官方祭祀与民间祭祀之间并不是完全对立的，在一些因素的推动下，官祀神灵有可能走进民间，而被民间逐渐接受甚至推崇备至；民祀神灵也有可能升格为祀典之神，而由官方主导祭祀。在二者相互转化的过程中，祀典制度、神灵功能、地方官员的态度等因素都会产生影响。

一、祀典制度调整对官民祭祀身份相互转化的影响

祀典是区分官方祭祀和民间祭祀的唯一标准，入列祀典的神灵即为官祀神祇，备受官方推崇，其祭祀日期、等级、规模和仪式均有定制。祀典以外的神灵则为民间神祇，其信仰仅在民间传播，相比官祀神祇而言，其祭祀日期、规模和仪式并无定制，往往由当地民间风俗、民众对神灵的信奉程度以及当地的经济发展水平决定。

祀典之制的目的之一在于宣扬儒家的神道设教思想，规范祭祀秩序，强化等级观念。为了实现这一目标，历代王朝都会对其祀典之神进行严格的等级划分，明代也不例外。明初将祀典之神划分为大、中、小三个级别。社稷、宗庙、圜丘等为大祀，日、月、星辰、风云雷雨山川、先师孔子、历代帝王、岳镇海渎等为中祀，马神、火神、厉、雷神、城隍等为小祀。由于中国古代民间祭祀对象庞杂众多，为了借助神灵控制民众，明太祖朱元璋又下令"中书省下郡县，访求应祀神祇，名山大川、圣帝明王、忠臣烈士凡有功于社稷及惠爱在民者，著于祀典，令有司岁时致祭"[①]，试图将各地有利用价值的神灵纳入祀典，以

[①]（清）龙文彬纂：《明会要》卷11《诸神祠》，北京：中华书局，1956年，第179页。

便为其统治服务。就关中地区而言，纳入明朝祀典的主要有周文王、武王、成王、汉文帝、汉武帝、唐高祖、唐太宗等圣帝明王，吕大忠、吕大钧、张载、余子俊等人则以忠臣烈士入祀，名山大川类神灵仅有华山之神和吴山之神入祀。① 与此同时，自唐宋时期便列入官方祀典的太白山神却被剔除祀典，沦为民间神祇。如前文所述，由唐而元太白山神一直作为祀典之神而被官方祭祀，明初厘正祀典之后，即便已经被排斥在祀典之外，依然有地方官员为其修庙立碑，宣扬其降雨神通，试图使其重回祀典。例如洪武九年（1376 年），都督耿忠驻军武功负责关中屯田事宜，任职期间主持修建了武功太白祠，在建庙碑记中详细记述了太白山神的降雨神通，并对其大加褒扬：

> 洪武九年春，予钦承上命，领兵来戍陕右，操练屯田，以为边备。……农作即兴，厄于亢阳，种未得下，远近咸以为忧。询诸故老，皆曰："西南太白乃本邑之名山，上有湫池，岁旱则奉迎是水，每祷辄应。"粤以四月中旬，择日斋戒，躬致祝辞，遣僧觉用等赍香帛祝文，诣山顶投辞请水。既至，率官僚吏卒暨郡民数百千人，备鼓吹郊迎，展祭于武功太白之神祠。是夕大雨霶霈，三日乃止。……二岁之间，凡五祷于神，其感应前后一如影响。……盖自唐玄宗天宝中，敕建庙貌，封神应公。宋仁宗嘉祐初，封济民侯。七年，改封明应公。神宗熙宁八年，进封神应王。其所以卫国济民，灵应昭晰，祀典秩然，历历可见。呜呼！人敬神而获福，神依人而庙享。人以诚感神，神以灵佑国，此幽明自然之理也。②

从以上碑记可以看出，耿忠屯田关中之时，曾五次祈雨于太白山神，并且每次都能成功，耿忠将历次祈雨的过程记录下来，明显是为了彰显太白山神的灵验，从而引起朝廷的关注。在举行祈雨仪式的过程中，沐浴斋戒、撰写祝辞、遣人拜祭等行为均类似于祀典之神的祭祀仪式，可见其试图以这种方式推动太白祭祀的合法化与官方化。与此同时，耿忠将历代王朝对太白山神的赐封刻于

---

① 李媛：《明代国家祭祀制度研究》，北京：中国社会科学出版社，2011 年，第 46 页。
② 正德《武功县志》卷 1《祠祀》，文渊阁四库全书本，《景印文渊阁四库全书》，第 494 册，第 12 页。

碑石之上，实际上是对历史时期太白山神作为祀典之神的一种认可，同时从某种程度上来说也表达了对太白山神沦为民间神祇的惋惜。然而事与愿违，由于祀典制度的严格限制，使得耿忠一系列的举措未见成效，并且自此以后，直到明朝灭亡，关中地区再未出现过如此规模的太白山神祭祀活动。尽管如前文所述，万历以后关中地区开始出现地方官员参与太白祠庙修葺的现象，然而终明之世，太白山神始终未能重新列入祀典。清代太白山神得以列入祀典，固然与地方官吏和关中民众的推动密切相关，然而必须认识到的是，正是由于明亡清兴、王朝更替的历史巨变，致使原有的祀典制度崩溃，而新的王朝在厘正祀典制度的同时，才给了关中地区官民推动太白山神入祀的时机，可见祀典制度的变动是官方祭祀与民间祭祀之间相互转换的首要条件。

二、神灵功能对官民祭祀相互转化的影响

所谓神灵功能即神灵的职责。在中国古代社会，官方为了向民间灌输神道设教思想，仿照现实中的官僚体系建立了等级森严的祭祀体系。在官方祭祀体系之中，数量庞大的神灵分工不同、各司其职。或有护国佑民之责，或负崇德报恩之职。朝廷祭祀祀典之神，也是希望神灵能够履行职能，为其统治稳定服务。例如，祭祀城隍，是由于其具备"代天理物，剪恶除凶，护国保邦，溥降甘泽，普救生民"等诸多功能；而文庙祭祀则是为了彰显孔子及历代儒家先贤的功德，宣扬三纲五常、伦理教化，"使人景仰道德之光辉……以淑人心，敦化本者也"①。相对于官方而言，民间祭祀神灵虽然具有混乱庞杂、名目众多的特点，但是百姓出于各种不同的精神需求，往往将一种或者数种神通附会于某个神灵，每有所求则专门祭拜，因此大部分民间神祇也被赋予了各式各样的神职与功能。例如，祭祀郊媒之神，是为了"邀神佑而赐之嗣也"②；祭祀尧山圣母则是由于其具备"取水得雨"的神通。因此无论是官方还是民间，对神灵的祭祀都是对其功能的一种认同与崇拜，与其说祭祀的是神灵本身，不如说祭祀的是神灵的功能。

---

① 嘉靖《重修三原志》卷12《词翰》，嘉靖十四年刻本，《中国地方志集成·陕西府县志辑》，第8册，第160页。
② 光绪《岐山县志》卷8《艺文》，光绪十年刻本，《中国地方志集成·陕西府县志辑》，第33册，第135页。

在官方祭祀与民间祭祀相互转化的过程中，神灵功能也起着重要作用，这主要体现在官方祭祀向民间祭祀的转换方面。在官方的推动下，一些祀典之神由于具备"泽佑苍生"的功能而更加容易被百姓接受，被民间广为奉祀，从而由官方独祀逐渐演变成为官民共祀的神灵。例如，明初将城隍神列入官方祀典，并将其划分为都城隍、府城隍、州城隍和县城隍四个等级，使城隍神成为官府在冥界的象征。在明代，关中地区的城隍祭祀是官方独享的祭祀活动，每年的春分和秋分时节各级官府依照祭礼对城隍神祭祀，整个祭祀过程全部由官府完成，普通百姓并无参与祭祀的权利。然而到了清代，关中地区开始有一些村镇城隍庙出现，在一些乡镇甚至出现了完全由百姓主导的城隍游神赛会，城隍神由官方奉祀的城市保护神转换成了民间推崇的村镇保护神，实现了由官方独祀向官民共祀转变。官方独祀神祇众多，民间为何对城隍神推崇备至？笔者认为这主要与城隍神的功能有关，官方赋予城隍神"代天理物，剪恶除凶，护国保邦，溥降甘泽，普救生民"等诸多功能，在中国传统社会，普通百姓一生所求不外乎"安身立命、多福少灾"，在他们看来，城隍神的这些功能恰恰与其生活密切相关，几乎囊括了其全部的精神需求，在官方的大力推动下，城隍神的这些功能很快广泛传播并被百姓接受，从而使其成为民间祭祀的重要神祇。当然，并不是所有具备"泽佑苍生"功能的官祀神灵都能在民间广泛传播，比如明清时期各府州县均建有风云雷雨山川坛，用来祭祀风伯、雨师、雷神等祀典之神。在古代农业社会，这些神灵均被赋予"风调雨顺、防涝抗旱"的功能，然而在民间有关这些神灵的祭祀并不多见。这主要是由于在民间庞杂的神灵体系中，很多神灵都被赋予了保护农业的功能，如龙王、湫神、尧山圣母、虫王等，这些神灵的功能与风云雷雨山川诸神的功能重合，从而弱化了官祀神灵在民间的影响。

与之相反，另外一些官祀对象纵然被政府极力推崇，其信仰也很难在民间兴起。例如，孔子祭祀作为"国之要典"而极为被历代统治者重视，对孔子本人累次加封，唐乾封元年（666 年）追赠"太师"，宋太平兴国三年（978 年）封"文宣公"，元成宗大德十一年（1307 年）加封"大成至圣文宣王"，明嘉靖九年（1530 年）改称"至圣先师"，清顺治二年（1645 年）又加封"大成至圣文宣先师"，光绪末年则更是将其祭祀等级由中祀升格为大祀[①]，可见官方对其推崇至深。然而在民间，文庙祭祀却几乎绝迹，笔者在检索关中地区的方志资料时，并未发现民间主导祭祀孔子的任何记录。究其原因，主要是因为官方祭祀孔子主要是为了表达对"先贤"的仰慕和追思，同时也是为了宣扬儒家神道设教的思想，从而有利于其统治的稳定。然而孔子祭祀的这些功能，虽然对于传承中华传统文化有一定积极意义，但是对于"但求温饱"的普通民众来说，其关系并不密切，孔子祭祀的功能远远比不上具备"赐福消灾"功能的民间神祇，因而尽管官方极力推崇，也很难转换为民间祭祀。

当然，在民间祭祀向官方祭祀转化的过程中，神灵功能也具有一定影响。以太白山神为例，清代太白山神列入官方祀典，固然与祀典制度变动、官民协同推动等因素密不可分，然而太白山神本身所具备的降雨功能也对其入列祀典有一定积极影响。在古代科技水平欠发达的情况下，祈雨抗旱本就是地方长吏之责，而太白山神"祷雨辄应"的功能恰恰迎合了官方所需，为其进入官方视野提供了便利，在这样的情况下，太白山神入列祀典也是必然之举。

三、地方官员对官民祭祀相互转化的影响

地方官员作为中央王朝在地方的政治代表，在官民祭祀相互转化的过程中发挥着重要影响。首先，在民间祭祀向官方祭祀的转化方面，地方官吏的态度和行为具有举足轻重的地位，许多神灵在由民祀升格为官祀的过程中，均离不开地方官吏的推动。例如上文所述，明代太白山神原为民间祭祀神祇，清朝建立后，关中各地的地方官吏通过参与拜祭、主持修庙以及奏报朝廷等方式，最终将太白山神列入官方祀典。地方官员对民间祭祀的积极态度固然有利于民祀神祇向官祀神祇转化，然而一旦地方官员将个别民间祭祀视为"淫祀"，同样会对民间祭祀造成毁灭性的打击。在中国古代社会，历代王朝为了保证官方祭祀的权威，对国家祀典之外的民间祭祀活动有着严格限制，"非其所祭而祭之，名曰淫祀，淫祀无福"[②]。在统治者看来，淫祀的出现扰乱了官方固有的祭祀

---

① 《清史稿》卷 84《礼三》，北京：中华书局，1976 年，第 2537 页。
② （元）吴澄：《礼记纂言》卷 1 下《曲礼》，文渊阁四库全书本，《景印文渊阁四库全书》，第 121 册，第 49 页。

制度，不利于其统治的稳定，因而历代统治者对淫祀均严令禁止，各地拆毁淫祠的事件时有发生。明代对淫祠的打击极为严厉，洪武三年（1370 年）诏令："天下神祠无功于民不应祀典者即淫祠也，有司无得致祭。"①在严格的诏令下，毁淫祠成为地方官员的政绩之一，明朝时期关中地方官员毁淫祠的行为屡见不鲜。如弘治时期，泾阳知县刘湜，"刚断持正，毁境内寺及诸淫祠几尽。缮学宫，增修内外学庐，生儒德之"②。隆庆时期，鄠县知县王九章，"毁淫祠数百，劝勒巫为农者七十余家"③。从以上案例可以看出，地方官员的态度对于民间祭祀的发展尤为重要，被地方官员视为淫祀者，非但没有向官方祭祀转化的机会，甚至其祠庙也会成为官方毁坏的对象。

其次，在官方祭祀向民间祭祀转化方面，地方官员的作用依然不可忽视。中央王朝制定祀典、规范祭祀仪式是为了彰显正统，树立权威。而在地方层面，主政官员便成为其代理人，为祀典之神建祠修庙、岁时拜祭是其必须履行的职责。在这一过程中，地方官员的一系列行为直接推动了官方神灵的民间化。例如，明中期，蒲城县令杨仲琼重修城隍庙，"庙貌威仪，侍卫严肃，两庑下刑狱考讯之状，恍惚神鬼罗列，临之不觉悚惕，拂其邪念"④。可见杨氏在修庙的过程中，刻意将城隍庙装饰成县衙的样式，增添其威严凝重之感，试图以此向民众彰显官方祭祀的权威。然而这一行为在彰显官祀神灵地位的同时，也在普通民众心中塑造出刚正不阿、除邪惩恶的城隍神形象，加之地方官员年复一年的隆重祭祀，使城隍神信仰逐渐为百姓接受，最终使其成为官民共祀的神祇。

综上所述，明清时期的官方祭祀和民间祭祀并不是一成不变，二者在一定条件下会出现相互转化、渗透的情况。对于官方祭祀而言，地方官员的推动和神灵所具备的功能，是制约其转换为民间祭祀的重要因素；而对于民间祭祀而言，祀典制度始终是制约其向官方祭祀转换的决定因素，除此之外，神灵的功能是否符合官方统治需要、地方官员对民间祭祀的态度等因素也会对其产生一定影响。

---

① 《明太祖实录》卷 53，洪武三年癸亥。
② 乾隆《泾阳县志》卷 5《官师》，乾隆四十三年刻本，《中国地方志集成·陕西府县志辑》，第 7 册，第 56 页。
③ 乾隆《鄠县新志》卷 3《官师》，乾隆四十二年刻本。
④ 光绪《蒲城县新志》卷 5《祠祀》，光绪三十一年刻本，《中国地方志集成·陕西府县志辑》，第 26 册，第 314 页。

第四章　明清以来关中祭祀系统兴衰：典型个案研究

第一节　明清以来关中关帝祭祀兴衰

在众多神灵崇拜中，关帝有着崇高的地位，无论官方或是民间对其祭祀都十分重视，因此对明清以来关中关帝祭祀兴衰进行考察，有利于对整个祭祀系统的兴衰过程形成更加清晰的认识。目前学界对关帝信仰的研究颇多，其中以美国学者杜赞奇最为著名，他通过对华北农村关帝信仰的考察，揭示了政府在关帝信仰传播过程中的重要作用，并认为民间关帝祭祀的兴盛是官方树立权威的一种表现[①]。然而作者似乎过于关注关帝祭祀中的政府力量，而对于关帝祭祀中的"官民分途"现象的探讨略显不足。本节以明清以来关中关帝祭祀为例，梳理了明代、清代和民国三个时段关帝祭祀的变迁过程，分析了清代官方与民间对关帝祭祀的不同诉求和寓意，并对民国时期县级关帝祭祀与村镇关帝祭祀的不同结局进行探讨，以期对官方与民间两种不同层次的关帝祭祀作出新的解读。

一、刻画战神：明代关中地区关帝祭祀的兴起

关羽，字云长，河东解州人，是三国时期蜀汉名将。建安十九年（214 年），刘备入主益州，以关羽督荆州事。建安二十四年（219 年），东吴将领吕蒙突袭荆州，关羽兵败被杀。相传关羽死后，荆州百姓念其忠勇，为之立庙祭拜，此后关羽逐渐被神化。从宋代开始，历代统治者对其不断赐封，宋徽宗崇宁元

[①] 〔美〕杜赞奇：《刻划标志：中国战神关帝的神话》，〔美〕韦思谛编：《中国大众宗教》，陈仲丹译，南京：江苏人民出版社，2006 年，第 105 页。

年（1102 年）加封关羽为"忠惠公"，大观三年（1109 年）进封"昭烈武安王"，宣和五年（1123 年）再封为"义勇武安王"，元文宗天历元年（1328 年）赐封关羽为"显灵义勇武安英济王"。

明代是关羽祭祀发展的重要时期。明太祖朱元璋争夺天下，"兵戈所向，神（关羽）阴佑为多，定鼎金陵，乃于鸡鸣山建庙，以崇祀事，载在祀典"。朱棣称帝之后，为了显示其正统地位，宣称其起兵之时得到了关羽显灵相助，"又于京城艮隅并武当山各重建庙宇，而两京岁时春秋及京师每月朔望各遣官致祭"①。万历四十二年（1614 年），加封关羽为"三界伏魔大帝、神威远镇天尊、关圣帝君"②，使其在明王朝的封爵地位达到顶峰。

在王朝力量的极力推崇下，关帝信仰在全国各地传播开来，"关帝庙祀遍天下，自通都大邑、僻壤穷乡延及荒徼边陲，莫不祠宇崇闳，馨香俎豆"③。虽然关中地区早在宋代就开始有祭祀关羽的祠庙出现，例如乾隆《凤翔府志》记载："关圣庙有八，一在府后巷，宋时建。"④但是关帝庙在关中地区的集中兴建还是开始于明代，笔者根据史料记载，对明代关中地区关帝庙宇（含义勇武安王庙、关王庙、关圣庙、壮缪侯庙）的建修情况统计如表 4-1：

表 4-1　方志所见明代关中部分关帝庙宇统计表

所属	地点	建修立者	建修年代	所属	地点	建修立者	建修年代
长安	城西南	—	嘉靖三年重修	临潼	西门内	知县李裔芳	嘉靖间建
咸宁	驻防城	—	明时建	耀州	县西街	知县李虞夔	崇祯六年
咸阳	北街	总兵贺人龙	崇祯中建	朝邑	东门外	—	明建
	中街	生员张致远	万历二十三年建		赵渡镇	里人	成化中重修
兴平	县南门	知县阎尧年	崇祯九年建	澄城	县署东	知县范佐	嘉靖庚戌建

① （明）陈子龙等编：《明经世文编》卷 77《正祀典疏》，北京：中华书局，1962 年影印本，第 661 页。

② （清）嵇璜等撰：《续通志》卷 114《礼·杂神祠》，文渊阁四库全书本，《景印文渊阁四库全书》，第 393 册，第 747 页。

③ 光绪《涞水县志》卷 8《艺文》，光绪十三年刻本，《中国地方志集成·河北府县志辑》，上海：上海书店出版社，2006 年，第 31 册，第 172 页。

④ 乾隆《凤翔府志》卷 3《祠祀》，乾隆三十一年刻本，《中国地方志集成·陕西府县志辑》，第 31 册，第 77 页。

续表

所属	地点	建修立者	建修年代	所属	地点	建修立者	建修年代
高陵	接蜀门	邑人	弘治重修	蒲城	察院东	知县方应	天启间建
鄠县	西街南	—	嘉靖四年建	白水	县署东	知县周台	洪武初建
蓝田	南门外	知县杨培	万历十七年建	潼关	西门外	同知刘天惠	万历丁酉重修
	北关外	知县雷鸣	崇祯年间建	岐山	北街	御史曹暹	嘉靖三十年重修
泾阳	惠果寺	邑人潘拱辰	隆庆五年建	宝鸡	县治东	知县张奇芳	天启四年建
三原	东门内	—	景泰五年建	扶风	县治东	知县王国训	崇祯六年
	县治东	里人范春	正统五年建	郿县	东郭外	—	明时建
盩厔	东门内	提学何景明	正德间建	麟游	什字街	—	明建
	中高村	里人李纬	崇祯十三年建	汧阳	城中街	知县赵董贞	洪武初建
渭南	东关街	里人	嘉靖间建		东门外	知县周一科	万历中建
	临渭门	里人	嘉靖间建	武功	南郭外	都督耿忠	洪武初
	县治东	知县崔举	嘉靖间重修	邠州	校场内	知县王志芳	明建
富平	县署西	知县苏鉴	成化二年建	淳化	县治西	邑人贾克出	天启四年重修
同官	镇平门	—	嘉靖十八年重修				—

资料来源：据本书表 1-5（明代护国佑民祭祀祠庙统计表）制作。

　　由表 4-1 统计可知，明代关中地区明确记载建修关羽祠庙的州县达 29 个，占明代关中州县总数的 71%，可见明代是关中地区关羽祭祀发展的重要时期。在表 4-1 统计的 37 座关羽祠庙中，共有 19 座祠庙分别由都督、御史、总兵、同知、知县等各级官吏主持修建，这主要是缘于关羽祀典之神的地位，从而使得官方成为其祠庙修建的主导力量。此外，从表中所统计的祠庙修建时间来看，关中地区的关羽祠庙大多修建于嘉靖以后，其数量达到 24 座，而关羽祭祀早在明朝初期便被列入官方祀典，与之相比，关中地区的创建时间明显滞后，究其原因主要有以下两点：

　　其一，明初虽然将关羽列入祀典，但是并未明文谕令全国各地必须立庙祭祀。这与城隍祭祀有着很大不同，明代城隍庙在全国各州县的建立与统治者的谕令有着密切关系。洪武初，"令有司各立坛庙祭社稷、风云雷雨山川、城隍、孔子、旗纛及厉"①，而对于关羽仅仅是在京师立庙祭祀，并未下令全国通祀，虽然关羽身为祀典之神，但在远离京师的关中地区由于缺乏足够的政治推动力，因而其祠庙建设存在一定的滞后性。

其二，明初关公祭典规定："每岁四季及岁暮遣应天府官祭，五月十三日又遣南京太常寺官祭。"②嘉靖十年（1531 年）对这一祭典进行了调整："每岁五月十三日以侯生辰，用牛一、羊一、豕一、果品五、帛一。遣太常寺堂上官行礼，国有大事则告。"③从上文可以看出，嘉靖时期对关公祭祀进行了大规模的调整，不仅厘定了祭祀时间，同时规定了极为丰富的祭品，而"国有大事则告"的规定则更是将关公祭祀与国家大事联系在一起，此举无疑凸显了关公祭祀的政治意义。嘉靖时期的一系列调整，极大地提高了关公的政治地位，从而推动了关公祠庙在京师以外地区的兴建，因此关中地区的关公祠庙大多修建于嘉靖以后。

关羽以忠诚勇猛著称于世，明朝统治者将关公列入官方祀典，并将其刻画成战无不胜、攻无不克的武神形象，对其勇猛的特性推崇备至，尤其是万历以后，明王朝内忧外患日益严重，统治者敕封关羽"三界伏魔大帝、神威远镇天尊、关圣帝君"等神号，从这些封号也可以看出统治者欲借助关羽神威实现其荡清海内的政治夙愿。中央如此，地方也不例外，在明代关中地区的关羽祭祀活动中，无时无刻不在凸显其勇猛的形象。例如，天启年间，御史曹遇在为岐山县撰写的《重修关帝庙记》中说道："累代多称（关羽）王号，明独尊之曰'帝'，亦以尊王之义尊之云尔，赤白之九，攻城掠邑几遍海内，吾郡州县已破其半而吾岐独存，帝每著灵显佑，濒危得安，功尤巨焉。"④从上述引文可以看出，明代官方在祭祀关公之时，时刻不忘刻画其勇猛的特性，将其视为护佑

---

① （明）申时行等修：《明会典》（万历朝重修本）卷 81《祭祀通例》，北京：中华书局，1989 年，第 460 页。
② （明）申时行等修：《明会典》（万历朝重修本）卷 93《京都祀典》，第 530 页。
③ （明）俞汝楫等编撰，（明）林尧俞等纂修：《礼部志稿》卷 30《京师》，文渊阁四库全书本，《景印文渊阁四库全书》，第 597 册。
④ 光绪《岐山县志》卷 8《艺文》，光绪十年刻本，《中国地方志集成·陕西府县志辑》，第 33 册，第 126 页。

社稷、威震敌国的战神，因此明代的关帝祭祀有着浓厚的政治色彩，在官方祭祀体系之中，关帝始终扮演着军队和城池守护神的角色，而关羽祭祀功能的宽泛化则是在清代才广泛出现。

二、权威与民意：清代关中地区关帝祭祀的鼎盛

（一）清代官方对关羽的极端推崇

早在清朝建立之前，后金统治者努尔哈赤就对《三国演义》中塑造的关羽形象十分钦佩，因此在关外为关羽塑像祭拜，并尊之为"关玛法"，"玛法"在满语里意为"祖"，可见其对关羽推崇至深。清朝创建之初，沿袭了明朝对关羽的祭祀制度，顺治元年（1644年），建关帝庙于地安门外宛平县之东，"岁以五月十三日遣官致祭"。顺治九年（1652年），敕封关羽为"忠义神武大帝"[①]。从其封号来看，清朝统治者一改明朝首重关羽"神武勇猛"的特征，将"忠义"二字列于"神武"之前。这主要是由于清朝平定天下之后百废待兴，武力征伐已经完成使命，唯有天下归心、万民忠顺才符合统治者的政治需求，在这样的背景下，关羽"忠义"的主题自然被凸显出来。此外，清代将关羽的爵位由明末的"帝君"抬升到"大帝"，也充分体现出王朝统治者对关羽崇奉程度的进一步加深。

雍乾时期，统治者对关羽更加推崇。雍正三年（1725年），敕封"关帝曾祖为光昭公，祖为裕昌公，父为成忠公，制造神牌，安奉后殿，于五月致祭……后裔之在洛阳者，授为五经博士，世袭罔替"[②]。在历代王朝的祭祀典仪中，追封先祖、袭爵后代是孔子才享有的殊荣，清朝统治者将这种殊荣赐予关羽，充分体现出统治者对关羽祭祀的重视。乾隆三十三年（1768年），统治者宣称在平定大小和卓叛乱的军事行动中得到关羽庇佑，"近于西师之役，复蒙佑顺，因特加封曰'忠义神武灵佑'"[③]，赐加"灵佑"封号说明统治者已经开始将军

[①] 《大清会典则例》卷84《群祀三》，文渊阁四库全书本，《景印文渊阁四库全书》，第622册，第632页。

[②] 《大清会典则例》卷84《群祀三》，文渊阁四库全书本，《景印文渊阁四库全书》，第622册，第632页。

[③] （清）于敏中、英廉等纂：《日下旧闻考》卷44《内城·增御制重修关帝庙碑记》，文渊阁四库全书本，《景印文渊阁四库全书》，第497册，第625页。

国大事与关羽祭祀相结合，官方对关羽的崇奉也由此达到了一个新的高度。

清朝乾隆以后，社会矛盾日益加深，白莲教起义、鸦片战争、太平天国运动、回民起义等接连爆发，清政府逐渐陷入内忧外患的困境之中。为了稳定统治，清廷仿效明朝将平定海内的政治夙愿寄托于虚无缥缈的关帝身上，从而掀起了新一轮的赐封浪潮。嘉庆十九年（1814年），赐加"仁勇"封号；道光八年（1828年），赐加"威显"封号；咸丰二年（1852年），赐加"护国"封号，三年（1853年）又加"保民"封号，并将关羽祭祀由群祀升格为中祀，使其享有与历代帝王同等的祭祀待遇，此后在同治、光绪时期也对关羽进行了多次加封，以至于在清王朝灭亡之时，关羽的封号竟长达26字！[①]标志着封建王朝对关羽的崇奉达到了有史以来的顶峰。

（二）清代关中关帝祭祀的发展

在清朝统治者对关羽祭祀极端推崇的背景下，关中地区的地方官员也对关羽祭祀极为重视。每年五月十三日祭祀关帝之时，地方官员须将关帝神位南向而立，并设"帛一、牛一、羊一、豕一、登一、铏二、簠二、簋二、笾十、豆十、尊一、爵三、炉一、灯二"[②]等祭品，祭祀过程中，主祭官、司仪生、司香生各司其职，主祭官更是须在神位前行三跪九叩之礼，焚香祷告、宣读祭文。从这一整套祭祀礼仪来看，地方官员给予了关羽极高的祭祀规格，按照古代礼法，"天子南向而立，自公侯而下各有位焉"[③]，而帛、牛、羊、豕等丰富的祭品也远远超出了一般神灵，可见清代关中地区的地方官员完全是按照祭祀前朝帝王的礼仪来祭祀关羽。

除了隆重的祭祀仪式之外，在关羽祠庙的修葺方面，关中地区的很多地方官员表现得也颇为积极。例如，乾隆《咸阳县志》载："关帝庙一在县北街，崇祯年总兵贺人龙建。康熙十四年重修，翰林院刘无勋撰记，雍正十年知县冯

---

① （清）刘锦藻：《清朝续文献通考》卷157《群祀考一》，民国景十通本，第9119—9120页。

② 道光《重修泾阳县志》卷15《礼制略》，道光二十二年刻本，《中国地方志集成·陕西府县志辑》，第7册，第298页。

③ （明）胡广等：《礼记大全》卷24《仲尼燕居》，文渊阁四库全书本，《景印文渊阁四库全书》，第122册，第653页。

运栋、庠生魏执柯等修，乾隆八年知县赵登云等修。"①嘉庆《扶风县志》载："关帝庙在文昌庙东……明知县王国训建。国朝乾隆三十年知县陈朝栋、三十一年知县刘思问、三十八年知县熊家振俱重修。"②由上述文字可知，咸阳县关帝庙在康熙、雍正、乾隆三朝连续重修，而扶风县关帝庙则更是在八年之间重修三次，这样的修缮频率远远超出了正常的祠庙建筑修葺时间间隔，可见地方官员的本意并不是单纯的修漏补缺，而是试图通过修葺关帝祠庙表达对王朝统治者的迎奉与附和之意。在积极修葺关帝庙宇的同时，关中地方官员还时刻不忘宣扬关帝神通，例如乾隆元年（1736 年）潼关训导秦振为县治关帝庙所撰《关帝庙碑记》中记载：

> 潼于康熙庚申大水为患，城西北中三街漂没几尽，溺者若醉若醒，见夫子（关帝）裹赤帻、着绿袍、提龙刀、跨兔马电驰而北，北城崩，水泄，民乃得大半存全。四十八年丁丑，大水，度漂没将如庚申之惨……如激电起，夫子庙走北水关，关裂难免，在潼之英灵如是种种。③

从以上文字可以看出，地方官员在修葺关帝庙宇的同时，为了宣扬关帝的神通，刻意编织出种种关帝显灵的事件，将其描绘成一位能御大灾、救民水火的守护神，试图以此增加关帝的神秘感，烘托其神圣形象，从而为频繁的修葺关帝庙宇寻找合适的理由。同时，关帝身为国家正祀之神，被清王朝赋予忠义神武、护国安邦的神职，地方官员接连不断地对其庙宇进行修葺，并编织各种关帝显灵的事件，也寄托了他们祈求神佑、守御一方的政治诉求。

由于受到官方祭祀关羽的影响，清代关中地区的民间也掀起一股祭祀关帝的浪潮。民间祭祀关帝的兴盛主要表现在村镇关帝庙的大规模兴修方面，由上文可知，明代关中地区的关帝庙多建于县（州）治内外，其修建者也是以地方官员为主。然而到了清代，随着统治者对关帝的极端推崇，许多士绅、百姓也

---

① 乾隆《咸阳县志》卷2《建置》，乾隆十六年刻本，《中国地方志集成·陕西府县志辑》，第4册，第332页。
② 嘉庆《扶风县志》卷6《祠祀》，嘉庆二十三年刊本，《中国地方志集成·陕西府县志辑》，第34册，第30页。
③ 嘉庆《续修潼关厅志》卷之下《艺文志·关帝庙碑记》，嘉庆二十二年刻本，《中国地方志集成·陕西府县志辑》，第29册，第176页。

开始在村镇之间修建关帝庙宇，关中各地的关帝庙宇开始急剧增加。例如，潼关县在康熙时期仅有两座关帝庙[1]，到了嘉庆时期已经增加到了六座[2]；陇州"咸宜关、长宁驿俱有庙，其他各镇堡立庙者不可胜纪"[3]；临潼"县城及里镇庙甚多"[4]。笔者根据相关志书以及陕西省档案馆所藏的 1935 年陕西省民政厅《渭南县关帝庙调查表》[5]记载，将关中地区明确记载修建于清代的村镇关帝庙宇统计为表 4-2。

表 4-2　清代关中部分新建村镇关帝庙统计表

所属	方位	建修立者	建修年代	出处
潼关	金陵寺	邑人	—	嘉庆《续修潼关厅志》卷之上《禋祀》
	府部街	—	—	
	东山上	—	—	
渭南	南杨村	—	乾隆十二年	陕西省民政厅编：《渭南县关帝庙调查表》
	滩杨村	—	康熙三十年建	
	石鼓山	—	同治间	
	宜家庄	—	雍正间	
	阿杆村	—	乾隆十年	
	尹左村	—	同治重建	
	大闵村	—	光绪十一年	
	孟家村	—	光绪十一年	
	辛建堡	—	光绪元年重建	
	韩马村	—	光绪十五年	
	信义镇	—	同治十一年	
	交斜镇	—	光绪三十一年	

[1] 康熙《潼关卫志》卷之上《禋祀》，康熙二十四年刻本，《中国地方志集成·陕西府县志辑》，第 29 册，第 176 页。
[2] 嘉庆《续修潼关厅志》卷之上《禋祀》，嘉庆二十二年刻本，《中国地方志集成·陕西府县志辑》，第 29 册，第 111 页。
[3] 乾隆《陇州续志》卷 4《祠祀》，乾隆三十一年刻本，《中国地方志集成·陕西府县志辑》，第 37 册，第 156 页。
[4] 乾隆《临潼县志》卷 3《祠祀》，乾隆四十一年刊本，《中国地方志集成·陕西府县志辑》，第 15 册，第 56 页。
[5] 《渭南县关帝庙调查表》，陕西省档案馆，1935 年，案卷号：Q9—4—1031—4。

续表

所属	方位	建修立者	建修年代	出处
扶风	尹家台	邑人	嘉庆二十一年	嘉庆《扶风县志》卷六《祠祀》
	崇正镇	邑人马用观	乾隆四十三年	
	五里铺	邑人毛际可	乾隆二十一年	
	秦家庄	邑人杨显	乾隆二十四年	
	杨家庄	里人	—	
	汤家凹	里人	雍正元年	
	四夕里	邑人李焕	乾隆十二年	
	尖角村	邑人张铭甄	嘉庆十年	
永寿	风嘴	商民	乾隆四十一年	光绪《永寿县新志》卷二《古迹·寺庙》
	钟秀堡	邑人任明远	光绪十四年	
大荔	东石曹村	邑人	乾隆三年	光绪《大荔县续志》卷四《祠祀》
鄠县	索家寨	—	—	乾隆《鄠县新志》卷一《地理》
	小丰村	—	—	
	保仁团	—	—	
华州	田村	—	—	光绪《三续华州志》卷三《祠祀》
	涨村	—	—	
	罗纹镇	—	—	
	赤水堡	—	—	
华阴	沙渠	邑人张必训	康熙二十年	乾隆《华阴县志》卷四《建置·祠祀》

　　由于官方修纂志书之时大多记载的是县治周边的祠庙，对于村镇祠庙则很少提及，即便有所记载，也仅仅是列出庙址，很少详细记述祠庙的修建者和修建时间，因此，笔者仅在潼关、扶风、永寿、渭南、大荔、鄠县、华州和华阴八个州县的志书中检索到了清代关中乡镇关帝庙的修建信息。从统计数据来

看，清代关中村镇关帝庙的修建兴起于顺治、康熙时期，在乾隆时期达到鼎盛。与县治关帝庙主要由地方官主持修建不同，士绅和商民则是村镇关帝庙宇修建的主导力量，可见当时关中民间祭祀关帝的现象已经十分兴盛。

由上文所述，清代官方修葺关帝祠庙的目的在于迎奉圣意，表达地方官员祈求神佑、守御一方的政治诉求，因而赋予关帝庇佑军队、抵御灾患的职能，将其视为王权在地方的象征。然而关帝祭祀在向民间渗透的过程中，其神灵也被普通百姓赋予了更多功能。例如，大荔县东石曹村有民间所建关帝庙，"乾隆癸巳九月二十七日夜，有盗数人将蒲城客王永锡、胡显奇围住，危急之际，忽见庙内灯烛辉煌兼有言语声，贼惧，逃去，客急入庙中，灯火俱无，二客惊感备言神灵如是。"①从这则故事可以看出，东石曹村的关帝已经被赋予了驱贼护民的神通，成为村镇乡民的保护神。除此之外，普通百姓还赋予关帝多种神通，乾隆时期临潼百姓"疾病则祷城隍、关帝、药王，妇人信神尤甚"②。咸阳县"花商会馆在县潘家巷，祀关帝、药王，清嘉庆二十三年修"③。可见由于关中百姓的不同精神需求，关帝被赋予了驱贼护民、除病祛伤、庇佑商业等多种功能，如果说官方祭祀关帝是为了借助关帝神威统御万民，那么民间关帝祭祀功能的出现，则是民间在官方祭祀影响下的自我调适。

除了修建关帝庙宇之外，关帝游神赛会的兴起也从侧面反映了清代关中地区民间关帝祭祀的兴盛。例如，大荔县桥渡村村民于每年农历二月十五举行关帝赛神会，期间"社鼓喧阗，人烟辐辏，蒲（城）、富（平）、临（潼）、渭（南）人群呼之为南赛云"④；光绪时期蒲城县有南北二赛，南赛在五更村祀东岳，北赛在延兴村祀尧山圣母，"届时梨园纷集，车马填塞，一切浮靡足抵中人数十家之产"⑤。从以上文字可以看出，民间关帝祭祀在时间和规制上与官方完

---

① 道光《大荔县志·足征录》卷4《异征》，道光三十年刻本，《中国地方志集成·陕西府县志辑》，第20册，第248页。
② 乾隆《临潼县志》卷1《风土》，乾隆四十一年刊本，《中国地方志集成·陕西府县志辑》，第15册，第19页。
③ 民国《重修咸阳县志》卷4《祠祀》，民国二十一年铅印本，《中国地方志集成·陕西府县志辑》，第5册，第212页。
④ 道光《大荔县志·足征录》卷4《异征》，道光三十年刻本，《中国地方志集成·陕西府县志辑》，第20册，第248页。
⑤ 光绪《蒲城县新志》卷1《地理》，光绪三十一年刻本。

全不同，相比官方的庄严神圣而言，民间关帝祭祀更加随意、喧闹，是关中百姓报答神恩的真挚表现。杜赞奇认为清代统治者一直致力于刻画关帝的忠义形象，并试图将其一直延伸到乡村一级，使其成为国家权威在基层组织的象征。①然而在关中地区，笔者看到的不是官方权威在乡村镇落的延伸，而是关帝祭祀在不同阶层的多重精神诉求下的官民分途。

三、变革与传承：民国关中地区的关帝祭祀

（一）民国关帝祭祀政策的演变

1911 年辛亥革命爆发，终结了中国长达两千年的封建制度，推翻了腐朽的清王朝统治，等级森严的国家祀典也随之覆灭，然而关帝祭祀并没有因清王朝的灭亡而被废弃，反而被当权者改造成控制社会的工具。1914 年，陆海军部以"右武崇忠"为由呈请北洋政府合祀关岳。是年 11 月 20 日，大总统袁世凯发布告令："关壮缪翊赞昭烈，岳武穆独炳精忠。英风亮节，同炳寰区，实足代表吾民族英武壮烈之精神，谨拟以关岳合祀，作为武庙等情。"②随即通令全国修建关岳庙，将关羽、岳飞合并祭祀，史称"关岳合祀"。北洋政府主导下的关岳合祀仪式极为隆重，"京师关岳庙祭礼，岁以春分节气后第一戊日，遣副总统或参谋总长、海陆军总长一人将事，特行崇典则大元帅亲诣行礼……各地方关岳庙皆以岁春秋分节气后第一戊日，由该地方行政长官（省以巡按使，将军驻在地则以将军，道以道尹，县以县知事，特别行政区则以道尹或办事长官）亲诣敬祭，有故则以属代，两序分献，亦各以其属在该地方各军官、警官及兼有军警职各文官一体与祭"③，可见北洋政府对关岳合祀极为重视。

值得思考的是，中国传统社会中的神灵数量众多，以袁世凯为首的北洋政府为何偏偏选择关羽和岳飞作为祭祀对象？笔者认为这主要和袁世凯及其领导的北洋政府的性质有关。众所周知，袁世凯依靠武力为后盾夺取政权，由其

---

① 〔美〕杜赞奇：《刻划标志：中国战神关帝的神话》，〔美〕韦思谛编：《中国大众宗教》，陈仲丹译，第105 页。

② 《政事堂礼制馆·为遵令拟订关岳合祀典礼呈请鉴核事》，《关岳合祀典礼》，礼制馆印，1915 年。

③ 《政事堂礼制馆·呈遵拟关岳合祀典礼乐谱呈请核示文并批》，《政府公报》（第 1035 号），1915 年 3 月 27 日。

开创的北洋政府始终笼罩着浓厚的"武夫当国"色彩。从袁世凯到黎元洪、冯国璋、曹锟、段祺瑞再到张作霖，其统治者无一不具有深厚的军事背景，而关羽自明代以来便被塑造为"忠义神勇"之神，一直扮演着军队的保护神，岳飞则更是匡扶社稷的精神寄托。北洋政府对关羽、岳飞两位极具军事色彩的神灵进行祭祀，实际上是意在将"武人政治"神圣化，为其政权的存在与稳定寻求文化层面的合理性。然而好景不长，1927 年南京国民政府的成立从形式上结束了中国军阀割据的局面，以"武人政治"为依托的关岳祭祀失去了其存在的政治意义，最终在 1928 年被国民政府通令取消，关帝作为国家正祀神灵的身份也就此终结。

（二）民国关中地区的关帝祭祀

"关岳合祀"政策被废止后，关帝由官方正神降格为民间神祇，失去了国家力量的保护，加之民国以来"民主科学""破除迷信"等思想潮流的影响，原本作为官方正祀的关帝祭祀呈现出急剧衰落的态势。在这样的背景下，全国各地的城市内外，曾经辉煌一时的关帝庙宇也面临着空前危机，关中地区也不例外。笔者根据陕西省档案馆所藏《1935 年关中各县关岳庙调查表》中的记载，将这一时期关中各县级关帝庙宇状况统计为表 4-3。

表 4-3 民国关中县级关帝庙宇状况统计表

庙宇状况	庙宇名称
改作学校、教养院	耀县武庙、扶风县关岳庙、兴平县关岳庙、三原县关岳庙、华县关岳庙、凤翔县关帝庙、邠县关岳庙、大荔县关帝庙、盩厔县关岳庙、高陵县关岳庙
军队驻扎	陇县关岳庙、澄城县关岳庙、宝鸡县关岳庙、蒲城县关岳庙、郃阳县关岳庙、淳化县关岳庙
改作政府机构、工厂	华阴县关岳庙、同官县关岳庙、麟游县关帝庙
庙宇残破，祭祀荒废	泾阳县关岳庙、潼关县关岳庙
庙宇完好，照常祭祀	蓝田关岳庙、长武县关帝庙、朝邑县关帝庙、鄠县关岳庙、沔阳县关岳庙、岐山县关岳庙

资料来源：根据 1935 年陕西省民政厅编《关中各县关岳庙调查表》制作。

从表 4-3 可以看出，随着关岳祀典的废除，民国时期关中地区的县级关帝庙遭到了极大破坏，或是被改为学校、政府机构，或是被军队占用，又或是被肆意破坏，例如，扶风县关帝庙，"民国十八、九年陕灾奇重，灾童无处容纳，本县教养院将该庙作为收容灾童之所"；泾阳县关帝庙，"民国十八年岁逢奇荒，冯军驻县拆卸庙房作薪，以致破坏不堪，瓦砾遍地，蒿蓬没径，祭祀全无"①。在此次调查中，关中地区仅有蓝田、长武、朝邑等六个县的关帝庙宇保存完好，祭祀依旧，可见关帝祭祀制度的废除对关中地区县级关帝庙宇的影响是极为深刻的。

《1935 年关中各县关岳庙调查表》所调查的对象仅仅是修建于各个县城治所的关帝庙，在历史时期，这些庙宇曾长期作为官方祭祀关帝的场所，是国家权威在地方的神圣象征，因而其庙宇的兴衰繁减也代表了官方祭祀的荣辱更替。毫无疑问，南京国民政府废除关岳祭祀之后，可以说在官方已经毫无关帝祭祀可言，那么民间的关帝祭祀是否同样遭受了打击？由于资料缺失，本书无法尽窥民国时期关中地区民间关帝祭祀的全貌，幸而陕西省档案馆所藏《1935年渭南县关岳庙调查表》或许能为本书考察祀典废除背景下，关中地区民间关帝祭祀的状况提供些许参考。笔者将民国时期渭南县民间关帝祭祀情况统计为表 4-4。

表 4-4　民国渭南县部分村镇关帝祭祀情况统计表

所属地名与庙名	庙宇状况	祭祀情况
南杨村关帝庙	庙宇完好，未改作他用途	每年农历九月十三敬神
滩杨村关帝庙	光绪三十三年改为初级小学	祭祀全无
牛进村关帝庙	未改作他用途	每年农历八月初一日过会敬神
石鼓山关帝庙	塑像六尊，未改作他用途	祭祀照常举行
严家村关帝庙	未改作他用途	祭祀照常举行
宜家庄关帝庙	塑像齐备，未改作他用途	祭祀照常举行
姚家村关帝庙	未改作他用途	祭祀照常举行
阿杆村关帝庙	塑像十二尊，庙宇完好	祭祀照常举行
尹左村关帝庙	本年一月改作尹左初级小学	祭祀全无

① 《关中各县关岳庙调查表》，陕西省档案馆，1935 年，案卷号：Q9—4—1031—1。

续表

所属地名与庙名	庙宇状况	祭祀情况
木刘村关帝庙	十四年改作木刘初级小学	祭祀全无
大闵村关帝庙	宽敞完好	祭祀照常举行
孟家村关帝庙	村团时有借住	祭祀仍旧照常举行
西酒乡辛建堡关帝庙	该村私塾借用	祭祀照常举行
韩马乡朱家堡关帝庙	民国十五年后由该处初级小学借用	祭祀照常举行
韩马村关帝庙	未改作他用途	祭祀照旧举行
米家村关帝庙	民国十五年后由该村初级小学借用	祭祀照旧举行
丰杜乡梁村关帝庙	未改作他用	祭祀照旧举行
苏陶村关帝庙	光绪三十四年改为初级小学	祭祀全无
上涨镇关帝庙	庙宇完好，该镇于今春设立初级小学	祭祀照旧举行
青龙镇关帝庙	民国五年改为初级小学	祭祀全无
信义镇关帝庙	该镇民团在内驻扎，房屋多半破烂	无人祭祀
孝义镇关帝庙	民国十五年改作高级小学	无人祭祀
交斜镇关帝庙	清末改为本镇初级小学	祭祀全无
秦桥寨关帝庙	民国十二年改作秦桥寨初级小学校	祭祀全无
白寨田村关帝庙	庙宇完好	每年祭祀
大什村关帝庙	庙宇完好	每岁祭祀
官道镇关帝庙	未改作他用	祭祀照旧举行
小什镇关帝庙	庙宇完好	祭祀照旧举行
西屯村关帝庙	庙宇完好	每岁祭祀
小霍村关帝庙	民国七年改办初级小学	祭祀照旧举行
霍马村关帝庙	庙宇坍塌	每岁祭祀
韩家集关帝庙	庙宇坍塌	每岁祭祀
周曹村关帝庙	庙宇完好	每岁祭祀

资料来源：据 1935 年陕西省民政厅编《渭南县关岳庙调查表》制作。

表 4-4 共统计出民国时期渭南县的 33 座村镇关帝庙，他们与信奉关帝的乡民一起构成了渭南县民间关帝祭祀系统。从庙宇状况来看，这 33 座村镇关帝庙被改作学校或被军队驻扎的共计 14 座，庙宇破败、坍塌的共计 2 座，其余 17 座关帝庙宇皆保存完好，可见祭祀政策的废除对民间关帝祭祀确有一定影响，但并不及对官方关帝祭祀的影响深刻，有超过半数的关帝庙宇未遭破坏，其祭祀照常。例如，大什村关帝庙，"庙宇完好，每岁祭祀"；大闵村关帝庙，"庙宇仍属宽敞完好，祭祀照常举行"①。从祭祀状况来看，33 座关帝庙宇中，仅有 9 座处于"祭祀全无"的状态，其余 24 座均每岁祭祀，即便是被改作学校或是被军队驻扎的也不例外。例如，韩马乡朱家堡关帝庙，"民国十年后由该处初级小学借用，祭祀照旧举行"；孟家村关帝庙，"光绪三十一年曾设学校于此，民国十二年学校迁移，村团有时借住，祭祀仍旧照常举行"②。甚至个别庙宇坍塌的村落也依然保持着关帝祭祀传统，例如韩家集关帝庙，"庙宇坍塌，每岁祭祀"。可见渭南县民间的关帝祭祀并没有因祀典的废除而就此衰落。究其原因，主要与村镇特殊的行政层级相关。

在中国封建社会政区设置中，县是王朝控制社会最基层的行政单位，所谓"皇权不下县"，在县以下政府并不派员直接管理，而是由各村镇德高望重的士绅、乡老进行管理，民国建立以后，虽然对其行政单位进行了一系列的改革，但在村镇一级依然是依靠保长或会首协助管理。由于缺乏正式的官方代表，致使很多政令仅能下达到县级行政层次，对于村镇层次却是鞭长莫及。例如，北洋政府早在 1914 年通令全国"关岳合祀"，上文所述关中各县的县级关帝庙也多改称关岳庙，然而在上表中，渭南县的村镇一级却没有一处改称关岳庙，可见县级政区以下的政令不通，阻碍了关帝祭祀政策的推行，同样当关帝祭祀政策废止之后，并不能对村镇关帝祭祀造成致命的影响。关中地处西北内陆，信息闭塞，县级以下的村镇则更是政令难行，因此无论是废除关帝祭祀的政令，或是"庙产兴学"的新政，又或是破除迷信的思潮，都无法在短时间内改变村民们传承百年的关帝祭祀传统。

---

① 《渭南县关岳庙调查表》，陕西省档案馆，1935 年，案卷号：Q9—4—1031—4。
② 《渭南县关岳庙调查表》，陕西省档案馆，1935 年，案卷号：Q9—4—1031—4。

综上所述，关中地区的关帝祭祀兴起于明王朝对关羽武神形象的刻画，随着清王朝对关羽的不断加封，关中地区的关帝祭祀达到鼎盛，然而由于不同的精神诉求，清代关中关帝祭祀开始出现官方与民间的分途，官方将关帝刻画为彰显统治者威严与皇权的标志，而民间则是将关帝视为驱贼保民、祛病施药、护佑工商的民间保护神。民国时期，关帝祭祀在经历"关岳合祀"的短暂辉煌之后迅速衰落，原本作为官方祭祀场所的关帝庙宇被破坏殆尽，祭祀全无，然而民间关帝祭祀的传统却依旧能够延续，成为传承关帝信仰的主导力量。

第二节　清代关中蝗神祭祀兴衰

在传统社会，蝗灾与旱灾、水灾并称为我国历史时期的三大自然灾害，蝗灾的爆发往往会对粮食安全造成毁灭性的打击，从而严重影响到百姓的生存环境，更有甚者可能引发社会的动乱。由于受到农业生产技术以及科学知识的限制，古人在面临蝗灾之时很难有所作为，因而对其心生畏惧，认为蝗灾是神鬼意识的产物，并在此基础上臆造出驱赶蝗虫的各类神灵，对其祭祀膜拜，以求驱蝗消灾，保稼护苗。关中地区地处我国西北内陆，光照充足，干旱时有发生，这就给蝗灾的爆发提供了有利条件。蝗虫灾害在给关中农业造成巨大损失的同时，也促进了蝗神信仰在该地区的传播。目前学界有关蝗神信仰的研究以著名地理学家陈正祥先生为代表，他利用 3000 多种方志，较为完整地复原了全国蝗神祠庙的分布情况，探讨了蝗神祠庙与蝗灾分布之间的密切关系①。但陈先生只是从空间的角度分析蝗灾与蝗神祠庙的关系，而对于影响蝗神祠庙兴衰分布的其他因素则未有讨论，本节以清代关中蝗神祭祀为例，通过对关中蝗神类型以及祠庙分布的梳理，分析影响蝗神祭祀兴衰的诸多因素，以期对陈先生的观点作出些许补充。

---

① 陈正祥：《中国文化地理》，北京：生活・读书・新知三联书店，1983 年，第 52 页。

一、清代关中蝗神祭祀的类型

从历史文献的记载中可以发现，关中地区的蝗神祭祀类型主要有八蜡神、刘猛将军、虫王、晋公裴度等神灵。在对这些神灵的祭祀活动中，既有对蝗虫本身的祭祀，也有对驱蝗神的祭祀。其中对蝗虫本身的祭祀主要是源于古人对蝗虫的畏惧而产生的原始崇拜，而对驱蝗神的祭祀则是由于古人将驱蝗事迹附会于历史人物身上而引发的人物崇拜，二者共同构成了清代关中地区的蝗神祭祀体系。

（1）八蜡神。八蜡信仰历史悠久，早在秦汉时期便在民众间广为流传。所谓八蜡实际上是指八种与农业生产密切相关的神祇："先啬一，司啬二，农三，邮表畷四，猫虎五，坊六，水庸七，昆虫八"①。这八种神祇各司其职，分别负责田地稼穑、抗旱排涝、驱除虫鼠以及疏通沟渠等农事，被视为农业活动的综合保护神。到了清代，虽然八蜡神未能进入国家祀典，但朝廷以其"原行于民间，但田夫萃处，杂以嬉戏，各随其乡之风尚"②，并不禁止民间祭祀，从而使其信仰可以在民间继续传播。有学者认为，在后来的演变中，"八腊庙多成为祭祀蝗虫或者驱蝗神的庙宇，民间尤其如此"③。但从陕西的文献资料来看，情况并非如此。乾隆《富平县志》记载：乾隆时期富平县重修八蜡祠，"值旱魃为虐，吁祀于斯，其应如响"④。嘉庆八年汧阳县重修八蜡庙，在修庙碑记中将八蜡称为"稼穑神"，在祝辞中曰"土反其宅，水归其壑，昆虫毋作，草木归其泽"⑤。可见直到清朝时期，关中地区的八蜡神依然扮演着"农业综合神"的角色，拥有抗旱、稼穑等多重功能，驱蝗仅是其众多护农保民功

---

① （汉）郑玄注，（唐）孔颖达正义，吕友仁整理：《礼记正义》卷 35《郊特牲》，上海：上海古籍出版社，2008 年，第 1017 页。

② 《清朝文献通考》卷 105《群祀考·上》，文渊阁四库全书本，《景印文渊阁四库全书》，第 634 册，第 358 页。

③ 代洪亮：《民间记忆的重塑：清代山东的驱蝗神信仰》，《济南大学学报》2002 年第 3 期，第 34 页。

④ 乾隆《富平县志》卷 8《艺文·重修八蜡祠记》，乾隆四十三年刻本，《中国地方志集成·陕西府县志辑》第 14 册，第 194 页。

⑤ 光绪《增续汧阳县志》卷 14《艺文志·重修八蜡庙碑记》，光绪十三年刻本，《中国地方志集成·陕西府县志辑》，第 34 册，第 467 页。

能中的一部分。

（2）刘猛将军。在清代，刘猛将军是唯一以"驱蝗"的功能被列入官方祀典的神祇，是国家层面崇奉的驱蝗保稼神灵的代表。值得一提的是，与八蜡神、魏晋公和虫王相比，刘猛将军在驱蝗的神通方面并无二致，清廷何以对其青睐有加，特意将其列入官方祀典呢？

笔者认为，这与刘猛将军的生平事迹以及清廷祭祀的政治意图有关。据光绪《乾州志稿》载，刘猛将军"为元指挥刘承忠，能驱蝗，元亡自沉于河，雍正二年奉旨庙祀"[①]。可见刘猛将军的原型是元代指挥使刘承忠，从文献来看，其人曾有驱蝗的事迹，因而死后被世人奉为蝗神。但是，清廷选择刘猛将军为王朝正祀，并不是单纯地为了彰显其驱蝗功能。一般而言，王朝祀典体现的是国家意志，每一位祭祀神祇的背后都蕴含着很深的政治用意。刘承忠为元朝汉人将领，元朝灭亡之后，作为汉人的刘承忠选择自杀殉国，这一殉国行为正是清廷选择他作为驱蝗正神的关键所在。与元朝相同，清王朝以少数民族入主中原，迫切地需要得到汉族官僚的支持与效忠，清朝统治者将刘猛将军列入官方祀典，是意图将其塑造成为汉人效忠少数民族王朝的典范，因此即便刘猛将军的驱蝗功能与其他驱蝗神灵别无二致，清廷依然将其列入官方祀典。尽管如此，清朝前期关中地区祭祀刘猛将军的庙宇并不多见，直到道光以后，其祭祀活动才开始在关中地区日渐兴盛，刘猛将军庙也逐渐增多。例如，道光十六年（1836年）四月，商州蝗虫肆虐，蓝田县令胡元焕"奉檄堵商州飞蝗，驰赴界牌，设神位竭诚祷告，蝗不入境，士民感神之德，于新店铺建立专祠，每岁二月十八日官往致祭"[②]；道光十八年（1838年），汧阳县创建刘猛将军专祠，"工竣迎神安位，民有牵羊酬愿者，问之答曰：'苗禾生虫叩许羊愿，不数日而虫尽减，故来酬愿'"[③]；光绪己卯（1879年），"（永寿县）有草虫初生丰草间，延食禾苗，邑人士又有饥馑之虞……适见白项乌鹊栖亩万千，翔集处草虫为之一空，

---

① 光绪《乾州志稿》卷7《祠祀志》，光绪十年刻本，《中国地方志集成·陕西府县志辑》，第11册，第285页。

② 光绪《蓝田县志》卷8《祠祀志》，光绪元年刻本，《中国地方志集成·陕西府县志辑》，第16册，第241页。

③ 道光《重修汧阳县志》卷12《祥异志》，道光二十一年刻本，《中国地方志集成·陕西府县志辑》，第34册，第416页。

较之人力奚止什倍，不数日，余蟊除而田禾益茂"①，县令张培之有感于神功，遂重修刘猛将军庙。从以上文字可以看出，清代关中刘猛将军庙的创建具有严重的滞后性，且从其祠庙创建的原因来看，多数是在其显灵驱蝗之后，可见在此之前刘猛将军虽为祀典之神，但其在关中地区的信奉程度并不深厚。

（3）魏晋公。魏晋公的原型为魏謩，又称魏谟，唐初名臣魏徵五世孙，唐宣宗时为宰相，为人刚正不阿，敢于直谏。史载："謩为宰相，议事天子前……谠切无所回畏，宣宗尝曰：'謩名臣孙，有祖风，朕心惮之'。"②在关中地区把魏谟作为蝗神崇拜的仅有蒲城一地。据光绪《蒲城新志》载："魏晋公庙，在县治南街即察院旧地，乾隆五十年令宝祥建，祀魏謩。旧志载謩奉差行县巡蝗死，百姓立庙，据入祀典。"③可见魏谟被赋予蝗神之职，是蒲城民众有感于其巡视蝗灾的政绩，是一种对前人的敬仰之举。

（4）虫王。虫王祭祀，顾名思义是对蝗虫本身的祭祀活动，与八蜡神的护农保稼、刘猛将军以及魏晋公等神灵的驱蝗消灾不同，虫王信仰所体现的是古人对蝗虫的一种畏惧心态，希望通过祭祀蝗虫本身，以求免遭虫灾，是中国传统社会最原始的灵物崇拜。清代关中的虫王祭祀并不普遍，因而其庙宇也十分稀少。据光绪《岐山县志》记载，虫王庙，在县东十二里④。凤翔县虫王庙，"在东乡十五里铺"⑤。另外，华阴县也有虫王庙，"在县治西，光绪三年知县郑庆庄重修"⑥。

从上文可知，清代关中地区的蝗神祭祀神祇具有多元化的特征，除了被列入国家祀典的刘猛将军之外，还有八蜡神、魏晋公以及虫王等民间神祇，而造成这种局面的原因，一方面是源于中国传统社会"敬天法祖"的祭祀观念；另

---

① 光绪《永寿县志》卷9《艺文志·重修刘猛将军庙碑》，光绪十四年刊本，《中国地方志集成·陕西府县志辑》，第11册，第177页。
② 《新唐书》卷97《魏謩传》，北京：中华书局，1975年，第3884页。
③ 光绪《蒲城新志》卷5《祠祀志》，光绪三十一年刻本，《中国地方志集成·陕西府县志辑》，第26册，第315页。
④ 光绪《岐山县志》卷3《祠祀》，光绪十年刻本，《中国地方志集成·陕西府县志辑》，第33册，第38页。
⑤ 雍正《凤翔县志》卷2《祀典》，雍正十一年刻本。
⑥ 民国《华阴县续志》卷2《建置志》，民国二十一年铅印本，《中国地方志集成·陕西府县志辑》，第25册，第119页。

一方面也是古人在农业技术贫乏的情况下，试图从精神层面寻求对抗蝗灾之法的一种无奈之举。

二、清代关中蝗神祠庙的时空分布

清代关中辖有西安、同州、凤翔三府以及乾州、邠州两个直隶州共41个州县，本书根据现存志书，将清代关中蝗神祠庙的分布及创修情况统计为表4-5。

表 4-5　清代关中蝗神祠庙统计表

州县	庙名	方位	创修情况	出处
长安	八蜡庙	县治东南	嘉靖九年建	嘉庆《长安县志》卷十三《祠祀》
高陵	八腊庙	通远门内	—	光绪《高陵县续志》卷二《祠庙》
鄠县	八腊庙	北郭外	—	乾隆《鄠县新志》卷二《建置》
蓝田	八腊庙	县治东南	—	光绪《蓝田县志》卷八《祠祀》
	刘猛将军庙	南门	道光十六年知县胡元焜建	
	刘猛将军祠	新店铺	道光十六年知县胡元焜建	
泾阳	八腊庙	东郭门外	—	道光《重修泾阳县志》卷五《秩祀》
	刘猛将军庙	八蜡庙侧	光绪七年建	
三原	八腊庙	东关	康熙年邑进士侯宏基重修	光绪《三原县志》卷四《祠祀》
	刘猛将军祠	南门外	光绪十七年知县陆铨建	
渭南	八腊庙	泰宁宫内	—	光绪《续渭南县志》卷四《祠祀》
富平	八腊庙	带温门外	万历八年知县刘兑建	光绪《富平县志稿》卷二《建置·祠祀》
	刘猛将军庙	启运门外	咸丰二年建	
醴泉	八蜡祠	西门外	—	乾隆《醴泉县志》卷四《庙属》
同官	八腊庙	县北皇华街	万历三十年知县董廷范建	乾隆《同官县志》卷二《建置》
临潼	八蜡祠	东门外	康熙三十七年县令赵于京建	乾隆《临潼县志》卷三《祠祀》
耀州	八腊庙	关帝庙东	万历辛巳年移建	乾隆《续耀州志》卷三《祠祀》
大荔	刘猛将军庙	府城隍庙内	道光十六年巡抚汤金钊建	光绪《大荔县续志》卷六《祠祀》
朝邑	八蜡庙	南门内	明时建	乾隆《朝邑县志》卷二《庙祠》

续表

州县	庙名	方位	创修情况	出处
郃阳	八蜡祠	县治南	明知县陈思蕃建	乾隆《郃阳县志》卷一《建置》
澄城	八蜡庙	西门外	万历间建	乾隆《澄城县志》卷七《庙属》
华州	八蜡庙	东城外	隆庆三年建	乾隆《再续华州志》卷一《建置》
华阴	八蜡庙	县西关	嘉庆二十一年廪生史景玉重修	乾隆《华阴县志》卷三《崇祀》
	虫王庙	县治西	—	
蒲城	刘猛将军庙	县治南	光绪十年建	光绪《蒲城县新志》卷五《祠祀》
	魏晋公庙	县治南街	乾隆五十年令宝祥建	
白水	八蜡祠	县南门外	明嘉靖九年建	乾隆《白水县志》卷二《建置》
凤翔	八蜡祠	东门外	—	乾隆《凤翔府志》卷三《祠祀》
	虫王庙	十五里铺	—	
岐山	八蜡祠	山川坛左		光绪《岐山县志》卷三《祠祀》
	刘猛将军庙	县北街		
	虫王庙	县东十二里	—	
宝鸡	八蜡庙	西郭	明万历十三年建	乾隆《凤翔府志》卷三《祠祀》
扶风	八蜡庙	县西八岔口	嘉靖十三年知县杨瞻建	嘉庆《扶风县志》卷六《祠祀》
郿县	八蜡祠	县西门外	康熙二十七年知县叶晟重修	宣统《郿县志》卷四《坛庙》
麟游	八蜡庙	东郭垣外	隆庆间建	光绪《麟游新志草》卷二《建置》
汧阳	八蜡庙	西门外半里	嘉庆八年邑人重修	道光《重修汧阳县志》卷三《地理·庙祠宫殿阁寺》
	刘猛将军庙	三贤祠旧地	道光十八年知县罗璧创建	
陇州	八蜡庙	州西郭	康熙二十六年知州刘馤重修	乾隆《陇州续志》卷四《祠祀》
武功	刘猛将军庙	北关	光绪二十七年邑人创建	光绪《武功县续志》卷一《祠祀》
永寿	刘猛将军庙	城隍庙右	光绪六年知县张培之重修	光绪《永寿县志》卷五《祀典》
三水	刘猛将军庙	城隍庙内	—	同治《三水县志》卷一《坛庙》
淳化	八蜡庙	南门外	隆庆七年署县事童思善建	乾隆《淳化县志》卷九《祠庙》
长武	八蜡庙	城西	—	宣统《长武县志》卷四《寺庙》

续表

州县	庙名	方位	创修情况	出处
乾州	八蜡庙	东门内正街常平仓	—	光绪《乾州志稿》卷七《祠祀》
	刘猛将军庙	东街	道光十六年知州李希增建	

从表 4-5 可以看出，清代关中 41 个州县中，共有 34 个州县有蝗神祠庙分布，几乎遍布整个关中地区，其中八蜡庙的分布最广，数量也最多，共有 28 处；其次是刘猛将军庙，共有 13 座分布在 12 个州县，蓝田县除县城南门有刘猛将军庙外，县东南的新店铺还有刘猛将军祠；虫王庙的数量则相对较少，仅有 3 座，分布于华阴、岐山和凤翔三个地区；而魏晋公庙则只在蒲城一地有所分布。四类蝗神祠庙之间并不排斥，往往出现相互并存的情况，如蒲城县有刘猛将军庙和魏晋公庙；岐山县除了八蜡祠之外，还有刘猛将军庙以及虫王庙分布。

从庙宇的修建时间来看，八蜡庙的历史最为悠久，大多创建于明代中后期，只有 1 座创建于康熙时期；刘猛将军庙、虫王庙以及魏晋公庙均是在清代才开始创建，其中刘猛将军庙的创建时间相对集中，均建于清道光以后。

从蝗神祠庙的创修者来看，在祠庙的修建过程中，地方官员始终占据主导地位，很多地区的蝗神祠庙皆是由地方官员主持修建。例如，蓝田县刘猛将军庙"在县南关外……道光十六年知县胡元英奉文创建"[①]；淳华县八腊庙"在南门外，明隆庆七年署县事童思善以废养济院改建，国朝康熙二十五年知县张纶重修"[②]。这主要是由于除蝗赈灾、建庙祭拜本就是地方官员之责，同时刘猛将军庙作为祀典之神，其祠庙的创建修缮也理应由地方官员主导完成，因此很少出现普通民众主导修建的情况。

通过上文对关中蝗神祠庙时空布局的分析，可以很清晰地看出清代关中蝗神祭祀兴衰的脉络。其一，八蜡祭祀日益衰落。八蜡庙虽然是关中数量最多、分布最广的蝗神祠庙，但在清代却仅有一处创建八蜡庙的记载，即便是修缮记

---

① 光绪《蓝田县志》卷8《祠祀》，清光绪元年刊本，《中国地方志集成·陕西府县志辑》，第 16 册，第 241 页。
② 乾隆《淳化县志》卷 9《祠庙记》，乾隆四十九年刻本，《中国地方志集成·陕西府县志辑》，第 9 册，第 467—468 页。

录也寥寥可数，究竟是什么原因所致？其二，作为祀典之神的刘猛将军祭祀在关中地区并不兴盛。刘猛将军是清代正式列入国家祀典的驱蝗正神，早在雍正二年（1724 年）朝廷就发布了创建刘猛将军庙的谕令，然而在关中地区直到道光以后才开始有其祠庙出现，即便如此也仅有 12 个州县有其祠庙分布，原因何在？其三，蝗神祭祀的兴衰具有明显的时段特征。具体来说，清初是关中蝗神祭祀的发展时期，而清中期则一度衰落，清末则呈现出再度兴起的状态。其四，与其他神灵祭祀相比，清代关中地区的蝗神祭祀并不兴盛。从现有的文献来看，清代关中地区无论政府还是民间对于蝗神祠庙的修葺力度均十分有限，民众对蝗神的崇奉远远不及水神、关帝等神灵狂热。以岐山县为例，据光绪《岐山县志》记载，该县关帝庙在雍正、乾隆、咸丰时期累次重修，而太白庙也在道光和光绪时期多次增修①，与之相反，虽然岐山县同时拥有八蜡庙、刘猛将军庙以及虫王庙三座蝗神祠庙，然而县志中只言其方位，对其修建情况只字不提，可见当地官民对其并不十分重视。究竟是什么原因导致了清代关中蝗神祭祀的整体衰落？

三、清代关中蝗神祭祀兴衰的影响因素

本书认为，造成上述四个问题的原因主要与清代蝗神祀典的变动、关中地区的民间记忆、生态环境以及蝗灾应对措施有关。

（一）祀典变动与清代八蜡祭祀的衰落

祀典是国家出于统治的需要，将符合标准的神灵列入祭祀典籍，并由专门的机构进行祭祀的活动。祀典之制是中国古代祭祀活动的一项重要制度，也是国家在精神层面巩固统治的重要手段，因此在其形成之时便有一套严格的标准："法施于民则祀之，以死勤事则祀之，以劳定国则祀之，能御大灾则祀之，能捍大患则祀之。"②神灵一旦进入祀典，便意味着得到了官方的认可，能够享受"遣官致祭"的待遇，其信仰传播、祠庙建设也能够得到官方的助力。祀典

---

① 光绪《岐山县志》卷3《祠祀》，光绪十年刻本，《中国地方志集成·陕西府县志辑》，第 33 册，第 35、37 页。
② （汉）郑玄注，（唐）孔颖达正义，吕友仁整理：《礼记正义》卷 55《祭法》，第 1802 页。

并非一成不变，历代王朝都会因某种政治需求而对祀典之神进行调整，因而祀典的调整直接关系到神灵信仰的传播与存亡。自汉而宋，蜡祭一直在国家祀典中扮演着重要角色。汉代对蜡祭十分重视，"蜡者，岁终大祭，纵吏民宴饮"①；唐开元年间"皇帝腊日蜡百神于南郊"②；宋代"以十二月戌日为腊日，建蜡百神坛，同日祭社稷，享宗庙"③。明代蜡祭虽然被废除祀典，但在嘉靖年间仍"令郡国祀八蜡"④。清初曾有过短暂的蜡祭活动，但在乾隆十年（1745 年）即被废止。《清史稿》载："八蜡之祭，清初关外举行，庙建南门内，春、秋设坛望祭。世祖入关，犹踵行之。乾隆十年，诏罢蜡祭。"⑤ 祀典的变动导致八蜡神降格为民间神祇，其地位一落千丈，同时也对八蜡庙的修建造成了深远影响。从表 4-5 可知，关中地区的八蜡庙多创建于明代，仅有临潼一处是在清康熙年间建造，此后再未有其他的创建记载，即便是修葺的记载也并不多见，只有三原、华阴、郿县、汧阳、陇州、淳化等州县有其祠庙的修缮记载，到了清末，由于年久失修，甚至出现庙宇圮废的现象。如光绪《富平县志稿》记载："八蜡祠在带温门外桥北……久圮。"⑥ 光绪《高陵县续志》亦载："八蜡庙在通远门内东偏，久圮废。"⑦ 可见清代祀典变动使八蜡神由官祀神灵降格为民间神祇，虽然其祠庙在关中地区广泛分布，但是由于缺乏官方的扶持，其祠庙日益破败，进而导致其祭祀活动的衰落。

（二）民间记忆对关中刘猛将军祭祀兴衰的影响

与八蜡祭祀截然相反，刘猛将军祭祀在关中地区的兴起，主要是得益于官方祀典的推行。雍正二年（1724 年），刘猛将军作为清王朝唯一的驱蝗神被载

---

① （汉）蔡邕：《独断》卷下，四部丛刊三编景明弘治本。
② （唐）萧嵩等：《大唐开元礼》卷 22《吉礼》，文渊阁四库全书本，《景印文渊阁四库全书》，第 646 册，第 189 页。
③ 朱筱新编：《中国古代的礼仪制度》，北京：商务印书馆，1997 年，第 121 页。
④ 万历《续朝邑县志》卷 3《秩祀志》，康熙五十一年刻本，《中国地方志集成·陕西府县志辑》，第 21 册，第 36 页。
⑤ 《清史稿》卷 84《礼三》，北京：中华书局，1976 年，第 2550 页。
⑥ 光绪《富平县志稿》卷 2《建置志》，光绪十七年刊本，《中国地方志集成·陕西府县志辑》，第 14 册，第 268 页。
⑦ 光绪《高陵县续志》卷 2《祠庙志》，光绪十年刻本，《中国地方志集成·陕西府县志辑》，第 6 册，第 487 页。

入官方祀典，在官方的推崇下，刘猛将军信仰迅速传播开来，其祠庙也在全国开始兴建。然而有清一代，关中地区刘猛将军庙的数量仅有 13 座，分布的地区也只有 12 处，无论是数量还是分布范围均不及八蜡庙广泛，这种状态的出现明显与其祀典之神的身份不符，原因何在？笔者认为这种局面的出现，是官方政策与民间记忆相互博弈的最终结果。虽然清代将八蜡之祭排斥于祀典之外，但八蜡祭祀历史悠久，从汉代到明代长达千余年的祭祀传统深入民心，民间早已形成了对于八蜡祭祀的独特记忆，纵然清王朝将其移除祀典，但朝廷并没有将其视为淫祀对待，对其祠庙建筑也未进行破坏，从而为其提供了一定的生存空间，当蝗灾爆发之时，人们依然将其看作重要的驱蝗神灵，甚至少数地区还出现了绅民修缮八蜡庙的情况。例如，华阴县八蜡庙"在县西关，嘉庆二十一年廪生史景玉等重修，道光十六年生员王道坦等重修"①；沔阳县八蜡庙，"县西门外半里"②。因此即便是祀典之神刘猛将军出现，也不会在短时间之内磨灭民众对八蜡神的信仰记忆。从表 4-5 可知，不少州县都是八蜡庙与刘猛将军庙并存，个别州县还存在两庙毗邻而建的情况，如宣统《泾阳县志》载："刘猛将军庙，在八蜡庙侧。"③正是由于八蜡祭祀在民间的传统远比刘猛将军深刻，从而在一定程度上弱化了刘猛将军的驱蝗影响，因而导致关中地区刘猛将军庙的数量和分布均逊色于八蜡庙的情况。

（三）蝗灾的时空分布对蝗神祭祀兴衰的影响

古人祭祀蝗神的根本原因是为了避免蝗灾的发生，因而蝗神祠庙的修建与关中蝗灾的时空布局之间关系密切，正如陈正祥先生所言："有八蜡庙或刘猛将军庙存在的地方，一定有严重的蝗虫灾害；反之，没有蝗灾，或偶有蝗灾而并不严重的地区，也就不必此等神庙了。"④从关中地区来看情况确实如此，在有蝗灾发生的州县皆有蝗神祠庙分布，但陈先生只是从空间的角度分析蝗灾与

---

① 民国《华阴县续志》卷 2《建置》，民国二十一年铅印本，《中国地方志集成·陕西府县志辑》，第 25 册，第 120 页。
② 道光《重修沔阳县志》卷 3《地理志》，清道光二十一年刻本，《中国地方志集成·陕西府县志辑》，第 34 册，第 324 页。
③ 宣统《泾阳县志》卷 5《秩祀》，宣统三年铅印本，《中国地方志集成·陕西府县志辑》，第 7 册，第 471 页。
④ 陈正祥：《中国文化地理》，北京：生活·读书·新知三联书店，1983 年，第 52 页。

蝗神祠庙的关系，对于蝗灾发生的时间序列对蝗神祠庙修建的影响则未予讨论，实际上蝗神祭祀的兴衰以及蝗神祠庙的修建除了与蝗灾的空间分布有关之外，与蝗灾发生的时间也密切相关。以刘猛将军为例，早在雍正二年刘猛将军就被列入祀典，然而关中地区直到道光以后才有刘猛将军庙出现。究其原因，一方面是如上文所述，八蜡神的存在扮演了刘猛将军驱蝗的角色，从而拖延了其祠庙建设；另一方面也与关中地区蝗灾发生的时段特征有关。笔者根据袁林先生《西北灾荒史》的研究资料将清代关中蝗灾发生的时间序列统计如图 4-1[①]。

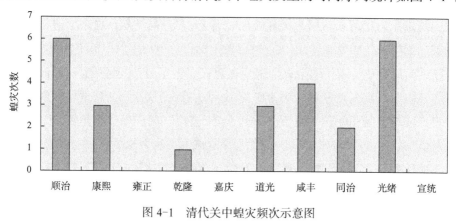

图 4-1　清代关中蝗灾频次示意图

从图 4-1 可知，清代蝗灾具有明显的时段特征，呈现出由多到少再到多的过程，其中顺治、康熙时期蝗灾发生的次数较多，共有 9 次；雍正以后蝗灾显著减少，仅有乾隆时期发生过 1 次蝗灾，道光以后关中蝗灾骤增，共发生蝗灾 15 次，占据清代关中蝗灾发生次数的 60%。频繁的蝗虫灾荒在给农业生产带来巨大损失的同时，也促发了刘猛将军庙在关中地区的创建，从表 4-5 可知，关中地区的 12 座刘猛将军庙全部创建于道光以后。除了刘猛将军庙以外，关中地区的八蜡庙、虫王庙以及魏晋公庙的修缮记录也多集中于清朝末期，古人祭祀蝗神具有明显的功利性，只有当蝗灾爆发之际，才能为蝗神祭祀的兴盛以及蝗神祠庙的兴建提供契机，反之，在风调雨顺、五谷丰登之年，蝗神的驱蝗功能毫无用武之地，民众对其祭祀也自然衰落。

---

① 关中地区任何一州县有蝗灾记载即视为关中地区的蝗灾，一年中多地出现蝗灾的也记为一次。

（四）驱蝗方式的转变与蝗神信仰兴衰

在中国古代社会，由于科学技术以及人类认知水平的限制，古人对蝗灾、水患和干旱等自然灾害的抵御能力十分有限，有基于此，儒家则将自然灾害与国政相结合，提出"国家将有失道之败，而天乃先出灾害以谴告之"①的天谴论，认为自然灾害是上天对现实政治行为的警示。在这种思想下，蝗虫一度被认为是代替上天惩戒人间过失的神虫，因而受到社会各个阶层的敬畏和崇拜。东汉文学家蔡邕云："蝗虫，贪苛之所致也。"②认为蝗灾的爆发是官府贪婪暴虐的结果；唐代诗人白居易《捕蝗》一诗云："一虫虽死百虫来，岂将人力定天灾。我闻古之良吏有善政，以政驱蝗蝗出境。"③在他看来唯有德政才是消弭蝗灾的有效办法；宋代理学大师朱熹在蝗灾之年奏请"以侧身悔过之诚解谢高穹，又以责躬求言之意敷告下土，然后君臣相戒，痛自省改"④，认为只有君臣自省才能消灾弭祸。可见直到宋代，"天谴论"的思想依然是古人对蝗灾的普遍认识，而"修德政""君臣自省"等措施也被认为是最有效的驱蝗的方法。

明代以后，古人对蝗虫和蝗灾逐渐有了科学的认识，明末科学家徐光启就注意到蝗灾与旱灾之间的密切联系，提出了"旱极而蝗"⑤的论断，并对蝗灾的防护与治理提出了宝贵建议。清代对蝗灾的认识更加科学，先后诞生了《捕蝗考》《捕蝗集要》《捕蝗必览》等一系列治理蝗灾的著作。清代关中地区捕杀蝗虫的现象十分普遍。光绪《新续渭南县志》载，"（咸丰）八年夏秋间飞蝗满野，巡抚曾望颜令民捕蝗，昼夜不息"⑥；咸丰十一年（1861年）郿县飞蝗为灾，知县唐沛霖"挺身扑捉设法救禾，民赖以康"⑦；光绪六年（1880年）永寿县爆发蝗灾，"知县张培之同典史程履福督民捕蝗，捐廉四十余串以给蝗

---

① 《汉书》卷56《董仲舒传》，北京：中华书局，1962年，第2498页。

② （汉）蔡邕：《独断》卷下，四部丛刊三编景明弘治本。

③ 《全唐诗》（增订本）卷426，北京：中华书局，1999年，第4706页。

④ （宋）朱熹撰，刘永翔、朱幼文校点：《晦庵先生朱文公文集》卷17《奏状》，（宋）朱熹撰，朱杰人等主编：《朱子全书》，上海、合肥：上海古籍出版社、安徽教育出版社，2002年，第20册，第787页。

⑤ （明）徐光启著，陈焕良、罗文华校注：《农政全书》卷44《除蝗疏》，长沙：岳麓书社，2002年，第749页。

⑥ 光绪《新续渭南县志》卷11《杂志》，光绪十八年刊本，《中国方志丛书》华北地方第238号，第1238页。

⑦ 宣统《郿县志》卷5《政录》，宣统元年铅印本，《中国地方志集成·陕西府县志辑》，第35册，第175页。

价"①。可见此时的人们已经逐渐认识到蝗灾只是普通的自然灾害，通过人类积极的捕杀可以很好地减少蝗灾的损失，因而在应对蝗灾之时已经开始由"祭蝗"向"捕蝗"转变，虽然"修建庙宇，祭祀蝗神"的举措依然存在，但已经不是应对蝗灾的唯一策略。据道光《大荔县志》记载："（嘉庆）十六年秋，苗初长二三寸许，即有虫食其心叶，农民惊畏，持竿捕打，愈捕愈多。未几蝗大起，群飞蔽天，所集之田顷刻辄尽，府县官虔祭驱蝗之神，然后飞去，然秋谷已十损八九矣。"②从这则事例可以看出，清代关中百姓应对蝗灾之时，首先采用的是捕杀措施，而祭祀蝗神则成为捕蝗失败后的无奈之举。在这样的背景下，关中地区的蝗神信仰自然无法与关帝、太白等信仰相比，从而呈现出整体衰落的趋势。

综上所述，清代关中地区的蝗神祭祀共有八蜡、刘猛将军、虫王以及魏晋公四种类型。其中八蜡之祭是关中分布最广的蝗神祭祀，然而由于清代祀典的变动，导致其祭祀活动逐渐衰落。刘猛将军信仰作为清代唯一的官方蝗神，虽然早在雍正时期便被列入祀典，但是由于八蜡、虫王以及魏晋公等祭祀活动的存在，一定程度上影响其在关中地区的传播，直到道光以后在关中蝗灾逐渐增多的情况下，才得以传播。由于清代关中地区蝗灾的时空分布差异，使得该地区的蝗神祭祀经历了一个兴衰起伏的过程。从整体来看，清代关中蝗神祭祀并不如关帝、水神等神灵兴盛，这主要是由于明清以来世人对蝗虫的认识更加科学，治理蝗灾的方法由"祭蝗"向"捕蝗"转变。

---

① 光绪《永寿县志》卷10《别录》，光绪十四年刊本，《中国地方志集成·陕西府县志辑》，第11册，第204页。
② 道光《大荔县志·足征录》卷1《事征》，道光三十年刻本，《中国地方志集成·陕西府县志辑》，第20册，第217页。

第五章　祭祀系统兴衰与社会互动

第一节　政局之变与祭祀兴衰

一、明代关中政局与祭祀系统兴衰

自古以来，关中地区素以山河四塞、沃野千里著称，周、秦、汉、唐等诸多王朝均选择在此建立都城。明初平定陕西之后，朱元璋对关中地区格外重视，甚至一度有"徙都关中"的打算。据《明史》记载："先是，帝以应天、开封为南北京，临濠为中都。御史胡子祺上书曰'天下形胜地可都者四。河东地势高，控制西北，尧尝都之，然其地苦寒。汴梁襟带河、淮，宋尝都之，然其地平旷，无险可凭。洛阳周公卜之，周、汉迁之，然嵩、邙非有殽函、终南之阻，涧、瀍、伊、洛非有泾、渭、灞、浐之雄。夫据百二河山之胜，可以耸诸侯之望，举天下莫关中若也。'"①在胡子祺的建议下，朱元璋萌生了迁都关中的打算，于是在洪武二十四年（1391 年）谕令太子朱标巡视陕西，名为体察民情，调查秦王朱樉罪行，实则查看陕西地形，为迁都关中做准备。《明史》载，（朱元璋）命皇太子巡行陕西，为择文武诸臣扈从且谕之曰："天下山川惟秦地号为险固，汝往以省观风俗，慰劳秦父老子弟。"盖微示太子以迁都意，"比还，献陕西地图，遂病。病中上言经略建都事"。但太子于第二年四月薨，于是卒不果。②可见明太祖朱元璋确有迁都关中之意，但是却因太子朱标病亡，最终不了了之。客观来说，在当时中国政治、经济和文化中心均已东迁南移的情况下，迁都关中确实不合实际。但是关中地处陕北高原与秦岭之间，是控制西北、通达巴蜀的必争之地，因此虽然迁都关中之举最终未能成行，但明廷始终对关中地区重视有加，将其视为王朝统治的核心区域进行高压统治。明代在地方实

---

① 《明史》卷 115《兴宗孝康皇帝传》，北京：中华书局，1974 年，第 3549—3550 页。
② 《明史》卷 115《兴宗孝康皇帝传》，北京：中华书局，1974 年，第 3550 页。

行都司—卫所体系的统治，由于关中区位紧要，明廷遂将该区域大部分土地、人口直接纳入军事系统，致使关中地区的社会生活、经济生活以及文化发展都深深刻上了军事化的烙印。①

在极度军事化的统治下，关中地区的祭祀系统受到了明王朝祭祀制度的深刻影响。明初厘正祀典，将前朝所赐神灵封号一应革除，官方祭祀仅限于坛祭、城隍、关帝、文庙等神灵。对于民间祭祀则更是严格控制，据表2-1可以看出，明代的民间祭祀祠庙多沿袭前朝，而创建于本朝尤其是明代前中期的祠庙则寥寥无几，可见官方对民间祭祀神灵控制极其严格。在明代前中期，关中地区许多官员将"毁淫祠"视为其树立政绩的机会，对祀典之外的民间祭祀祠庙严厉打击。例如，宣德时期陕西巡抚张信"毁淫祠千八百所，所存惟夏禹、泰伯、后土、崔府君四庙"②；正统七年（1442年）白水知县马理建立社学，"凡诸材取诸淫祠"③。明朝中后期以后，关中地区社会矛盾日益激化，天灾、民变接连不断，在这样的背景下，明王朝除了采取赈灾、镇压等措施稳定统治之外，对于民间祭祀的控制也有所松动，为了利用祭祀聚拢人心，默许甚至鼓励民间为当朝官吏修建祠庙。除此之外，为了缓和日益尖锐的官民矛盾，甚至对于"淫祠"的打击也不似明初激烈。例如万历《续朝邑县治》载："文庙、城隍、山川诸坛，下逮忠臣、烈女，于法得祀……它若境内淫祠无虑以千数，里人尚鬼，搔手触禁而不辞，所司亦且恣听不为禁止。"④可见到了明中后期关中地区的民间祭祀已经十分兴盛，以至于一县之内的民祀祠庙数量甚多，而地方官员对此并不干涉，而是"恣听不为禁止"。更有甚者，一些地方官员亲自加入民间神祇的祭祀活动中，成为民间祭祀的官方代表。例如上文所述，太白山神祭祀虽被排斥在官方祀典之外，但是从明中后期开始，关中地区的巡抚、参政、知州、知县等各级地方官员均有参与太白祭祀的记录。因此，可以说明代关中地区祭

①　郭琦、史念海、张岂之：《陕西通史》第7册《明清卷》，西安：陕西师范大学出版社，1997年，第53页。
②　雍正《陕西通志》卷67《人物》，文渊阁四库全书本。
③　乾隆《白水县志》卷4《艺文》，民国十四年重印本，《中国地方志集成·陕西府县志辑》，第26册，第520页。
④　万历《续朝邑县志》卷3《秩祀》，康熙五十一年刻本，《中国地方志集成·陕西府县志辑》，第21册，第36页。

祀系统的兴衰与关中政局密切相关，明初关中受王朝力量强力控制，祭祀系统难有发展。明中后期以后，关中社会矛盾激化，统治者逐渐放松对祭祀系统的控制，促使以朝臣祭祀为主导的民间祭祀逐渐兴起，从而丰富了这一区域的祭祀对象与祭祀类型。

二、清代关中政局与祭祀系统兴衰

明清更替之际，农民起义、清军入陕、三藩之乱等战争相继在关中大地展开，给关中地区的社会经济造成了极大破坏。战乱之后，清廷采取了轻徭薄赋、与民休息、奖励屯垦等一系列措施恢复关中地区的社会经济。在这一过程中，涌现出一大批清官能吏，他们恤军爱民，政绩卓著，关中军民为彰显其功德，为他们建祠立碑，岁时祭祀，例如泾阳县令张应召，"顺治三年以贡生任，在任新学宫，疏白渠……邑人立祠祀焉"[1]。建祠立碑属于民间私祀行为，按例当禁，但清廷为了笼络人心，对这一行为持默许态度。与此同时，为了树立其王朝正统地位，清廷甚至鼓励地方官员为死于明末战乱的明朝官民建祠祭祀，从而在关中地区再度掀起了一股朝臣祭祀的浪潮。

清初默许民间的朝臣祭祀行为是为了树立王朝正统形象，是王朝建立初期笼络民心的一种权宜之计。乾隆以后，天下归心，清王朝在关中地区的统治根深蒂固，朝臣祭祀失去了其存在的政治基础，继续默许民间的朝臣祭祀非但无益于王朝统治的稳定，甚至在一定程度上有助于地方势力的增长，从而削弱中央王朝在地方上的权威，这显然是清朝统治者所不愿见到的，因而这一时期关中地区的朝臣祭祀呈现出急剧衰落的趋势，很多民间建立的朝臣祠庙逐渐被荒废。例如江南太兴人张宽，顺治初任咸阳知县，在任期间"省兵扰，厘政戍田以安民"[2]，咸阳民众为之建祠祭祀，然而到了乾隆时期，张公祠"在治西寺巷东，公讳宽……今为废房"[3]。又如乾州知州戴圣聪，"顺治初，暴贼剽掠，

---

[1] 乾隆《西安府志》卷26《职官》，乾隆刊本，《中国地方志集成·陕西府县志辑》，第1册，第297页。

[2] 乾隆《咸阳县志》卷10《官师》，乾隆十六年刻本，《中国地方志集成·陕西府县志辑》，第4册，第385页。

[3] 乾隆《咸阳县志》卷4《学校》，乾隆十六年刻本，《中国地方志集成·陕西府县志辑》，第4册，第343页。

势甚猖獗。圣聪请兵亲剿，民赖以安，建生祠祀之"①。当时清廷对民间为戴圣聪建祠的行为采取了默许态度，然而到了光绪时期，戴公祠"在东街常平仓左，祀知州戴圣聪，今废"②。可见清初对民间的朝臣祭祀行为仅仅是暂时的默认与支持，一旦王朝在地方的统治巩固之后，这些祠庙将不可避免地受到削弱。

嘉庆、道光以后，清王朝逐渐由盛转衰，关中地区的社会矛盾也日益激化，白莲教、刀客、太平军等接连鏖战关中。同治元年（1862 年），回民起义席卷关中大地，极大地动摇了清王朝的统治地位。镇压起义之后，为了褒奖有功之臣、抚恤死亡官兵，同时也为了恢复在关中地区的统治地位，清王朝将许多将领列入官方祀典，为其立庙祭祀。例如在醴泉县建有"左公祠"，祀左宗棠。左宗棠于光绪十一年（1885 年）病逝，清廷赐谥"文襄"，"又敕建赠太傅、大学士、二等侯，谥文襄左宗棠祠于湖南原籍及立功省分"③。除左公祠以外，清廷还敕建了多公祠，祀钦差大臣多隆阿；张公祠，祀陕西督办团练大臣张芾。与清初所不同的是，清末的朝臣祭祀多是由官方主导，其受祭祀者也均入列官方祀典，可见战乱之后的清政府试图通过官方祭祀的手段，在关中地区迅速重建其统治权威，从而达到稳定民心的目的。

三、民国时期关中政局与祭祀系统兴衰

民国时期，关中地区军阀混战，政权更替频繁，加之祀典废除、民主科学思想传播等因素的影响，使得关中地区的祭祀系统遭受了极大破坏，整体呈现出急速衰落的态势，大量祠庙面临着改造或毁坏的厄运。例如民国《重修鄠县志》载："社稷坛在北郭外西北隅，坛西有八蜡庙，今圮"；"后稷祠在东关，康熙中知县吴廷芝修，以为民祈谷主，今圮。"④又如民国《华阴县续志》载："文庙在县署东，清康、雍、嘉庆间叠（迭）经修葺……民国初立，兵马扰攘，庙内暖阁、木牌、门窗、墙垣、屋瓦半遭毁折……十五年镇嵩军围攻长安时驻

---

① 光绪《乾州志稿》卷 12《官吏》，光绪十年刻本，《中国地方志集成·陕西府县志辑》，第 11 册，第 313 页。
② 光绪《乾州志稿》卷 7《祠祀》，光绪十年刻本，《中国地方志集成·陕西府县志辑》，第 11 册，第 286 页。
③ （清）刘锦藻：《清朝续文献通考》卷 168《群庙考三·诸臣祠》，民国景十通本，第 9189 页。
④ 民国《重修鄠县志》卷 2《祠庙》，民国二十二年铅印本，《中国地方志集成·陕西府县志辑》，第 4 册，第 152 页。

兵庙内，门窗焚烧，月台折毁，两庑木主损失殆尽"；"朱子祠在县南云台观内，距城七里……民国十七年冯军改为兵工厂，拆毁移易，旋又轰炸房屋殆尽。"①文庙、社稷坛、后稷祠等在明清时期关中祭祀系统中皆占据着重要地位，然而民国时期这些祠庙均遭到了不同程度的破坏，可见这一时期关中地区的祭祀系统已经衰落至极，而导致其衰落的主要因素便是关中地区旷日持久的军阀混战与政权更替。

第二节　族群变动与祭祀兴衰——以回民起义为例

一、回民起义前关中地区的回民分布

关中地处西北，自古便是多民族聚居、交融的重要区域。自先秦至唐宋，匈奴、羌族、鲜卑、沙陀、女真等族相继进入关中，他们与汉族杂居错处，相互影响，部分民族最终融入汉族之中。元明时期，一大批来自阿拉伯、波斯及中亚地区的人口迁入关中地区，他们与当地民族长期交流，逐渐形成具有自身民族特点的回族，并在关中地区广泛分布。清朝统一全国后，八旗兵驻防西安，于是一批满洲、汉军兵丁和眷属等迁入关中地区，形成了以汉、回为主，蒙古族、满族等多民族交错分布的格局。

同治回民起义之前，关中地区的回民人口众多，"有回民七八十万到一百万人，占全省人口的三分之一"②。回民主要分布于西安、同州、凤翔三府，此外乾州、邠州两个直隶州也有少量分布。在西安府，回民主要分布在长安、咸宁、渭南、咸阳等县。省城西安"节署左右前后迤北一带，教门烟户数万家，几居城之半"③。咸阳"马家堡、牛家、渭城、陈家台东西绵延四十里皆有回村"④。

---

① 民国《华阴县续志》卷 2《建置·祠祀》，民国二十一年铅印本，《中国地方志集成·陕西府县志辑》，第 25 册，第 97、99、122 页。

② 马长寿：《同治年间陕西回民起义历史调查记录》，《马长寿民族史研究著作选》，上海：上海人民出版社，2009 年，第 193 页。

③ 白寿彝：《回民起义》（四），上海：上海人民出版社，2000 年，第 219 页。

④ 马长寿：《同治年间陕西回民起义历史调查记录》，《马长寿民族史研究著作选》，第 350 页。

同州府的大荔、华州两地亦是关中回民的重要分布区域。大荔县回民，"世居渭北沙苑"①。华州"秦家滩、乜家滩、解家、王里渡、湾里、侯坊、位家村皆是回庄"②。

凤翔府的回民以府城最为集中，"东关麻家十字、宁家巷、沙家巷、南巷并逸（迤）北之北镇宫、麻家崖等处，均系回民"③。

回民以大杂居、小聚居的特点著称，同时由于回民信仰伊斯兰教，清真寺是其从事宗教活动的重要场所，因而在同治以前，清真寺曾在回民聚居之处广泛分布。据马光启所撰《陕西回民概况》记载："同治以前，秦川有大小八百多清真寺，不分教派。"④由于伊斯兰教是"一神教"，回民只信真主，不祀诸神，因而除清真寺之外，在回民聚居的区域内很难有汉人传统的祭祀祠庙出现。

二、回民起义后的关中族群变迁

回民起义期间，由于清政府的残酷镇压，关中地区的回民人口损失惨重，关中各地的清真寺也损失殆尽。

清廷镇压回民起义之后，除西安城之外，其他地区的回民或死亡，或被迫迁徙，因而许多回民村落及回民田产遂被废弃。清廷为了恢复关中经济，将大量外省流民迁入关中。据马长寿先生研究，"甘肃庆阳府各县……兵乱之后，又是荒年，所以有几万人流离失所。因此在同治七、八年把正宁县枣刺街所集中的难民集体迁来，住在回回所迁去的咸阳、泾阳、高陵三县之内"⑤。渭南县仓头镇东原为回民所居，同治以后李姓等家则由外省迁来⑥。大荔县沙苑一带，同治以后回民迁出，"沙苑的田，最初是由商州人来领的，称'老八家'，即李、孔、黎、刘、王、张等八姓。……后边来的，是山东人，住北丁家和伍家二村。河南、湖北人相继亦来，分住各村，现在沙苑农民籍贯，有七省十三

---

① 白寿彝：《回民起义》（三），上海：上海人民出版社，2000年，第59页。
② 马长寿：《同治年间陕西回民起义历史调查记录》，《马长寿民族史研究著作选》，第235页。
③ 陕西省地方志编纂委员会：《陕西回民起义资料》，1987年，第154页。
④ 马长寿：《同治年间陕西回民起义历史调查记录》，《马长寿民族史研究著作选》，第317页。
⑤ 马长寿：《同治年间陕西回民起义历史调查记录》，《马长寿民族史研究著作选》，第360页。
⑥ 马长寿：《同治年间陕西回民起义历史调查记录》，《马长寿民族史研究著作选》，第223页。

县之多"①。

同治以前，关中地区保持着以汉、回为主，满、蒙等多民族交错分布的民族格局。回民起义以后，回族人口外迁，从而打乱了关中原有的族群分布格局，为外来族群的进入创造了条件。战乱之后，大批外省移民迁入关中，由于移民多为汉人，因此当他们入住以后，使得原有的民族格局彻底改变，逐渐形成以汉族为主，多民族杂居共处的分布格局。

三、族群变迁对关中祭祀的影响

虽然回民起义的爆发给关中祭祀系统造成了沉重打击，然而起义之后，大量外省汉人迁入关中，并在此建祠立庙，祭祀诸神，其具体表现为以下两个方面。

（一）改建祭祀祠庙

如上文所述，回民起义期间，关中地区的清真寺被毁坏殆尽，但是依然有部分寺宇幸免于难，回民被迫迁移之后，这部分清真寺失去了赖以生存的信众，汉人迁入之后，遂将其中一部分改建为传统的祭祀祠庙。例如，华州"秦家滩一带原为回回聚居村落，村中有清真寺"，自回民迁离后，此清真寺改为祠庙②。临潼"原头本来有一清真寺"后来回民西迁，清真寺改为祠庙，"即现在的完小"③。大荔县"清真寺在东关，原来这条街及其附近是一回民聚居区，此寺是城内回民唯一的清真寺"，但自同治年间回民起义失败后，同治四年（1865年）六月，官府改清真寺为祠庙。

（二）新建祭祀祠庙

咸阳县的渭城曾是回民起义军的重要据点，"回回去后，刘松山把甘肃庆阳府环县一带的汉人流民，安插到渭城和苏家沟一带，编为三旗，进行生产"，

---

① 马长寿：《同治年间陕西回民起义历史调查记录》，《马长寿民族史研究著作选》，第261页。
② 马长寿：《同治年间陕西回民起义历史调查记录》，《马长寿民族史研究著作选》，第232页。
③ 马长寿：《同治年间陕西回民起义历史调查记录》，《马长寿民族史研究著作选》，第280页。

流民在刘家沟的前面建刘公祠，纪念刘松山"①。刘松山（1833—1870年）字寿卿，湖南湘乡人，湘军著名将领。同治六年（1867年）随左宗棠入陕镇压回民起义，同治九年（1870年），在金积堡之战中战死，清廷封其为刘忠壮公，并在西安敕建专祠祭祀。从甘肃庆阳流民建立刘公祠的动机来看，并非是为了彰显其军功，而是感念其授土安置之恩，刘松山安置汉人流民，客观上也弥补了关中战后的人口损失。

除了建立刘公祠等人物祠庙以外，还建立了一些其他祠庙，笔者利用《陕西第三次全国文物普查丛书》中所列祠庙的方位，与《同治年间陕西回民起义历史调查记录》所记载的回民村落进行比对，将新建的祭祀祠庙统计如表5-1。

表 5-1　关中部分原回民村落所建祭祀祠庙表

所属	原回民村落	所建祠庙	所属	原回民村落	所建祠庙
华州	侯坊（今侯坊乡）	大禹庙	麟游县	招贤镇	圣母庙
咸阳县	马家村（今查田村）	老爷庙	陇州	穆家庄	观音庙
蓝田县	回回庄（今火烧寨村）	观音庙		曹家湾	九天圣母庙
大荔县	沙南村	无量庙	邠州	史家河沟村	关帝庙
	韩壕村	关帝庙		白吉原（今北极镇）	药王庙
富平县	美原（今美原镇）	关帝庙	永寿县	拜家河（今属彬县）	药王庙

注：根据《陕西第三次全国文物普查丛书》与《同治年间陕西回民起义历史调查记录》比对制作。

由表5-1统计可知，清代、民国时期在关中原回民村落新建了一批祭祀祠庙。由于《陕西第三次全国文物普查丛书》对祠庙创建的时间仅定位于清代或民国，因此无法确定其确切的修建年代，但是根据马长寿先生的调查，同治以前，诸如咸阳县马家村、蓝田县回回庄、大荔县沙南村等村镇皆为回民聚落，回民信仰伊斯兰教，不可能修建汉人祭祀祠庙，因此本书认为这些祠庙的修建应在回民西迁，汉人移民入居之后。诚然，由于资料的缺乏，本书无法对汉人入居之后所建祠庙进行全面的统计，但是这些只鳞片爪的统计也从侧面反映出回民起义之后，关中原回民村落祭祀祠庙的修建情况。回民起义给关中地区的

① 马长寿：《同治年间陕西回民起义历史调查记录》，《马长寿民族史研究著作选》，第352页。

祭祀系统造成了冲击，许多祠庙因此被毁坏，然而回民西迁之后，汉人迁入，并在当地建祠立庙进行祭祀，从而成为关中祭祀系统的发展的又一因素。

第三节　信仰之变与祭祀兴衰——以清末民国西安基督教为例

在中国传统社会，古人信奉佛教、道教，乐于筹建各种寺院、宫观，但这丝毫不影响其祭祀诸神，在他们看来，只要是求有所应，神灵数量自然是"多多益善"。因此，尽管佛、道二教在祭祀系统的构建过程中影响深远，但始终难以对其发展构成威胁。清末民国时期，以基督教为代表的西方宗教思想传入关中，其"一神教"的特点促使信徒由"祭拜诸神"向"独敬耶稣"转变，虽然本书的研究范围不涉宗教，但鉴于基督教对传统祭祀系统发展造成的深远影响，故而将其作为本章最后一节简要论述。

一、西安基督教的发展历史

在基督教传华史上，陕西是最早传播的地区，早在唐朝初年，基督教的支派——聂斯脱里派（景教）便在长安兴盛一时。明末清初，应王徵邀请，比利时传教士金尼阁进入陕西开教。清初实行禁教政策，基督教在陕西一度禁绝。鸦片战争以后，凭借一系列不平等条约的保护，天主教和基督新教在中国各地复兴并获得了史无前例的发展机遇。1876 年，传教士鲍康宁（F.W.Baller）和金辅仁（George King）由汉口出发，相继考察了安康、汉中、西安等地，从而揭开了近代基督教在陕西传播的历史①。光绪十一年（1885 年），英国浸礼会牧师莫安仁、郭崇礼及邵涤源三人由三原进入西安，在东关长乐坊东新巷内建立"救世堂"，是为近代西安市第一座基督新教教堂②。此后，其他一些基督教

---

① 中华续行委办会调查特委会：《1901—1920 年中国基督教调查资料（上卷）》，北京：中国社会科学出版社，1987 年，第 549 页。
② 李因信：《西安基督教会历史简编》，西安市基督教三自爱国运动委员会，1988 年，第 231 页。

派相继进入西安传教，如美国协同公、基督教安息日会等①。除此之外，西安市还诞生了一些不从属于任何教派、教权完全独立的本土教会，如 1913 年由刘丹芝、张子宜等人发起创建的"西安市基督教会自立会"，便是为了隔断与外国差会的关系而建立的。同年该教会于新城西街兴建教堂，后几经扩建，规模日盛。1936 年调查，已有大小房屋 30 余间，信徒达到 523 人②。1937 年抗日战争全面爆发后，信义会、循理会、浸信会、美国以马内利会等一批新的基督教会相继进入西安市，分别在大差市、尚德路、北关以及南关围墙巷等地修建教堂，传道布教，截至 1949 年，在西安建有教堂的基督教会总数达到 16 个，建立教堂 25 座。总体来看，在 1885—1949 年的这段时期里，西安市基督教堂的数量在逐年增加，基督教会的类别也呈现出多元化的趋势。

除了兴建教堂之外，各教会还创办了一些学校、孤儿院、医院以及戒烟所等附属机构，作为传播基督教思想和文化教育的辅助设施。如浸礼会创办的广仁医院，圣公会创办的培德小学、圣露中学，西安市基督教会自立会创办的西安孤儿教育院等③。一方面，这些附属机构的创建促进了近代西安教育、医疗以及慈善事业的发展。另一方面，传教士利用这些附属机构施惠于民，使信仰中国传统神灵的民众对基督教产生好感，从而有利于基督教教义的传播。

二、西安基督教堂的空间扩展

（一）1885—1911 年：立足关城，缓慢扩展

1858 年以前，清政府虽然被迫同意传教士来华，但规定其活动范围只能限于通商口岸，地处内陆的西安尚未有正式的教会组织，也没有建立教堂。但在随后的 20 多年中，《天津条约》《北京条约》等不平等条约的签订使清政府的主权进一步丧失，最终被迫准许传教士进入内地传教。1885 年以后，以英、美为主的西方差会相继进入西安城，基督教堂也在此时开始兴建。如图 5-1 所

---

① 陕西省地方志编纂委员会：《陕西省志·宗教志》，西安：陕西人民出版社，2012 年，第 715—731 页。
② 《西安市、长安县天主耶稣教堂、回教清真寺概况调查表》，陕西省档案馆，卷宗号：Q9—4—1035。
③ 西安市地方志编纂委员会：《西安市志·社会》，西安：西安出版社，1996 年，第 547 页。

示，直至 1911 年，西安城共建有基督教堂 6 座，分别分布于四关和城西南隅，其中较早建立的 4 座教堂均位于西安城外的关城。从教堂的分布密度来看，以西关及城西南隅最为密集，先后建造的教堂多达 3 座。在这 3 座教堂中，最早建立的仍旧位于西关城之内，而随后建立的 2 座教堂均已进入城内，呈现出明显的扩张趋势（图 5-1）。相比而言，东关、北关和南关区域的教堂则发展缓慢。

（二）1911—1932 年：由城关进入城内，布局东西失衡

在传教过程中，有些传教士自恃有列强撑腰，在中国为非作歹，从而激起中国民众的反抗。如 1911 年 10 月在西安爆发的"南关教案"便是中国民众自发反抗传教士的典型事件①。但是客观来说，西方传教士进入内陆传教，对于中西文化交流以及中国西北地区的现代化都具有积极意义。辛亥革命期间，部分留守西安的传教士开展了诸如医治伤员、救助贫弱等一系列人道主义工作，这些措施在缓和教民关系的同时也促进了基督教在西安的发展。辛亥革命以后，英国浸信会传教士邵涤源曾预言："革命对陕西产生了深厚的影响，同时也为（我们）宣传福音提供了更多的机会。在革命中，那些选择留守西安的传教士为当地人民提供了医疗救助和其他帮助，从而使人们印象深刻，这些行为在不远的未来将产生良好的效果。"②如其所言，辛亥革命后，基督教在西安获得了新的发展机遇，教堂的建设也迎来了新的高峰。在 1911—1932 年间，西安新建教堂 9 座，其中北关和西关继续发展，分别增加 1 座教堂。1918 年以后，基督教堂由"城关"—"城内"扩张的趋势进一步显现，相继有 7 座教堂新建于西安城内，尤其值得一提的是，清朝灭亡后，原本作为八旗驻地的城区东北部也开始有新建教堂出现。从这一时期西安城内新建基督教堂的布局来看，城西仅有 3 座新建教堂，而城东新建教堂的数量则多达 5 座，呈现出东西扩张失衡的态势。城东的基督教堂几乎全部集中于东大街、端履门一带，而西安城东北角和东南角则没有一座教堂建立，成为基督教教堂的"盲

---

① 陕西省地方志编纂委员会：《陕西省志·宗教志》，第 782 页。
② E.H.Edwards.China Missions and the BMS. London:The Carey Press, 1912. p68.

点"（图 5-2）。

（三）1932—1949 年：新城区骤然兴起，南北两关继续发展

1932 年，国民政府出于抗战所需，将西安定为"陪都西京"，并设立西京筹备委员会。此后，在 1932 年至 1945 年间，西京筹备委员会为"陪都西京"计划做了大量工作。在此期间，西安的城市建设卓有成效，城市内的文化景观也发生了巨大变化。这一时期的西安基督教堂，呈现出新城区（城区东北部，1928 年西安市政府成立后，被辟为新市区）骤然兴起、南北关城继续发展的特点。1941 年至 1945 年间，新城区相继新建 4 座基督教堂，是 20 世纪 30 年代的两倍。南北两关的基督教堂则进一步增加，其中南关新建教堂 1 座，北关基督教堂则从 20 世纪 30 年代的 2 座发展到 1943 年的 3 座。由于西安车站（1937 年更名为长安车站）的正式运营，1941 年在其周边出现新建教堂 1 座。而 20 世纪 30 年代教堂集中分布的东大街、端履门一带则开始衰落，未有新建教堂出现。与此同时，教堂集中区开始向城东北角和东南角偏移，原本属于教堂"盲点"的尚德路、解放路以及大差市一带成为教堂新的集中分布区（图 5-3）。1945 年以后，国民政府裁撤西京筹备委员会，"陪都西京"计划随之取消，基督教堂在西安的扩张随之趋于缓慢，1947 年在南关围墙巷新建 1 座教堂之后，便再无新建教堂出现。

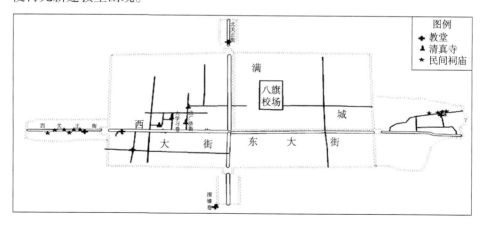

图 5-1　1885—1911 年西安建设基督教堂分布图

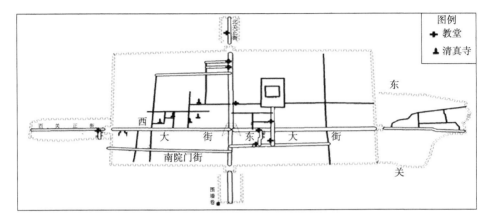

图 5-2　1911—1932 年西安建设基督教堂分布图

总体而言，从 1885 年西安出现第一座基督教堂开始，到 1949 年西安解放，西安共建筑基督教堂 25 座，其中，建于城外关城及其周边的有 11 座，其余 14 座教堂均建于西安城内。从教堂的扩张趋势来看，整体上呈现出从城关向城内发展的特点；从教堂布局来看，除城内西北区域外，城外四关、城内西南、东南和东北区域皆有分布，尤以东南、东北两区域分布最为集中。西安基督教堂在不同时期的分布变迁明显是受多重因素影响的结果。

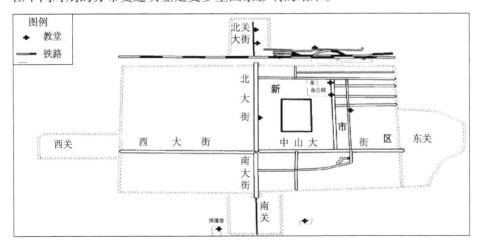

图 5-3　1932—1949 年西安建设基督教堂分布图

三、基督教信仰对传统祭祀的影响

（一）造成传统祭祀群体的流失

如上文所述，中国传统社会的神灵祭祀系统具有明显的多神性特点，民众出于不同的精神诉求对相应神灵进行祭祀，从而造就了庞大、复杂的神灵体系。然而，基督教是典型的一神教，即教民只将"上帝"作为其承认、信奉的唯一神灵，民众入教后必须放弃原有的信仰，并且不得参加与之相关的一切祭祀活动，可见基督教的一神理念与中国传统信仰的多神观存在着明显对立。因此，民众一旦选择信仰基督教，便意味着放弃了所有的神灵信仰，对于传统祭祀而言，其影响无疑是致命的。在关中地区，许多教民在入教前都曾是传统神灵信仰的虔诚信徒，例如，在韩城，"迷信鬼神，惑于巫觋，许愿祈福习以为常，昔时专信佛道，近年改信耶稣、天主者甚多"①；在鄠县，"福音堂在县东关，清宣统间西洋瑞典国牧师所建以传耶教者。先是清末驻省某牧师遣其徒来县东街租民房一座逐日宣讲，名曰'浸礼会'，其时听道者虽多而入教者尚寡，初仅六七人，其后信者益多，遂在东关买地建堂，辛亥改革不毁教堂，附之者愈众，今信徒约七百余人"②。县城如此，省城西安的基督教信徒则更多，据1936年陕西省民政厅调查显示：位于西安西关正街的基督教福音堂分别有男性教徒390人，女性教徒450人；建在西安西关外的基督复临安息日会则有男性教徒406人，女性教徒260人。③此次调查的14座基督教堂中，信徒人数共计3954人，这一部分人由多神信仰转化为一神信仰，在一定程度上削弱了传统的祭祀群体，因此可以说，以基督教为代表的西方宗教思想的传入，在吸收华人教徒的同时，也造成了部分传统祭祀群体的流失，从而进一步加剧了祭祀系统的衰落。

（二）挤压传统祠庙祭祀空间

教堂是基督教举行弥撒礼拜等宗教事务的重要场所，因此，随着基督教的

---

① 民国《韩城县续志》卷二《祠祀》，民国十四年石印本。
② 民国《鄠县志》卷2《祠庙》，民国二十二年铅印本，《中国地方志集成·陕西府县志辑》，第4册，第155页。
③ 《西安市、长安县天主耶稣教堂、回教清真寺概况调查表》，陕西省档案馆，卷宗号：Q9—4—1035。

传入，基督教堂如雨后春笋般建立起来，成为关中各地重要的宗教景观。在中国传统的多神信仰体系中，民众所祭祀的神灵群体庞大复杂却不互相排斥，因而各类神灵祠庙能够交错分布，共享祭祀空间。然而作为一神教的宗教建筑，基督教堂的兴建意味着形成相对独立的信仰空间，从而必然会对传统祠庙的祭祀空间造成挤压。如图 5-1 所示，在西安城最初建立基督教堂的关城，分布着大量传统祭祀祠庙，如西关有二郎庙、风云雷雨山川坛、太白庙、城隍庙，东关则分布着圣母宫、药王庙、金龙庙等祠庙，这些祠庙共同构成了西安城内的多神祭祀空间。基督教在初入西安之时选择在东、西两关建立基督教堂，很明显是试图利用中国传统祭祀多神化的特点为其吸纳教徒服务，这一点从其与清真寺的分布格局也能得到佐证：西安是一个多民族散杂而居的城市，在少数民族中，回族人口最多。回族历史悠久，时至晚清，城内回民"主要聚居在西安城市西北隅：西大街以北，鼓楼以西，北至莲湖路、红埠街，西至大麦市、桥梓口"[1]一带的区域。回民信仰伊斯兰教，清真寺是其开展宗教活动的中心场所。在宗教性质上，伊斯兰教与基督教同属于一神教，因而在信仰空间格局上二者有着十分明显的界限。如图 5-2 所示，在西安有清真寺分布的化觉巷、大皮院、回回巷等地，始终未有基督教堂出现，西安城的西北隅俨然成为基督教堂的禁区。传教者在西安传统祭祀空间内建立教堂，吸纳信众，民众成为教徒以后则必须脱离原有的多神信仰，与以往的祭祀活动划清界限，对于其祠庙也漠不关心，新教堂的建立进一步吸纳教徒，挤压传统祠庙的祭祀空间，如此循环则教堂渐多而祠庙日衰，最终造成传统祭祀系统的急速衰落。

通过本章分析得出，关中祭祀系统的兴衰变迁与该区域的政局变换、族群变动以及民众信仰变迁密切相关，政局变换直接影响到祭祀神灵的身份地位及其祠庙存废，回民起义造成了族群变动则为关中祭祀系统的发展提供了新的空间，基督教等西方宗教传入后，在利用关中民众"多神祭祀"的特点吸收教徒的同时，也在一定程度上造成了传统祭祀群体的流失，进而削弱了关中祭祀系统的持续发展。

---

① 任云英：《无垣之"城"——近代西安回民社区结构探微》，《西北民族研究》2010 年第 2 期，第 160 页。

结　　语

　　关中祭祀系统的形成是在明清祭祀制度与关中传统文化相结合的基础上形成的，从以上五章对明清以来关中祭祀系统兴衰的梳理，以及对官民祭祀之间相互渗透、转化的分析，可以清楚地看出，这一时期的关中地区无论是官方或是民间祭祀的兴衰，都与国家祭祀制度、区域政治形势、民众对神灵的信奉度以及族群变迁状况等因素密切相关，这些都是影响关中祭祀系统兴衰的重要因素。就明清以来关中祭祀系统兴衰变迁的总体发展来看，大致表现为以下四个特征：

　　第一，明清关中祭祀系统是在该区域传统祭祀文化基础之上的进一步发展。虽然明王朝建立之后，一度将前朝所祀神灵的封号一应革除，并对其祭祀制度进行了全面革新，但是从其祭祀对象来看，依然没有超出传统祭祀的范围，如关帝、东岳、太白山神等许多神灵都是前代所祀之神，明清统治者所做的，只是对其神灵地位进行了重新界定，并制定了一套与其身份相匹配的祭祀礼仪，因此可以说，明清关中祭祀系统是在传统祭祀文化基础之上的进一步完善，经过明清两代的规范与完善，该区域祭祀系统的发展达到了封建时期的顶峰。

　　第二，官民祭祀目的各有不同。由于身处不同的阶层，官方与民间在祭祀目的方面有着本质不同。统治者制定官方祀典，进行坛壝之祭、文庙之祭、帝王功臣之祭以及护国佑民神灵之祭等诸多祭祀活动，其本质是为了树立王朝正统形象，维护帝国权威。与之截然不同的是，关中民众祭祀诸神，其目的则是为了祈福消灾，寻求精神慰藉。因此无论是关帝、城隍的民间化，又或是太白山神的官方化，在这些神灵的官民身份相互转换的同时，其在官民双方的祭祀诉求上也发生了分途。

　　第三，官方祭祀与民间祭祀互动明显。虽然官方与民间在祭祀目的上需求各异，明清两代统治者更是制定了严格的祀典制度，试图从政策上将官民祭祀彻底分割。但是由于官方的推崇，使得一些官方祭祀神灵如关帝、城隍等，在民间也备受崇奉。与此同时，个别民间神祇如太白山神等，也会因为屡显威灵而被官方祀典吸纳，实现身份的升格，因此在关中祭祀系统发展的过程中，呈现出明显的官民互动的特征。

第四，近代科学思潮和宗教思想的传入加速了关中祭祀系统的衰落。古人通过祭祀以缅怀先人，或祷告于神，需求心灵慰藉，因此祭祀在传统社会生活中占据着重要位置。近代以来，西方科学思想的传入，在推动关中近代化的同时，也不可避免地造成祭祀文化的衰落，曾经占据社会生活重要地位的祭祀活动，往往被简单地视为迷信而遭到批判。除此之外，西方宗教信仰的传播，也在一定程度上加快了传统祭祀的衰落。

总之，明清以来的关中祭祀系统是在传统祭祀文化基础之上的进一步发展，尽管在祭祀主体上有着官民之分，但在部分祭祀活动中官民互动的现象十分明显。近代以来，传统祭祀文化在破除迷信的浪潮中逐渐衰落，特别是民国初期以及改革开放前，关中地区众多祠庙被破坏，祭祀活动一度停滞。因此，如何认识和发掘传统祭祀文化的历史价值，是值得学界深入思考的问题。

参 考 文 献

一、历史资料

1. 档案、碑刻

《寺庙管理条例》，卷宗号：Q9—4—1020。

《寺庙监督条例》，卷宗号：Q9—4—1021。

《各县关岳庙调查表》，卷宗号：Q9—4—1031。

《西安市、长安县天主耶稣教堂、回教清真寺等概况调查表》，卷宗号：Q9—4—1035。

《关中天主耶稣教堂及回教清真寺等概况调查表》，卷宗号：Q9—4—1036。

中国第二历史档案馆编：《中华民国史档案资料汇编》（第三辑·文化），南京：江苏古籍出版社，1991年。

党斌编著：《大荔碑刻》，西安：陕西人民出版社，2013年。

董国柱编著：《高陵碑石》，西安：三秦出版社，1993年。

李慧、曹发展编著：《咸阳碑刻》（上、下），西安：三秦出版社，2003年。

吴钢主编：《潼关碑石》，西安：三秦出版社，1999年。

吴敏霞主编：《户县碑刻》，西安：三秦出版社，2005年。

张江涛编著：《华山碑石》，西安：三秦出版社，1995年。

张进忠编著：《澄城碑石》，西安：三秦出版社，2005年。

2. 正史、政书

《史记》，北京：中华书局，1959年。

《隋书》，北京：中华书局，1973年。

《宋书》，北京：中华书局，1974年。

《明史》，北京：中华书局，1974年。

《清史稿》，北京：中华书局，1976年。

《大清律例》，《景印文渊阁四库全书》，台北：商务印书馆，1986年影印本。

《钦定大清会典则例》，《景印文渊阁四库全书》，台北：商务印书馆，1986年影印本。

（明）申时行：《明会典》（万历朝重修本），北京：中华书局，1989 年。

（明）应槚：《大明律释义》，上海：上海古籍出版社，1995 年。

（清）刘锦藻：《清朝续文献通考》，上海：商务印书馆，1936 年影印本。

3. 方志

（明）郭实修，王学谟纂：万历《续朝邑县志》，万历十二年刻本。

（明）夹璋纂修：嘉靖《醴泉县志》，嘉靖十四年刻本。

（明）李可久修，张光孝纂：隆庆《华州志》，隆庆六年刻本。

（明）李思孝修，冯从吾等纂：万历《陕西通志》，万历三十九年刻本。

（明）李廷宝修，乔世宁纂：嘉靖《耀州志》，嘉靖三十六年刻本。

（明）刘梦阳纂修：万历《白水县志》，万历三十七年刻本。

（明）罗廷绣纂修：隆庆《淳化志》，隆庆四年童恩善刻本。

（明）吕柟纂修：嘉靖《高陵县志》，嘉靖二十年刻本。

（明）南轩纂：万历《渭南县志》，万历十八年刻本。

（明）苏进修，张士佩纂：万历《韩城县志》，万历三十五年刻本。

（明）王道修，韩邦靖纂：正德《朝邑县志》，康熙五十一年刻本。

（明）王江、王正纂修：正德《凤翔府志》，正德十六年刻本。

（明）姚本修，阎奉恩纂：嘉靖《邠州志》，万历间刻本。

（明）张琏纂修：嘉靖《耀州志》，嘉靖二十年重刻本。

（明）张信纂修：嘉靖《重修三原县志》，嘉靖刻本。

（明）赵廷瑞修，马理纂：嘉靖《陕西通志》，嘉靖二十一年刻本。

（明）周易纂修：万历《重修凤翔府志》，万历五年刻本。

（清）安守和修，杨彦修纂：光绪《临潼县续志》，光绪十六年刻本。

（清）陈仕林纂修：嘉庆《耀州志》，嘉庆七年刻本。

（清）陈尧书纂修：道光《续修咸阳县志》，道光十六年刻本。

（清）程维雍修，白遇道纂：光绪《高陵县续志》，光绪十年刻本。

（清）达灵阿修，周方炯、高登科纂：乾隆《凤翔府志》，乾隆三十一年刻本。

（清）戴治修，洪亮吉、孙星衍纂：乾隆《澄城县志》，乾隆四十九年刻本。

（清）邓梦琴原本，（民国）曹骥观续修，强振志修纂：民国《宝鸡县志》，民国十一年陕西印刷局铅印本。

（清）邓永芳修，李馥蒸纂：康熙《蒲城志》，康熙五年刻本。

（清）邓永芳修，李馥蒸纂：康熙《蒲城志》，康熙五年刻本。

（清）樊士锋修，洪亮吉、李泰交纂：乾隆《长武县志》，乾隆四十八年刻本。

（清）冯昌奕修，刘遇奇纂：康熙《续华州志》，康熙间刻本。

（清）傅应奎修，钱坫纂：乾隆《韩城县志》，乾隆四十九年刻本。

（清）高廷法纂：嘉庆《咸宁县志》，民国二十五年铅印本。

（清）高昱修，王开沃纂：嘉庆《蓝田县志》，嘉庆元年刻本。

（清）葛晨纂修：乾隆《泾阳县志》，乾隆四十三年刻本。

（清）顾声雷修，张埙纂：乾隆《兴平县志》，光绪二年刻本。

（清）郭显贤原本，李元升增修，李大杰增纂：雍正《蓝田县志》，雍正八年增刻顺治本。

（清）韩镛纂修：雍正《凤翔县志》，雍正十一年刻本。

（清）何耿绳修，姚景衡纂：道光《重辑渭南县志》，道光九年刻本。

（清）胡昇猷修，张殿元纂：光绪《岐山县志》八卷，光绪十年刻本。

（清）胡元煐修，蒋湘南纂：道光《泾阳县志》，道光二十二年刻本。

（清）黄家鼎修，陈大经纂：康熙《咸宁县志》，康熙七年刻本

（清）冀兰泰修，陆耀遹纂：嘉庆《韩城县续志》，嘉庆二十三年刻本。

（清）贾汉复修，李楷纂：《陕西通志》，康熙六年刻本。

（清）姜桐冈修，郭四维纂：同治《三水县志》，同治十一年刻本。

（清）蒋骐昌修，孙星衍纂：乾隆《醴泉县志》，乾隆四十九年刻本。

（清）焦思善修，张元璧、王润纂：光绪《增续沔阳县志》，光绪十三年刻本。

（清）焦云龙修，贺瑞麟纂：光绪《三原县新志》，光绪六年刻本。

（清）金嘉琰、朱廷模修，钱坫纂：乾隆《朝邑县志》，乾隆四十五年刻本。

（清）康如琏修，康弘祥纂：康熙《鄠县志》，康熙二十一年刻本。

（清）李带双原本，沈锡荣增补：宣统《郿县志》，宣统二年陕西图书馆铅印本。

（清）李体仁修，王学礼纂：光绪《蒲城县新志》，光绪三十一年刻本。

（清）李体仁修，王学礼纂：光绪《蒲城县新志》，光绪三十一年刻本。

（清）李元春纂：咸丰《朝邑县志》，咸丰元年刻本。

（清）梁善长纂修：乾隆《白水县志》，乾隆十九年刻本。

（清）梁禹甸纂修：康熙《长安县志》，康熙七年刻本。

（清）林逢泰修，文倬天纂：康熙《三水县志》，康熙十六年刻本。

（清）刘瀚芳、陈允锡修，冯文可纂：顺治《扶风县志》，顺治十八年刻本。

（清）刘锟修，田兆岐纂：光绪《富平县志稿》，光绪十七年刻本。

（清）刘懋官修，宋伯鲁，周斯亿纂：宣统《重修泾阳县志》，宣统三年天津华新印刷局铅印本。

（清）刘绍攽纂修：乾隆《三原县志》，乾隆四十八年刻本。

（清）卢坤：《秦疆治略》，道光年间刻本。

（清）鲁一佐修，周梦熊纂：雍正《鄠县重续志》，雍正十年刻本。

（清）陆维垣、许光基修，李天秀等纂：乾隆《华阴县志》，乾隆五十八年刻本。

（清）罗日璧纂修：道光《重修汧阳县志》，道光二十年刻本。

（清）罗彰彝纂修：康熙《陇州志》，康熙五十二年刻本。

（清）吕懋勋修，袁廷俊纂：光绪《蓝田县志》，光绪元年刻本。

（清）彭洵纂修：光绪《麟游县新志草》，光绪九年刻本。

（清）平世增、郭履恒修，蒋兆佳纂：乾隆《岐山县志》，乾隆四十四年刻本。

（清）沈锡荣修，王锡璋、鱼献珍纂：宣统《长武县志》，宣统二年刻本。

（清）史传远纂修：乾隆《临潼县志》，乾隆四十一年刻本。

（清）舒其绅修，严长明纂：《西安府志》，乾隆四十四年刻本。

（清）宋世荦修，吴鹏翱、王树棠纂：嘉庆《扶风县志》，嘉庆二十四年刻本。

（清）唐咨伯修，杨端本纂：康熙《潼关卫志》，康熙二十四年刻本。

（清）汪灏修，钟麟书纂：乾隆《续耀州志》，乾隆二十七年刻本。

（清）汪以诚修，孙景烈纂：乾隆《鄠县新志》，乾隆四十二年刻本。

（清）汪元仕修，何芬纂：康熙《蒲城县续志》，康熙五十三年刻本。

（清）王朝爵、王灼修，孙星衍纂：乾隆《直隶邠州志》，乾隆四十九年刻本。

（清）王国玮纂修：顺治《汧阳志》，顺治十年刻本。

（清）王嘉孝修，李根茂纂：康熙《凤翔县志》，康熙三十三年刻本。

（清）王兆鳌修，王鹏翼纂：康熙《朝邑县后志》，康熙五十一年刻本。

（清）吴炳纂修：乾隆《陇州续志》，乾隆三十一年刻本。

（清）吴六熬修，胡文铨纂：乾隆《富平县志》，乾隆四十三年刻本。

（清）吴汝为修，刘元泰纂：顺治《重修麟游县志》，顺治十四年刻本。

（清）吴汝为原本，范光曦续修，罗魁续纂：康熙《麟游县志》，顺治十四年刻、康熙四十七年增刻本。

（清）席奉贤，孙景烈纂：乾隆《郃阳县全志》，乾隆四十三年刻本。

（清）向淮修，王森文纂：嘉庆《续修潼关厅志》，嘉庆二十二年刻本。

（清）熊兆麟纂修：道光《大荔县志》，道光三十年刻本。

（清）许起凤修，高登科纂：乾隆《宝鸡县志》，乾隆二十九年刻本。

（清）严书麟修，焦联甲纂：光绪《新续渭南县志》，光绪十八年刻本。

（清）杨瑞霆修，霍光缙纂：《平民县志》，民国二十一年铅印本。

（清）杨仪修，王开沃纂：乾隆《重修盩厔县志》，乾隆五十年刻本。

（清）袁文观纂修：乾隆《同官县志》，乾隆三十三年刻本。

（清）岳冠华纂修：雍正《渭南县志》，雍正十年修订本。

（清）臧应桐纂修：乾隆《咸阳县志》，乾隆十六年刻本。

（清）张聪贤修，董曾臣纂：嘉庆《长安县志》，嘉庆二十四年刻本。

（清）张焜修，赵运熙纂：康熙《永寿县志》，康熙七年刻本。

（清）张娄度修，于开泰纂：雍正《扶风县志》，雍正九年刻本。

（清）张心镜修，吴泰来纂：乾隆《蒲城县志》，乾隆四十七年刻本。

（清）郑德枢修，赵奇龄纂：光绪《永寿县重修新志》，光绪十四年刻本。

（清）周鳌修，周方炯、刘震纂：乾隆《凤翔县志》，乾隆三十二年刻本。

（清）周铭旂修，李志复纂：《大荔县续志》，光绪十一年刻本。

（清）朱廷模、葛德新修，孙星衍纂：乾隆《三水县志》，乾隆五十年刻本。

陈禄修，雷葆纂：《郃阳县新志材料》，民国年间铅印本。

陈少岩、聂雨润修，张树枟、李泰纂：民国《续修大荔县旧志存稿》，民国二十五年铅印本。

邓长耀纂修：民国《临潼县志》，民国十一年铅印本。

郭涛修，顾耀离纂：民国《重修华县县志稿》，1949 年铅印本。

郝兆先修，牛兆濂纂：民国《续修蓝田县志》，民国三十年铅印本。

刘安国修，吴廷锡、冯光裕纂：民国《重修咸阳县志》，民国二十一年铅印本。

刘必答修，史秉贞等纂：民国《邠县新志稿》，民国十八年铅印本。

罗传甲修，赵鹏超纂：民国《潼关县新志》，民国二十年铅印本。

米登岳修，张崇善、王之彦纂：民国《华阴县续志》，民国二十一年铅印本。

聂雨润修，李泰纂：民国《大荔县新志存稿》，民国二十六年铅印本。

庞文中修，任肇新、路孝愉纂：民国《盩厔县志》，民国十四年铅印本。

田惟均修，白岫山纂：民国《岐山县志》，民国二十四年西安酉山书局铅印本。

王怀斌修，赵邦楹纂：民国《澄城县附志》，民国十五年铅印本。

王廷珪修，张元际、冯光裕纂：民国《重修兴平县志》，民国十二年铅印本。

翁圣修，宋联奎纂：《咸宁长安两县续志》，民国二十五年铅印本。

余正东修，黎锦熙纂：民国《同官县志》，民国三十三年铅印本。

张道芷、胡铭荃修，曹骥观纂：民国《续修醴泉县志稿》，民国二十四年铅印本。

赵本荫修，程仲昭纂：民国《韩城县续志》，民国十四年石印本。

二、今人论著

1. 专著

常建华：《清代的国家与社会》，北京：人民出版社，2006 年。

陈良学：《明清川陕大移民》，北京：中国文联出版社，2009 年。

陈戍国：《中国礼制史》（元明清卷），长沙：湖南教育出版社，2011 年。

陈玉女：《明代的佛教与社会》，北京：北京大学出版社，2011 年。

陈正祥：《中国文化地理》，北京：生活·读书·新知三联书店，1983 年。

陈支平、李少明：《基督教与福建民间社会》，厦门：厦门大学出版社，1992 年。

费孝通：《江村经济——中国农民的生活》，北京：商务印书馆，2002 年。

葛剑雄、吴松弟、曹树基：《中国移民史》（6 卷），福州：福建人民出版社，1997 年。

葛剑雄主编：《中国人口史》，上海：复旦大学出版社，2005 年。

郭海成：《陇海铁路与近代关中经济社会变迁》，成都：西南交通大学出版社，2011 年。

韩敏：《清代同治年间陕西回民起义史》，西安：陕西人民出版社，2006 年。

贾二强：《唐宋民间信仰》，福州：福建人民出版社，2002 年。

金泽：《中国民间信仰》，杭州：浙江教育出版社，1990 年。

李健彪：《西安回族与清真寺》，西安：三秦出版社，2005 年。

李令福：《关中水利开发与环境》，北京：人民出版社，2004 年。

李乔：《中国行业神崇拜》，北京：中国华侨出版公司，1990 年。

李因信：《西安基督教会历史简编》，西安市基督教三自爱国运动委员会，1988 年。

李媛：《明代国家祭祀制度研究》，北京：中国社会科学出版社，2011 年。

刘景纯：《城镇景观与文化——清代黄土高原地区城镇文化的地理学考察》，北京：中国社会科学出版社，2008 年。

刘景纯：《清代黄土高原地区城镇地理研究》，北京：中华书局，2005 年。

路伟东：《清代陕甘人口专题研究》，上海：上海书店出版社，2011 年。

马莉：《现代性视阈下民国政府宗教政策研究》，北京：中国社会科学出版社，2010 年。

马长寿：《同治年间陕西回民起义历史调查记录》，西安：陕西人民出版社，1993 年。

穆罕默德·阿里·冯福宽：《陕西回族史》，西安：陕西人民出版社，1997 年。

倪锡英：《西京》，上海：中华书局，1936 年。

秦翰才：《左文襄公在西北》，上海：商务印书馆，1946 年。

石峰：《非宗族乡村——关中"水利社会"的人类学考察》，北京：中国社会科学出版社，2009 年。

石觉民编：《西北回教生活》，回教青年月刊社，1945 年。

史红帅：《明清时期西安城市地理研究》，北京：中国社会科学出版社，2008 年。

史念海：《河山集》（第一集），北京：生活·读书·新知三联书店，1963 年。

史念海：《西安历史地图集》，西安：西安地图出版社，1996 年。

谭其骧：《中国历史地图集》第七、八册，北京：中国地图出版社，1982 年。

陶飞亚、刘天路：《基督教会与近代山东社会》，济南：山东大学出版社，1995 年。

王恩涌：《人文地理学》，北京：高等教育出版社，1999 年。

王金绂编：《西北地理》（宗教），立达书局，1932 年。

王守恩：《诸神与大众》，北京：中国社会科学出版社，2009 年。

王桐龄：《陕西旅行记》，北京：文化学社，1928 年。

王雪：《基督教与陕西》，北京：中国社会科学出版社，2007 年。

王玉德、张全明：《中华五千年生态文化》（上、下），武汉：华中师范大学出版社，1999 年。

王正儒、雷晓静：《回族历史报刊选》（社会卷·调查），银川：宁夏人民出版社，2012 年。

乌丙安：《中国民俗学》，沈阳：辽宁大学出版社，1985 年。

吴传钧：《人文地理研究》，南京：江苏教育出版社，1989 年。

薛平拴：《陕西历史人口地理》，北京：人民出版社，2001 年。

叶涛、周少明主编：《民间信仰与区域社会》，桂林：广西师范大学出版社，2010 年。

张定亚：《西安著名寺庙传说故事》，西安：陕西人民美术出版社，1987年。

张萍：《地域环境与市场空间：明清陕西区域市场的历史地理学研究》，北京：商务印书馆，2006年。

张萍：《区域历史商业地理学的理论与实践——明清陕西的个案考察》，西安：三秦出版社，2014年。

张岂之、史念海、郭琦主编：《陕西通史》（历史地理卷），西安：陕西师范大学出版社，1997年。

张岂之、史念海、郭琦主编：《陕西通史》（民国卷），西安：陕西师范大学出版社，1997年。

张岂之、史念海、郭琦主编：《陕西通史》（明清卷），西安：陕西师范大学出版社，1997年。

张岂之、史念海、郭琦主编：《陕西通史》（思想卷），西安：陕西师范大学出版社，1997年。

张晓虹：《文化区域的分异与整合：陕西历史地理文化研究》，上海：上海书店出版社，2004年。

张兴杰主编：《现代社会学新编》，北京：北京大学出版社，2012年。

赵春晨、郭华清：《宗教与近代广东社会》，北京：宗教文化出版社，2008年。

赵克生：《明朝嘉靖时期国家祭礼改制》，北京：社会科学文献出版社，2006年。

赵铁峰：《明代国家宗教管理制度与政策研究》，北京：中国社会科学出版社，2008年。

朱海滨：《祭祀政策与民间信仰变迁——近世浙江民间信仰研究》，上海：复旦大学出版社，2008年。

宗力、刘群：《中国民间诸神》，石家庄：河北人民出版社，1986年。

陕西省民政厅编：《陕西民政概况》（民国二十九年），陕西省民政厅，1940年。

陕西省政府统计室编：《陕西省统计资料会刊》（民国三十一年），陕西省政府统计室，1942年。

陕西省政府统计室编：《陕西省统计资料会刊》（民国三十四年），陕西省政府统计室，1945年。

陕西省政协民族和宗教委员会：《陕西宗教胜迹》，西安：陕西人民出版社，2012年。

西安市档案局：《筹建西京陪都档案史料选辑》，西安：西北大学出版社，1995年。

西安市政协文史资料委员会：《西安文史资料》（28辑·西安佛寺道观），西安：陕西人民出版社，2009年。

中国人民政治协商会议陕西省委员会文史资料研究委员会：《陕西文史资料选辑》，西安：陕西人民出版社，1981—1986年。

中华续行委办会调查特委会：《1901—1920年中国基督教调查资料》（上卷），北京：中国社会科学出版社，1987年。

中国人民政治协商会议周至县委员会文史资料委员会编：《周至文史资料》（第五辑·宗教史录），周至县委员会文史资料委员会，1989年。

《中国少数民族社会历史调查资料丛刊》修订编辑委员会：《回族社会历史调查资料》，北京：民族出版社，2009年。

〔美〕欧大年：《中国民间宗教教派研究》，刘心勇等译，上海：上海古籍出版社，1993年。

〔美〕韩森：《变迁之神》，包伟民译，杭州：浙江人民出版社，1999年。

〔美〕韦思谛编：《中国大众宗教》，陈仲丹译，南京：江苏人民出版社，2006年。

〔美〕史蒂文·瓦戈（Steven Vago）：《社会变迁》（第5版），王晓黎等译，北京：北京大学出版社，2007年。

〔日〕滨岛敦俊：《明清江南农村社会与民间信仰》，朱海滨译，厦门：厦门大学出版社，2008年。

〔日〕足立喜六：《长安史迹考》，杨炼译，上海：商务印书馆，1935年。

2. 论文

陈庚雅：《欣欣向荣之西京》，《市政评论》1935年第3卷第10期。

陈正奇、焦陆艳：《关学对关中地区民风民俗之影响》，《理论导刊》2010年第1期。

程朝云：《抗战初期的难民内迁》，《抗日战争研究》2000年第2期。

丁万录：《陕西回族发展变迁的历史考察》，《宁夏大学学报（社会科学版）》1998年第4期。

高璐：《嘉靖大地震的发生与明代文学》，《社会科学家》2013年第9期。

龚光明：《皖北刘猛将军庙研究》，《宗教学研究》2012年第4期。

龚贤明：《二十九年一年间之西京建设》，《西北研究》1940年第3卷第5期。

郭华清：《国民党政府的宗教法规、政策述略》，《研究动态》2005年第10期。

胡艳丽：《民国时期陕西基督教差会及教育事业考略》，《三门峡职业技术学院学报》

2012 年第 4 期。

　　黄盛璋：《关中农田水利的历史发展及其成就》，《农业遗产研究集刊》1958 年第 2 期。

　　孔蔚：《江西的刘猛将军庙与蝗灾》，《江西师范大学学报》1994 年第 4 期。

　　李凡、司徒尚纪：《民间信仰文化景观的时空演变及对社会文化空间的整合——以明至民国初期佛山神庙为视角》，《地理研究》2006 年第 6 期。

　　李凡、司徒尚纪：《清至民国时期基督教在佛山传播的空间透析——以教堂景观为视角》，《热带地理》2005 年第 5 期。

　　李刚、郑中伟：《明清陕西庙会经济初探》，《西北大学学报（哲学社会科学版）》2001 年第 2 期。

　　李刚：《明清时期陕西会馆和近代陕西商会的"市场化"基因》，《中国社会组织》2014 年第 2 期。

　　李宏坤：《清代的关帝崇拜》，《历史档案》2004 年第 5 期。

　　李丽霞：《浅析抗战时期移民入陕对陕西社会的影响》，《西北人口》2007 年第 3 期。

　　李智君：《清代河陇民间信仰的地域格局与边塞特征》，《复旦学报》2006 年第 4 期。

　　卢川：《清代荆州城市祭祀空间考察》，《江汉大学学报（人文科学版）》2012 年第 1 期。

　　路伟东：《清代陕西回族的人口变动》，《回族研究》2003 年第 4 期。

　　孟静静、赵景波：《关中地区清代蝗灾变化研究》，《自然灾害学报》2011 年第 3 期。

　　欧阳楠、张伟然：《清末至民国时期江南地区庙产兴学的时空分析》，《历史地理》第 24 辑，上海：上海人民出版社，2010 年。

　　彭满圆：《西安市基督教教会历史发展概况——从宗派发展期到后宗派时期的转变》，陈建明、刘家峰主编：《中国基督教区域史研究》，成都：巴蜀书社，2008 年。

　　任云英：《无垣之"城"——近代西安回民社区结构探微》，《西北民族研究》2010 年第 2 期。

　　僧海霞：《区域视野下的信仰与景观——以清代陕西太白山神信仰为中心》，陕西师范大学博士学位论文，2010 年。

　　僧海霞：《晚清陕甘回民起义与关中地区汉人信仰的变迁——以寺庙宫观的新建、重建和废弃为中心》，《北方民族大学学报（哲学社会科学版）》2009 年第 4 期。

　　史红帅：《人神共在：明清西安城乡寺宇的社会功能——基于碑刻资料的考察》，《中国古都研究（第二十一辑）——郑州商都 3600 年学术研讨会暨中国古都学会 2004 年年会论文集》，西安：三秦出版社，2007 年。

岁有生：《清代州县的祭祀经费》，《中国社会经济史研究》2009 年第 3 期。

谈正好：《宗教与西北民族地区的政治稳定》，《西北师大学报（社会科学版）》1998年第 6 期。

王芳妮：《陕西关中地区姜嫄信仰研究》，《宗教学研究》2013 年第 2 期。

王健：《祀典、私祀与淫祠：明清以来苏州地区民间信仰考察》，《史林》2003 年第1 期。

王秀玲：《清代国家祭祀研究》，南开大学博士学位论文，2009 年。

王永莉、何炳武：《以〈华岳志〉为中心的西岳山神信仰研究》，《人文杂志》2012年第 6 期。

徐跃：《清末庙产兴学政策的缘起和演变》，《社会科学研究》2007 年第 4 期。

许效正：《论清末民初（1895—1916）陕西的庙产兴学运动》，《西北大学学报（哲学社会科学版）》2013 年第 4 期。

阎希娟、吴宏岐：《民国时期西安新市区的发展》，《陕西师范大学学报（哲学社会科学版）》2002 年第 5 期。

杨凤光：《清代关中回村的分布特点》，《黑龙江史志》2014 年第 1 期。

杨豪中、陈新：《西安基督教会建筑及其城市文化历史意义》，《西安建筑科技大学学报（自然科学版）》2003 年第 4 期。

张传勇：《明清陕西城隍考——堡寨与村镇城隍庙的建置》，《中国社会历史评论》第 11 卷，天津：天津古籍出版社，2010 年。

张洁、樊志民：《近代山东庄移民经济与关中经济的交融发展》，《西北大学学报（哲学社会科学版）》2010 年第 4 期。

张萍：《明清陕西庙会市场研究》，《中国史研究》2004 年第 3 期。

张亲霞、郑荣：《论明代关学的基本特征》，《西北大学学报（哲学社会科学版）》2008 年第 4 期。

张亲霞：《关学的历史地位与作用》，《长安大学学报（社会科学版）》2008 年第 2 期。

张伟然：《湖南古代的民间信仰及其区域差异》，《中国历史地理论丛》1995 年第 4 辑。

张晓虹、张伟然：《太白山信仰与关中气候——感应与行为地理学的考察》，《自然科学史研究》2000 年第 3 期。

张晓虹：《明清时期陕西民间信仰的区域差异》，《中国历史地理论丛》2000 年第 1 辑。

张晓虹：《晚清至民国时期陕西基督教宣教区研究》，《中国历史地理论丛》2006 年第 4 辑。

赵克生：《明代生祠现象探析》，《求是学刊》2006 年第 2 期。

赵献海：《明代毁"淫祠"现象浅析》，《东北师大学报（哲学社会科学版）》2002 年第 1 期。

赵轶峰：《明初城隍祭祀制度》，《第十一届明史国际学术讨论会论文集》，2005 年 8 月。

朱海滨：《国家武神关羽明初兴起考——从姜子牙到关羽》，《中国社会经济史研究》2011 年第 1 期。

朱莹：《试论民间信仰与晚清关中农业的发展》，《安徽农业科学》2011 年第 29 期。

后　记

本书是在我博士论文的基础上修改完成的。此时此刻，除了兴奋之外，更多的是内心深处的感恩。

感谢我的博士导师张萍教授。2013 年 9 月，承蒙张老师不弃，我有幸成为张门弟子。三年间，张老师以她敏锐的学术思维、宏阔的学术视野给了我很多帮助。在我博士论文的选题、框架构建以及撰写过程中，张老师付出了大量心血，既有论文观点的点拨，又有学术规范的指导，这些都是我今后从事科研的宝贵财富！现如今，我已成为一名高校教师。回首往昔，若不是张老师不嫌弃我的出身，同意我报考她的博士，恐怕我还在小县城浑浑度日。读博期间，若不是张老师帮我修改小论文，并且帮我解决困难，我多半也无法按期毕业。在此，我要向张老师表示衷心的感谢！感谢张老师的知遇之恩！感谢张老师的悉心教导！张老师是我一生敬重和感激的人。

感谢我的硕士导师赵炳清教授。在我读硕士期间，赵老师引领我进入学术之门，鼓励我不断进取，让本科时期不自信的我，第一次认识到自身的价值。虽然平时联系不多，但赵老师永远是我牵挂的人。

感谢科学出版社范鹏伟编辑对本书出版所付出的辛劳。

感谢我的父母，他们始终相信我，给我精神和物质上的鼓励与支持。感谢我的爱人李琼，在我读博的三年里，她一个人远在四川生活、工作，偶尔遇到困难只能一个人承担。即便如此，她始终对我不离不弃，每每想到这些，我都十分愧疚。唯有今后不断努力，才能补偿万一。

谨对关心、帮助我的张萍教授、赵炳清教授、范鹏伟编辑，致以真诚的谢意！对支持我的父母和爱人，道一声：谢谢！

凌富亚

2018 年 8 月